POLIZEI

Peter Schulz
SEK – ein Insiderbericht

PETER SCHULZ

SEK

ein Insiderbericht

LÜBBE HARDCOVER

MIX
Papier aus verantwortungsvollen Quellen
FSC® C014496

Dieser Titel ist auch als E-Book erschienen

Originalausgabe

Alle Namen in diesem Buch sind geändert.

Umschlaggestaltung: Manuela Städele
Umschlagmotiv: Thomas Rodriguez, Köln
Satz: Dörlemann Satz, Lemförde
Gesetzt aus der DTL Documenta
Druck und Einband: GGP Media GmbH, Pößneck

Printed in Germany
ISBN 978-3-7857-2487-3

5 4 3 2 1

Sie finden uns im Internet unter: www.luebbe.de

Dieses Buch widme ich meinem engen Freund und Kollegen Piet, der seinen bei einem tragischen Trainingsunfall erlittenen Verletzungen nach langem Siechtum schließlich erlag.

Ferner widme ich es allen ehemaligen und aktiven Angehörigen von bundesdeutschen Spezialeinheiten.

INHALT

VORWORT

»Defending the earth from the scum of the universe.«
M.i.B.

Wir arbeiten im Verborgenen. Für die Öffentlichkeit sind wir die »Männer ohne Gesicht«. Wir tragen Masken, um unsere Identität zu schützen, und wir kommen dann zum Einsatz, wenn der Rechtsstaat mit seinen regulären polizeilichen Mitteln am Ende ist. Nach uns kommt niemand mehr, der zur Hilfe gerufen werden könnte.

Wir haben mit den übelsten Tätern zu tun, die die Gesellschaft hervorbringt. Ob Mörder, Geiselnehmer, Terrorist oder psychisch kranker Extremgewalttäter – wir kennen sie alle. Denn weil es solche Menschen gibt, gibt es auch uns.

Ich sage »wir«, weil ich einer von ihnen war. Ich war Beamter eines Spezialeinsatzkommandos der Polizei – und dies 22 Jahre lang. Mittlerweile bin ich aus dem SEK ausgeschieden, aber ich rechne mich immer noch dazu.

Ich erzähle hier meine Geschichte oder, besser gesagt, einen entscheidenden Teil davon. Anhand einiger entscheidender und spektakulärer Fälle, die ich im Laufe meiner langen Dienstzeit aktiv miterlebt habe, möchte ich einen Einblick in die Welt der »Männer hinter der Maske« ermöglichen, die sonst weitestgehend verborgen bleibt. Und ich möchte Verständnis für die großen und kleinen Probleme wecken, mit denen wir, die sogenannten Elitepolizisten, zu kämpfen haben.

Natürlich gebe ich in diesem Buch keine internen Abläufe preis, um die Sicherheit unserer Arbeit in zukünftigen Einsätzen nicht zu gefährden. Ich versichere allerdings, dass alle Einsätze, die ich in diesem Buch beschreibe, tatsächlich so stattgefunden haben und nicht das Ergebnis eines mehr oder weniger fantasiebegabten Krimiautors sind. Fehler im Detail sind nach der teilweise langen Zeit, die das beschriebene Geschehen her ist, so gut wie unvermeidlich und gehen zu meinen Lasten.

Abschließend noch ein Eingeständnis. Ich habe es stets als eine ausgesprochene Ehre empfunden, mit den Kollegen meiner Einheit zusammen Dienst zu tun und sie über lange Jahre hinweg durch viele Einsätze zu führen. Ich bin fest davon überzeugt, dass diese Männer tatsächlich zu den Besten gehören, die in diesem gefährlichen Metier tätig sind, was ich ihnen in dieser Form während meiner aktiven Dienstzeit niemals gesagt habe.

Dies geschieht nun durch dieses Buch, denn es ist an der Zeit.

In hoc signo vinces!

Peter Schulz,
im Mai 2013

WARUM EIGENTLICH SPEZIALEINHEITEN?

»Menschen mit einer neuen Idee gelten so lange als Spinner, bis sich die Sache durchgesetzt hat.«
Mark Twain

Ich gehe die ausgetretenen Steinstufen zum ersten Mal nach oben. Bei dem Gebäude, in dem das Spezialeinsatzkommando der Polizei untergebracht ist, handelt es sich um einen alten Kasernenbau aus der Zeit vor dem Ersten Weltkrieg. Offensichtlich hat sich an der Inneneinrichtung bis dato nicht allzu viel verändert, denke ich mir, als ich die erste Etage erreiche und vor einer verschlossenen Stahltür stehe. Als sich die Tür auf mein Klingeln hin schließlich öffnet, kann ich nicht im Entferntesten ahnen, in welche Welt ich dort eintreten werde und dass ich einmal einer der am längsten aktiv Dienst tuenden SEK-Beamten werden würde. Die Tür schließt sich automatisch, und ich bin »drin« – und das in jeder Beziehung …

In der Bundesrepublik Deutschland waren bis Anfang der 70er Jahre Spezialeinheiten sowohl bei der Polizei als auch beim Militär völlig unbekannt. Erst durch das Massaker palästinensischer Terroristen an den israelischen Sportlern während der Olympischen Spiele 1972 in München wurde schlagartig klar, dass die Sicherheitskräfte der Bedrohung durch Terroristen kaum etwas entgegenzusetzen hatten.

Aufgrund der Erfahrungen in der Zeit des Nationalsozialismus untersagt das Grundgesetz einen Einsatz des Militärs im Inland. Auch wenn also damals schon die Bundeswehr über Spezialkräfte zur Terrorbekämpfung verfügt hätte, hätten diese in die Münchener Geschehnisse gar nicht eingreifen dürfen. Tatsächlich gibt es bei der Bundeswehr erst seit 1996 eine Spezialeinheit, die jenseits der eigenen

Grenzen in diesem Bereich operativ tätig werden könnte, nämlich das etwas geheimnisumwitterte Kommando Spezialkräfte (KSK).

Getreu der Binsenweisheit, dass es erst zu einem einschneidenden Ereignis kommen muss, bevor sich die Dinge grundlegend ändern, war die eigentliche Geburtshilfe für die Gründung des KSK die Unfähigkeit der Bundeswehr, gefährdete deutsche Staatsbürger aus dem im Jahre 1994 vom Völkermord erschütterten Ruanda zu evakuieren. Diese Aufgabe musste damals vom kleinen NATO-Partner Belgien und dessen schlagkräftigen Para-Commandos übernommen werden. Heute gehört das KSK sicherlich zu den besten Spezialeinheiten weltweit – und das, obwohl der Personalkörper an »aktiven« Kommandosoldaten sehr klein, der »logistische Überbau« jedoch sehr groß ist …

Bei einer entsprechenden Gefährdungslage im Inneren dürfte nicht das KSK, sondern würden polizeiliche Spezialeinheiten alarmiert werden. Die Antiterroreinheit der Bundespolizei ist die GSG 9, die 1973, durch Erlass des damaligen Innenministers Genscher, gegründet wurde. Darüber hinaus verfügt jede Landespolizei über mindestens ein Spezialeinsatzkommando (SEK) und auch über Mobile Einsatzkommandos (MEK), deren Aufbau durch einen Beschluss der Innenministerkonferenz im Jahre 1974 veranlasst wurde.

Auch wenn aufgrund politischer Vorgaben die Einsatzgebiete des KSK und der SEKs säuberlich voneinander getrennt sind, so weiß ich doch aus eigener Erfahrung, dass zwischen den meisten SEK's und dem KSK ein traditionell sehr gutes und enges Verhältnis besteht. Meine Einheit hat früher mit dem KSK Erfahrungen ausgetauscht und häufiger auch gemeinsam trainiert, allerdings immer mehr oder weniger »inoffiziell«, um bloß keine Aufmerksamkeit zu erregen.

Die Hauptaufgabe der SEKs liegt in der Durchführung von Zugriffsmaßnahmen gegen bewaffnete, als besonders gewalttätig oder gefährlich eingestufte Personen, wohingegen die MEKs eher der Kriminalpolizei zugeordnet sind und in erster Linie mit Observationsaufgaben betraut werden. In der Öffentlichkeit treten SEK-Beamte vor allem bei spektakulären Geiselnahmen in Erscheinung; sie sind jedoch weitaus häufiger im Einsatz als weithin vermutet. Grundsätzlich kann man davon ausgehen, dass nahezu jede Festnahme eines als bewaffnet oder sehr gewalttätig eingestuften Straftäters von SEK-Beamten vorgenommen wird.

Häufig hinzu kommen Einsätze bei eskalierenden Familienstreitigkeiten, wenn etwa Frauen und Kinder von einem gewalttätigen Vater bedroht oder attackiert werden. Wegen der zumeist unkalkulierbaren Emotionen, die in diesen Situationen vorherrschen, sind solche Einsätze besonders heikel, und tatsächlich kommen bei derartigen Dramen mehr Personen zu Schaden oder verlieren gar ihr Leben als bei spektakulären Geiselnahmen. Weitere Einsatzanlässe sind militante Demonstrationen, die Begleitung von besonders gefährlichen oder ausbruchsverdächtigen Inhaftierten bei Gefangenentransporten oder auch der Schutz von hochrangigen Staatsgästen. Zahlreiche Ereignisse also, zu denen SEKs gerufen werden können – und das bei einer vergleichsweise geringen Anzahl der zur Verfügung stehenden Beamten.

Dies liegt zunächst sicherlich an dem sehr rigiden Auswahlverfahren, dem sich ein potenzieller SEK-Bewerber stellen muss. Grundvoraussetzung ist natürlich, die »normale« Polizeiausbildung durchlaufen und anschließend auch bereits eine gewisse Zeit im Wach- und Wechseldienst bzw. in einer Einsatzhundertschaft absolviert zu haben. Erst dann besteht die Möglichkeit, sich für den Dienst in einem SEK zu bewerben. Wer akzeptiert wird, dem steht eine etwa ein Jahr dauernde Einführungsfortbildung bevor, in der die grundlegenden taktischen Kompetenzen vermittelt werden.

Dabei werden hohe Anforderungen an die körperliche

und geistige Leistungsfähigkeit gestellt und wird ferner die Bereitschaft verlangt, sich bis hin zur totalen Erschöpfung zu verausgaben. Die Möglichkeit, jederzeit zu versagen und den Lehrgang verlassen zu müssen, erzeugt bei den Bewerbern zusätzlichen (gewollten) Stress. Denn neben den körperlichen Fähigkeiten, die ein potenzieller SEK-Beamter mitbringen muss, ist die Stressstabilität in emotionalen Ausnahmesituationen ein ganz entscheidender Faktor, um in diesem Job bestehen zu können. Diese Fähigkeit ist allerdings nach meiner Erfahrung nur äußerst bedingt trainierbar, sondern in den meisten Fällen entweder einfach vorhanden oder eben nicht.

Einige wesentliche taktische Inhalte der SEK-Einführungsfortbildung sind:

- der Umgang mit den Standardwaffen, also mit Pistole, Maschinenpistole, Sturmgewehr,
- die Handhabung spezieller Sonderwaffen (z.B. Schrotflinte, verschiedene Gewehre etc.),
- Vorgehens- und Verhaltensweisen beim Häuserkampf, Stürmen von Bussen, Bahnen, Flugzeugen etc.,
- Festnahme von Personen im »zivilen Einsatz«,
- Anhalten von Fahrzeugen und Festnahmeaktionen im laufenden Verkehr,
- spezielle Nahkampf- und Festnahmetechniken,
- souveräne Beherrschung hochmotorisierter Pkw.

Im Grunde dient diese Einführungsfortbildung zwei Zielen, nämlich die Beamten mit dem nötigen Grundwissen für ihre zukünftige Tätigkeit auszustatten und gleichzeitig die Bewerber auszusortieren, die den hohen Anforderungen am Ende nicht gerecht werden. Die Ausfallquote ist daher bei diesen Lehrgängen entsprechend hoch, zumal auch dabei erlittene Verletzungen zum einen oder anderen Ausfall führen.

Nach Abschluss der Einführungsausbildung erfolgt die Versetzung in ein Stammkommando, in dem es mit der Fortbildung weitergeht und wo die Beamten sich spezialisieren können, etwa zum Präzisionsschützen, zum Rettungssanitäter oder zum Kletter-/Abseilinstructor. Tatsächlich verbringt ein SEK-Beamter während seiner Dienstzeit mindestens genauso viel Zeit mit der Aus- und Fortbildung, wie er de facto für Einsätze zur Verfügung steht.

Letztlich ist aber auch eine erfolgreich abgeschlossene Einführungsfortbildung noch keine Garantie dafür, dass ein Bewerber dauerhaft in einem SEK Verwendung findet. Nach Versetzung zu seinem Stammkommando beginnt für ihn eine halbjährige Probezeit, in der er den anderen Mitgliedern des Kommandos beweisen muss, dass er in jeder Hinsicht eine Verstärkung darstellt, menschlich wie fachlich. Wenn sich »der Neue« erkennbar in die Einheit zu integrieren versucht, wenn er also auch unangenehme Dienstverrichtungen freiwillig übernimmt, dann ist er im Team willkommen. Sehr schwer hat er es in der Regel dann, wenn er den Kollegen gegenüber, die schon etliche gefährliche Einsätze gemeistert haben, den dicken Adam markiert. Dies führt dann schon einmal sehr schnell zu einem vorzeitigen Ende der Probezeit, auch wenn so ein Bewerber die formellen und messbaren Leistungsvoraussetzungen durchaus erfüllt. Die Probezeit dient also letztlich dazu festzustellen, ob der Bewerber in das Team passt, aber umgekehrt natürlich auch, ob das Team und der Job tatsächlich das darstellen, was der Bewerber sich vorgestellt hat.

Das Wort »Team« steht in der Vokabelliste eines SEK-Beamten in der Tat sehr weit oben, denn Einzelgänger kann es in dieser Welt nicht geben. Das Handeln jedes Einzelnen, gut oder schlecht, hat immer direkte Auswirkungen auf die gesamte Gruppe. Man kann mit Fug und Recht behaupten, dass jeder Beamte seinem Nebenmann jederzeit sein Leben anvertraut und sich blind auf dessen Beistand verlässt. Dies beinhaltet einen Grad von Vertrauen, der weit über den Bereich der normalen »Kollegialität« hinausgeht und von

Außenstehenden auch nur schwer nachvollzogen werden kann. Und das wiederum führt dazu, dass in den SEKs ein Zusammenhalt existiert, der sonst in dieser Form nicht vorkommt und häufig gerade von höheren Vorgesetzten mit Misstrauen betrachtet und als Kameraderie missgedeutet wird.

Tatsächlich ist jedoch das Gegenteil der Fall, denn die Aufarbeitung von Fehlern, die im Einsatz oder auch in der Ausbildung vorkommen, erfolgt in aller Regel ebenfalls innerhalb der Gruppe und dabei völlig offen und schonungslos. Auch hier liegt der Grund auf der Hand, denn individuelle Fehler beeinträchtigen immer auch das ganze Team. Fehler sind natürlich menschlich und kommen überall vor, auch bei den Spezialeinheiten. Aber hier gehen Fehler im Einsatz mit einer exponenziell erhöhten Gefährdung für Leib und Leben von Menschen einher – sowohl der eigenen Kollegen als auch möglicher Geiseln, Unbeteiligter und letztlich auch des oder der Täter. Daher müssen etwaige Fehler im Team schonungslos aufgearbeitet werden, um die eigene Handlungskompetenz zu verbessern. Deutet die Fehleranalyse darauf hin, dass ein und derselbe Kollege wiederholt Fehler begeht, so wird er – Zusammenhalt hin oder her – sehr schnell aus dem Team ausgeschlossen. Falsch verstandene Kameraderie ist in einem SEK fehl am Platze. Niemand wird einfach so mit durchgezogen, wenn seine Leistungen oder sein Verhalten dagegensprechen.

Ich sollte noch erwähnen, dass bei der Aus- und Fortbildung der Beamten häufig über die Landes- oder gar Staatsgrenzen hinweg kooperiert wird, was der länderübergreifenden Bedrohung durch international agierende Verbrecher- und Terroristengruppen Rechnung trägt. So habe ich selbst im Zuge meiner dienstlichen Tätigkeit Kontakt zu Beamten von Partnereinheiten aus nahezu jedem Land Europas gehabt, darüber hinaus konnte ich Erfahrungen in den USA und Russland sammeln.

MEIN WEG INS SEK

»Der Staatsdienst muss zum Nutzen derer geführt werden, die ihm anvertraut sind, nicht zum Nutzen derer, denen er anvertraut ist.«
Marcus Tullius Cicero

Ich wurde 1961 in einer Stadt am Niederrhein geboren und entstamme einem gutbürgerlichen Haushalt. In jener Stadt wuchs ich auch auf und verbrachte dort meine Schulzeit. Mit etwa zwölf Jahren begann ich leistungsmäßig zu schwimmen und wurde durch sehr viel Training (ich habe mich selbst nie als besonders talentiert angesehen) über die Jahre immer besser. Ich nahm an Meisterschaften (Bezirks-, Westdeutsche, Deutsche Meisterschaften) teil und gewann sogar den einen oder anderen Titel. Diese Eigenschaft, nämlich sich Erfolge durch harte Arbeit und körperliche Anstrengung zu erarbeiten, hat sicherlich nicht unwesentlich dazu beigetragen, die spätere SEK-Ausbildung erfolgreich zu absolvieren.

Meine Schulzeit verlief quasi nebenher. Ich besuchte das Gymnasium, und die wichtigste Erkenntnis, die ich dort gewann, war die, dass ich lernte, nur genau das zu tun, was ich für ein Weiterkommen auch wirklich brauchte. Ökonomie der Kräfte sozusagen, denn das anstrengende tägliche Training ließ auch gar nichts anderes zu.

Im Oktober 1977 wurde ich das erste Mal auf die Spezialeinheiten aufmerksam, als die GSG 9 die entführte Lufthansa-Maschine »Landshut« in Mogadischu stürmte und die Passagiere aus der Hand palästinensischer Terroristen befreien konnte. Das war eine Art Erweckungserlebnis für mich, denn fortan wollte ich nur noch eines: später selber einmal einer derartigen Einheit angehören.

Folgerichtig bewarb ich mich nach meinem Abitur als Kommissaranwärter beim damaligen Bundesgrenzschutz

(BGS). Ich wurde angenommen und absolvierte eine dreijährige Ausbildung an der Fachhochschule des Bundes für öffentliche Verwaltung in Köln. Dieser Ausbildungsgang war erst kurz vor dem Beginn meiner Ausbildung neu installiert worden. Der BGS, als Sonderpolizei des Bundes, war vor dieser Ausbildungs- und Strukturreform eher eine paramilitärisch organisierte, kasernierte Polizeiorganisation, bei der bis zum Jahr 1979 auch militärische Dienstgrade verwendet wurden und deren Hauptaufgabe die Überwachung der innerdeutschen Grenze zur DDR war. Meine eigentliche Ausbildung fand allerdings in Lübeck statt, wo die ehemalige Offiziersschule einfach als »Fachbereich Polizei« der Fachhochschule angegliedert worden war. Was ich da lernte – also etwa das Führen von geschlossenen Einheiten in Zug-, Hundertschafts- und sogar Abteilungsstärke –, entsprach im taktischen Bereich weitestgehend einer militärischen Offiziersausbildung. Ergänzt wurde dies durch ein allerdings sehr intensives Studium des Straf- und öffentlichen Rechts.

Rückblickend kann ich sagen, dass ich dort eine äußerst fundierte und wertvolle Ausbildung erhalten habe, die mich später befähigte, auch komplexe Sachverhalte und Einsatzlagen schnell zu erfassen, wichtige Informationen von unwichtigen zu trennen und, wenn es die Lage erforderte, schnell zu Entschlüssen zu kommen und diese auch mit Hilfe kurzer Anordnungen umzusetzen.

Nach meiner Ernennung zum Polizeikommissar im BGS wurde ich erst Zugführer in einer Einsatzabteilung, dann Leiter einer Dienstgruppe an einem großen deutschen Flughafen. Jedoch ließ mich während der gesamten Zeit der Gedanke nie los, einer Spezialeinheit beitreten zu wollen.

Warum?

Ein Grund war ganz schlicht meine Sportbegeisterung. Ich ging einfach davon aus – richtigerweise, wie sich herausstellte –, dass die Zugehörigkeit zu einer Spezialeinheit mit regelmäßigem Training und körperlichem Einsatz einhergeht. Dann inspirierte mich die eher diffuse Vorstellung, bei spektakulären Einsätzen aktiv mitzuwirken und überhaupt im weitesten Sinne einer »Elite« anzugehören. Entscheidender indes war die Aussicht, als SEK-Mann Menschen in höchster Not helfen zu können. Schon seit meiner Kindheit hege ich eine fast körperliche Abneigung gegen Leute, die andere wehrlose oder ihnen unterlegene Personen drangsalieren. Wie sich im Laufe meiner Dienstzeit zeigen sollte, lag ich mit dieser Einschätzung, anderen Menschen in Ausnahmesituationen beistehen zu können, nicht völlig falsch.

Der finanzielle Aspekt indes stellte überhaupt keinen Grund dar, mich für eine solche Tätigkeit zu bewerben. Entgegen der landläufigen Vermutung ist die Zugehörigkeit zu einer Spezialeinheit finanziell alles andere als lohnend. Grundsätzlich steht einem SEK-Beamten neben seinem normalen Polizistengehalt eine finanzielle Aufwandsentschädigung von 150 € (nicht steuerfrei) im Monat zu.[1] Bedenkt man, dass die für eine finanzielle Absicherung bei einem (leider gar nicht so seltenen) Unfall oder gar im Todesfall notwendige Versicherung sehr teuer ist, so bleibt von dieser Aufwandsentschädigung nicht allzu viel übrig.

Im Sommer 1988 schließlich kam der Zeitpunkt, eine Entscheidung zu treffen. Eigentlich wäre es für mich, der ich zu diesem Zeitpunkt immer noch dem BGS angehörte, folgerichtig gewesen, mich ausschließlich bei der GSG 9 zu bewerben. Aber ich hatte mich mittlerweile ein wenig mehr mit den Spezialeinheiten und deren Aufgaben befasst und wusste daher, dass die Einsatzzahlen der landespolizeilichen SEKs deutlich über denen der GSG 9 lagen. Deshalb bewarb

1 Die Höhe der Summe der sogenannten Zulage für »besondere Polizeieinsätze« differiert von Bundesland zu Bundesland. Die höchste derzeit gezahlte Zulage erhalten die Bundespolizeibeamten der GSG 9. Sie beträgt 400 € im Monat. In meinem Bundesland beträgt die Höhe der Zulage seit Mitte der 90er Jahre unverändert 150 € monatlich.

ich mich sowohl bei der GSG 9 als auch bei einem Spezialeinsatzkommando der Polizei. Als ich deren Eignungs- und Auswahlverfahren bestand, zog ich daraufhin meine Bewerbung bei der GSG 9 zurück.

Am 1. Oktober 1988 trat ich meinen Dienst beim SEK an, durchlief im Sommer 1989 die Einführungsfortbildung und wechselte schließlich im Mai 1993 zu der SEK-Einheit, bei der ich den Großteil meiner Dienstzeit verbringen sollte und die die Grundlage für die in diesem Buch geschilderten Ereignisse darstellt.

DAS ERSTE MAL ...

»Es ist besser, unvollkommene Entscheidungen durchzuführen, als beständig nach vollkommenen Entscheidungen zu suchen, die es niemals geben wird.«
Charles de Gaulle

Das Piepen ist penetrant, und ich brauche einen Moment, um zu erfassen, was los ist. Mein Blick geht auf den Wecker neben meinem Bett, und der zeigt in roten Leuchtziffern 1:53 Uhr. Daneben liegt ein kleiner gelber Kasten, der die Quelle dieses piependen Geräuschs ist. Es ist ein sogenannter Eurosignalempfänger. Da es im Mai 1993 noch keine Handys bei der Polizei gibt, ist der Eurosignalempfänger meine permanente Verbindung zur Einsatzleitstelle der Polizei, welche bei Bedarf die Rufbereitschaftsgruppe des SEK alarmiert. Ich versehe Rufbereitschaft, das erste Mal bin ich als verantwortlicher Gruppenführer für eine solche Rufbereitschaftsgruppe des SEK eingeteilt. Meine Gruppe umfasst neben mir weitere sieben SEK-Beamte, die alle noch im Reich der Träume weilen, zumindest vermute ich das.

Als Gruppenführer wird man im Falle einer Alarmierung als Erster angerufen, um zu entscheiden, ob der Einsatz tatsächlich ein SEK-Einsatz ist oder die Voraussetzungen dafür nicht vorliegen.

Ich bin schlagartig wach, trotz der ungnädigen Uhrzeit, und tappe im Dunkeln zum Telefon im Wohnzimmer. Dort liegt bereits meine Einsatzmappe griffbereit drapiert. Ich wähle die Nummer des Dienstgruppenleiters der Einsatzleitstelle und melde mich zum allerersten Mal mit: »Schulz, SEK, ihr habt mich angepiepst?«

Ich ahne zu diesem Zeitpunkt noch nicht, wie oft ich diese Prozedur in den kommenden 18 Jahren noch durchlaufen werde. Dies ist mein erstes Mal, und ich erinnere mich daran, als wäre es gestern gewesen ...

»Einsatzleitstelle, Wilhelm, entschuldige, wenn ich dich um diese Uhrzeit störe, aber ihr habt einen Einsatz.« Seine Stimme klingt tatsächlich ein wenig mitleidig, doch das dringt gar nicht zu mir durch.

»Was haben wir denn?«, frage ich betont ruhig, und obwohl ich tatsächlich ein wenig aufgeregt bin, merkt man mir das nicht an. Eine meiner offenbar angeborenen Eigenschaften, die mir bei meiner Tätigkeit beim SEK häufig von Nutzen war, ist die, je chaotischer die Situation sich darstellte, umso ruhiger zu werden und vor allem nach außen auch zu wirken.

»Die Leitstelle W. hat nach einem SEK verlangt, auf einem Campingplatz in der Nähe von S. hat sich angeblich eine Person nach einem Familienstreit in ihrem Wohnwagen verbarrikadiert und droht sich und den Wohnwagen mit einer Campinggasflasche in die Luft zu sprengen.«

»Nicht gut«, denke ich sofort. Die verheerende Wirkung von Gasexplosionen ist sogar Laien nicht unbekannt, gehen doch gelegentlich Bilder von dadurch zerstörten Häusern durch die Medien. Ich bin allerdings kein Laie und weiß daher, dass die Explosion einer durchschnittlichen Campinggasflasche in einem so kleinen Gehäuse wie einem Wohnwagen unabsehbare Folgen für alle haben kann, die sich dort aufhalten. Und wenn wir der Person habhaft werden wollen, dann müssen meine Kollegen und ich uns wohl zweifelsohne in dieses Gehäuse vorarbeiten …

Aber so weit ist es ja noch nicht.

»Ok«, sage ich knapp und versuche zu überlegen, welche Informationen mir jetzt noch von Nutzen sein können.

»Ist jemand von der Familie vor Ort?«, frage ich den Kollegen.

»Soweit ich bisher weiß, ist die Ehefrau, mit der sich der Mann gestritten hat, noch auf dem Campingplatz, aber das kläre ich noch ab.«

»Gut«, höre ich mich sagen, »ich brauche eine Verhandlungsgruppe vor Ort, und die Kollegen auf dem Campingplatz sollen die Ehefrau in jedem Fall festhalten, bis wir eingetroffen sind, ich möchte sie selbst befragen. Gib bitte weiter, dass niemand – ich betone: niemand – versuchen soll, mit der Person in dem Wohnwagen Kontakt aufzunehmen, bis wir eingetroffen sind. Das gilt auch für die Verhandlungsgruppe, falls die früher da sind als wir. Bitte alarmiere meine Einsatzgruppe, die sollen zur Dienststelle kommen, ich mach mich jetzt auch auf den Weg. Wenn ich dort bin, melde ich mich.«

»Alles klar«, antwortet der erfahrene Kollege von der Leitstelle und legt auf. In Windeseile ziehe ich meine vorbereiteten Klamotten an, schnappe meine Mappe und springe ins Auto. Da mein Wohnort etwa 90 Kilometer von meiner Dienststelle entfernt liegt, habe ich auf der nun folgenden Autofahrt genügend Gelegenheit, die Situation zu durchdenken.

Vielleicht sollte ich dem geneigten Leser an dieser Stelle kurz die Illusion rauben, dass bei einem solchen Alarm den zur Dienststelle eilenden SEK-Beamten ein Dienstfahrzeug zur Verfügung stünde. Mitnichten. Jeder SEK-Beamte musste und muss auch heute noch in so einem Fall auf sein eigenes Fahrzeug zurückgreifen, was in vielerlei Hinsicht problematisch ist. Als Polizeibeamter im Einsatz ist er grundsätzlich berechtigt, Sonderrechte gem. § 35 StVO in Anspruch zu nehmen. Er darf also zum Beispiel Geschwindigkeitsbeschränkungen missachten oder auch über rote Ampeln fahren. Allerdings ist er mit seinem Privat-Pkw wegen fehlenden Blaulichts und Signalhorns nicht in der Lage, andere Verkehrsteilnehmer zu warnen. Folglich ist die Wahrnehmung seiner Sonderrechte ein sehr theoretisches Unterfangen. Stellen Sie sich doch einmal vor, dass hinter Ihnen ein wild blinkendes, hupendes Zivilfahrzeug auftaucht, das versucht, Sie um jeden Preis zu überholen. Würden Sie dabei an ein Einsatzfahrzeug der Polizei denken?

Aber die Sache wird sogar noch besser. Falls der SEK-Beamte während der Alarmierungsfahrt einen Verkehrsunfall verursacht, läuft er Gefahr, seinen Unfallschutz zu verlieren, da eine normale Kfz-Versicherung solche Schäden nicht abdeckt. Und eine pauschale Versicherung für solche Fälle hat der Dienstherr, trotz vielerlei Anmahnungen, bis heute nicht abgeschlossen!

Viel besser und aus einsatztaktischer Sicht günstiger wäre es natürlich, wenn die Rufbereitschaft versehenden SEK-Beamten mit Dienstwagen ausgerüstet wären. Sie könnten dann von zu Hause aus, ohne Umweg über die Dienststelle, direkt zum Einsatzort fahren, da ihre Ausrüstung bereits im Fahrzeug verstaut wäre, und sie könnten sich per Blaulicht und Signalhorn ungehindert Vorfahrt verschaffen. Doch eine durch und durch sinnvolle Lösung heißt in Kreisen der Polizei noch lange nicht, dass sie auch zur Anwendung kommt. In diesem Fall stehen die Bedenken des Ministeriums entgegen, dass die Nutzung von Dienst-Kfz durch SEK-Beamte für eine Fahrt nach Hause im Rahmen des Rufbereitschaftsdienstes möglicherweise zu »Missbrauch«, d.h. privater Nutzung führen könnte oder sich die Fahrzeuge am jeweiligen Wohnort nicht sicher unterstellen ließen. Nun ja, jedem Spitzenpolitiker steht jederzeit eine Staatskarosse zur Verfügung, auch wenn das nur in den seltensten Fällen durch eine Situation gerechtfertigt ist, in der im wahrsten Sinne über Leben und Tod entschieden werden muss. Ich will darüber weiter gar nicht richten, aber dieses Missverhältnis sagt viel darüber aus, was Politik und höhere Beamtenschaft von den Spezialeinheiten halten.

Auf unserer Dienststelle eingetroffen, rufe ich die zuständige Einsatzleitstelle in W. an, um mir neueste Informationen einzuholen. Allerdings hat sich seit meiner Alarmierung nichts Neues ergeben. Die Kollegen des Streifendienstes, die sich vor Ort auf dem Campingplatz befinden und in sicherer Entfernung den Wohnwagen unserer Zielperson beobachten, haben nichts feststellen können und sich auch an meine Anweisung gehalten, keinen Kontakt zu der Person aufzubauen.

Ob das jetzt ein gutes oder ein schlechtes Zeichen ist, vermag ich beim besten Willen nicht einzuschätzen, wir werden es erleben, denke ich bei mir. Inzwischen sind alle Kollegen meiner Rufbereitschaftsgruppe eingetroffen und versammeln sich um mich, um zu erfahren, was genau los ist. Zwar hat Wilhelm – der Beamte der Leitstelle, der die Alarmierung durchgeführt hat – sie alle über den Grund grob informiert, aber genauere Informationen erwarten meine Kollegen jetzt von mir. Aber sonderlich mehr habe ich auch nicht zu bieten. Ich weise sie in die mir bekannte Lage ein und ergänze dann: »Wir fahren im Overall, offen, mit kolorierten Fahrzeugen, da wir uns auf dem Campingplatz wahrscheinlich über das Gelände an den Wohnwagen annähern müssen.« Übersetzt heißt dieses Fachchinesisch einfach, dass wir, im Gegensatz zu den allermeisten Fällen, in denen eine Rufbereitschaftsgruppe des SEK ausrückt, uns nicht in ziviler Kleidung und ebensolchen Fahrzeugen auf den Weg machen werden, sondern mit ebenfalls in unserem Bestand befindlichen Streifenwagen und bekleidet mit dem für Spezialeinheiten typischen graublauen Einsatzoverall, der ebenfalls bei der GSG 9 und einigen SEKs anderer Bundesländer getragen wird.

Ich teile die Fahrzeugbesatzungen ein. Neben unseren Streifenwagen führen wir noch einen in unserem Jargon als »Besteckwagen« bezeichneten zivilen Lieferwagen mit, in dem Utensilien gelagert sind, die bei einem SEK-Einsatz häufig benötigt werden. Dort finden sich neben Rammen in verschiedenen Ausführungen zum gewaltsamen Öffnen von Türen auch Brechwerkzeuge, ein ballistischer Schutzschild zum Schutz vor Beschuss aus Faustfeuerwaffen und einige Dinge mehr, die bei einem gewaltsamen Eindringen in Räumlichkeiten, unserem Hauptaufgabenbereich, von Nutzen sein können.

Ich richte meinen Blick auf einen mittelgroßen, stämmigen Kollegen und sage: »Bert, du nimmst dein Gewehr mit.«

Standardmäßig arbeiten wir in unserem Kommando im Einsatz mit einer Doppelbewaffnung. Als Hauptwaffe benutzen wir die Maschinenpistole MP 5 im Kaliber 9 mm von Heckler & Koch, mit der jeder Kollege ausgestattet ist. Als Zweitwaffe verfügen wir alle über die Pistole P226 von SIG Sauer, ebenfalls im Kaliber 9 mm.

Bert ist als Präzisionsschütze[2] darüber hinaus mit einem persönlich zugewiesenen HK PSG1 ausgestattet. Bert würde uns im Bedarfsfall, so denke ich es mir zumindest, vor allem in der Annäherung an den Wohnwagen mit seinem Scharfschützengewehr absichern können.

»So, gibt's noch was, an das wir denken müssen?« Meine Frage ist durchaus keine Phrase, die Kollegen meiner Gruppe sind durchweg erfahrene SEK-Beamte, die die Handlungsroutinen und Gepflogenheiten teilweise viel besser kennen als ich, der ich erst einen knappen Monat in diesem Kommando Dienst tue. Ich will in jedem Fall klarmachen, dass wir alle an einem Strang ziehen und jeder seine Meinung kundtun kann, auch wenn ich letztlich die Verantwortung trage.

Alle schütteln ihre Köpfe. »Ok, dann umziehen und los geht's, ich versuche noch den Polizeiführer zu erreichen und mit ihm unsere Möglichkeiten zu besprechen …«

Sofern man den »Apparat Polizei« nicht kennt, könnte man der Meinung sein, dass beim Einsatz einer Spezialeinheit wie dem SEK die Entscheidung über Art und Umfang des Einsatzes grundsätzlich dem Führer dieser Einheit ob-

2 Zum damaligen Zeitpunkt gehörte eine grundsätzliche Ausbildung am Präzisionsgewehr zur Ausbildung beim SEK-Grundlehrgang, sodass theoretisch jeder SEK-Beamte als Präzisionsschütze in Frage kam. Aufgrund der Besonderheit der Tätigkeit wurde aber ein Präzisionsschütze nur aufgrund einer freiwilligen Meldung auserkoren. Heutzutage erfordert die Tätigkeit eines Präzisionsschützen in einem SEK einen zusätzlichen Fortbildungslehrgang von einigen Wochen Dauer sowie eine jährlich vorgeschriebene Überprüfung der Schießleistung.

liegt. Dies ist aber nicht der Fall. Jeder Einsatz eines SEK wird im Rahmen einer »besonderen Aufbauorganisation« abgearbeitet und von einem Beamten des höheren Dienstes als »Polizeiführer« geführt. Dieser Beamte hat in aller Regel keine besondere SEK-Ausbildung. Er ist, für eine sinnvolle Beurteilung der Möglichkeiten der eingesetzten Spezialeinheit, sehr stark von der Beratung durch den Führer dieser Einheit abhängig. Daher ist es mir wichtig, so früh wie möglich mit diesem höheren Beamten Kontakt aufzunehmen, um bei der Absprache der geplanten Vorgehensweise keine unnötige Zeit zu verlieren.

Der für diesen Einsatz verantwortliche Polizeiführer erweist sich als junger Polizeirat, der offensichtlich noch nicht lange in Amt und Würden ist. Ich schildere ihm am Telefon, dass ich die Lage derzeit noch nicht einschätzen und ihm einen Vorschlag zur Lagelösung erst machen kann, wenn ich die Situation vor Ort gesehen und mich mit dem Leiter der Verhandlungsgruppe abgestimmt habe. Immerhin rate ich ihm, die umliegenden Wohnwagen sofort räumen zu lassen, weil eine Gasexplosion, auch von einer Campinggasflasche, nicht zu unterschätzen ist. Noch während ich mit ihm telefoniere, veranlasst er das.

Als letzter Gedanke geht mir durch den Kopf, dass es vielleicht bei diesem Sachverhalt nicht schlecht wäre, auch unseren Hundeführer mitzunehmen, vielleicht ergibt sich ja eine Situation, in der ein Hund von Vorteil sein könnte. Die SEK-Hunde haben, ähnlich wie ihre zweibeinigen Kollegen, eine Zusatzausbildung durchlaufen, aufgrund derer sie mehr Fertigkeiten und Tricks beherrschen als normale Polizeihunde.

Unser Diensthundeführer Freddy versieht keine Rufbereitschaft, ich versuche mein Glück trotz der ungnädigen Uhrzeit, und tatsächlich habe ich ihn nach kurzer Zeit am Draht. Ich schildere ihm kurz den Sachverhalt und nenne ihm die Adresse des Campingplatzes, denn im Gegensatz zu uns verfügt Freddy über einen eigenen Dienstwagen mit eingebauter Transportbox für seinen Hund. Er kann sich also direkt auf den Weg machen.

Unsere Anfahrt verläuft ohne weitere Zwischenfälle, wenn man von dem Umstand absieht, dass wir uns dem Campingplatz ohne die Hilfe der heute bekannten Navigationsgeräte nähern – anhand einer Karte, auf der er nicht eingezeichnet ist … Allerdings steht an der Einfahrt zum Campingplatz bereits ein Streifenwagen der örtlichen Kollegen, sodass wir den Platz nun doch finden. Über Funk gebe ich den Kollegen die Anweisung, sich sofort einsatzbereit zu machen, während ich selbst versuche, mir zunächst ein eigenes Bild der Lage zu verschaffen.

Während also meine Kollegen sofort nach dem Abstellen der Fahrzeuge anfangen, ihre Ausrüstung anzulegen, läuft mir der Einsatzleiter der vor Ort befindlichen Streifendienstbeamten mit offenem Parka entgegen. Begleitet wird er von der Einsatzführerin der Verhandlungsgruppe, die kurz vor uns eingetroffen ist.

»Düllen, ich bin der Dienstgruppenleiter«, stellt er sich vor und schüttelt mir die Hand. »Ich bin froh, dass ihr da seid«, sagt er weiter, und an seinem Gesichtsausdruck kann ich erkennen, dass er das ernst meint, weil ihm die Situation nicht geheuer ist. Die Leiterin der Verhandlungsgruppe kenne ich, daher brauchen wir uns nicht vorzustellen. Auch wir geben uns kurz die Hand.

Ich schaue Düllen erwartungsvoll an, und er beginnt sogleich mit den Informationen, die er hat: »Gestern Abend, so etwa gegen 21 Uhr, hat Herr S. mit seiner Ehefrau einen Streit gehabt. Herr S. ist sogenannter Dauercamper hier auf dem Platz, und soweit wir wissen, lebt er tatsächlich ständig in seinem Wohnwagen. Das war auch nicht die erste Streiterei mit seiner Frau, aber gestern ist die Sache wohl eskaliert. Herr S. ist offenbar mitten im Streit aufgestanden, hat eine Campinggasflasche aus der Küchenzeile geholt, ein

Feuerzeug daneben gelegt und seiner Frau gesagt, er würde die Sache jetzt ein für alle Mal beenden. Als er dann den Gasverschluss der Flasche betätigte, ist die Frau aus dem Wohnwagen geflüchtet, und er hat ihr noch hinterhergeschrien, wenn einer dem Wohnwagen zu nahe kommt, knallt es in jedem Fall.«

»Großartig«, denke ich bei mir, »meine erste Lage – und gleich ein Durchgeknallter, der sich in die Luft sprengen will …«

Ich lasse mir meine finsteren Gedanken nicht anmerken und frage: »Was war denn der Anlass für den Streit?«

»Laut Aussagen der Ehefrau waren die Anlässe nichtig«, antwortet der DGL, »zumeist ging es aber um die allgemeine Lebenssituation, vor allem, weil Herr S. schon lange arbeitslos ist und trinkt. Auch gestern Abend hat er wohl wieder einiges an Alkohol konsumiert, wie seine Frau sagt.«

»Ihr habt seitdem keinen Kontakt mehr zu Herrn S. gehabt, richtig?«, frage ich weiter.

»Wir haben den Wohnwagen weiträumig abgesperrt und uns verdeckt gehalten. Wir konnten nichts feststellen, das Licht im Wohnwagen ist aus, und es bewegt sich nichts.«

Ich wende mich an die Kollegin von der Verhandlungsgruppe: »Habt ihr den S. schon überprüfen können, ist der in der Vergangenheit bereits polizeilich aufgefallen?« Ich will vor allem wissen, ob es schon einmal einen polizeilichen Einsatz gegen Herrn S. gegeben hat, bei dem er gewalttätig geworden ist oder mit Selbstmordabsichten gedroht hat.

»Alles negativ«, antwortet mir die Kollegin von der VG, »Herr S. ist bisher überhaupt nicht polizeilich in Erscheinung getreten. Wir sind noch dabei, seine Frau genauer zu befragen.« Sie weist mit ihrem Daumen auf einen von innen beleuchteten VW-Transporter, in dem ein Kollege eine augenscheinlich mitgenommene, ältere Frau befragt.

»Ok«, sage ich zunächst an den DGL gerichtet, »wir werden jetzt zuallererst deine Kräfte durch meine auswechseln. Ich werde mir zuerst die Lage des Wohnwagens anschauen und dann meine Leute verteilen. Wenn sie in Position sind, dann kannst du deine Kollegen zurückziehen.«

»Alles klar«, antwortet er, »soll ich dir den Wohnwagen zeigen? Wir haben eine Stelle, von der man alles recht gut einsehen kann.«

In den nächsten Minuten mache ich mir ein Bild von der Lage und bringe, wie angekündigt, meine Kollegen in Position. Da der Campingplatz in einem Waldgebiet liegt, bieten uns auf dem Platz befindliche Bäume guten Schutz bei der Annäherung an den Wohnwagen, und ich bin mir sicher, dass Herr S. unsere Aktivitäten auch dann, wenn er aus dem Fenster spähen sollte, nicht sehen kann. Die Platzbeleuchtung, die bereits die ganze Zeit über aktiviert war, garantiert uns andererseits eine, wenn auch diffuse Sicht auf unser Zielobjekt.

Wir nähern uns mit aller Vorsicht dem Wohnwagen so weit an, dass wir alle seine vier Seiten einsehen, allerdings nicht, und das ist der entscheidende Nachteil, in das Innere hineinschauen können. Ich habe für alle Fälle ein Zugriffsteam, bestehend aus drei meiner Kollegen, gebildet, die, falls erforderlich, gewaltsam in den Wohnwagen eindringen würden. Allerdings sind diese Kollegen wegen der latenten Explosionsgefahr so weit entfernt postiert, dass es eine Weile dauern würde, bis sie das Gefährt gestürmt hätten.

Nachdem diese kontrollierte Situation hergestellt ist – ein für mich ganz wichtiger Zwischenschritt! –, kann ich mir nun langsam Gedanken machen, wie es denn jetzt weitergehen könnte.

Inzwischen ist auch Freddy, unser Hundeführer, eingetroffen. Wir begrüßen uns kurz, und ich zeige ihm aus unserer verdeckten Beobachtungsstellung den Wohnwagen, während ich ihm die Lage schildere. Skeat, seinen Belgischen

Schäferhund, hat er noch in seiner Box im Dienstwagen gelassen. In den letzten Minuten ist in mir ein, wenn auch noch vager Plan gereift, und ich möchte ihn jetzt mit Freddy besprechen.

»Wenn wir es schaffen könnten, die Tür des Wohnwagens leise aufzumachen, glaubst du, dass deine Töle den Typ da drin so schnell zu packen kriegt, dass er nicht mehr zum Feuerzeug greifen kann?«

Da ich weiß, dass Freddy, wie jeder Hundeführer, große Stücke auf seinen Diensthund hält, habe ich den bewusst als »Töle« tituliert, um ihn ein bisschen zu ärgern. Es mag vielleicht völlig unwahrscheinlich klingen, aber selbst in solchen Situationen verlieren die meisten SEK-Beamten ihre scheinbar angeborene Neigung, alles und jeden durch den Kakao zu ziehen, keineswegs. Ich bilde da keine Ausnahme, was Freddy mir überhaupt nicht krummnimmt. Er grinst sogar, bevor er dann aber ernst antwortet.

»Wenn wir die Tür leise aufbekommen, und der S. befindet sich an einer Stelle in dem Wohnwagen, wo der Hund direkt an ihn herankommt, dann bin ich mir ziemlich sicher, dass er ihn schnell genug zu packen kriegt, bevor der S. noch irgendwas ergreifen kann. Auch ein Feuerzeug nicht. Kommt der Hund allerdings nicht direkt an ihn heran, dann …« Er beendet den Satz nicht und muss es auch gar nicht, denn wir wissen beide, was das im Zweifelsfall bedeuten kann.

»Der letzte Kontakt mit S. ist bereits mehr als zwei Stunden her, seitdem hat es keine Bewegung gegeben, und seine Ehefrau hat gesagt, dass S. einiges getrunken hat«, ergänze ich unser kleines Brainstorming.

»Du meinst«, sagt Freddy daraufhin, »dass der S. vielleicht besoffen in einer Ecke liegt und seinen Rausch ausschläft?«

»Es spricht einiges dafür«, stimme ich ihm zu, »aber sicher sein können wir natürlich nicht. Meinst du, du könntest mit

Skeat in dem Wohnwagen so leise sein, dass er dich vielleicht gar nicht bemerkt, wenn er schlafen sollte?«

Freddy schaut ein wenig skeptisch drein und wägt ab: »Dann muss ich ihn an der Leine halten, und wir verlieren den Vorteil der Schnelligkeit, die der Hund hat. Andererseits, wenn Skeat nicht direkt an ihn herankommen kann, ist es sicherlich besser, ich führe ihn an der Leine und lasse erst los, wenn wir sicheren Kontakt haben. Vielleicht pennt der Typ ja wirklich seinen Rausch da drin aus, und wir müssen den Hund gar nicht einsetzen. Gut, ich nehme ihn an die Leine.«

Ich weiß, dass Freddy der Fachmann ist, und seine Argumente sind für mich logisch. Da ich aber der SEK-Führer bin, muss ich die Entscheidung treffen und vor allem auch verantworten.

»Ok, Freddy«, antworte ich ihm, »ich werde jetzt noch mal mit der Kollegin von der VG sprechen. Ich neige allerdings dazu, dass wir dich und deinen Hund einsetzen, ohne S. noch anzusprechen, da viel dafür spricht, dass er in seinem Wohnwagen eingeschlafen ist. Wenn wir den jetzt aufwecken, wäre das aus meiner Sicht ziemlich kontraproduktiv.«

Freddy nickt und signalisiert Zustimmung.

Ich berate mich kurz mit der Einsatzleiterin der Verhandlungsgruppe, die sich meiner Meinung anschließt. Die Möglichkeiten der Verhandlungsgruppe sind in diesem Fall sehr begrenzt, da sie einen Kontakt nur mit einem Megafon aufnehmen könnte. Einen Telefonanschluss hat der S. in seinem Wohnwagen nicht, und Handys sind, wie bereits erwähnt, im Jahre 1993 noch nicht sehr verbreitet. Für eine Kontaktaufnahme mittels Megafon müssten die Kollegen zudem auch ziemlich nahe an den Wohnwagen heran, sodass sie sich im Gefahrenbereich einer potenziellen Gasexplosion befänden. Dieses Risiko will ich nicht eingehen, zumal niemand vorhersagen kann, wie Herr S. auf eine Kontaktaufnahme durch die Polizei reagieren würde. Irgendwie eine ziemlich vertrackte Situation ...

Vom Büro des Platzwartes aus rufe ich den Polizeiführer in W. an und schildere ihm die Sachlage. Er schließt sich meiner Einschätzung an und erteilt seine Zustimmung zu unserem und Skeats Einsatz.

Wir nähern uns dem Wohnwagen von der Deichselseite her an. Dort befindet sich kein Fenster, und S. kann uns, auch wenn er auf Lauer läge, nicht sehen. Von seiner Ehefrau habe ich zuvor einen Schlüssel für die Wohnwagentür bekommen. Wenn S. diese Tür nicht verbarrikadiert hat, haben wir zumindest also die Chance, leise und vielleicht unbemerkt reinzukommen. Wir sind jetzt zu fünft: Freddy mit seinem Hund, Bert, dessen Fähigkeiten an seinem Scharfschützengewehr in diesem Einsatz nicht gebraucht werden, Gerd und Andi, ebenfalls zwei erfahrene Einsatzbeamte, und ich. Die anderen drei Kollegen meiner Rufbereitschaftsgruppe sind in Beobachtungspositionen um den Wohnwagen verteilt und sollen uns sofort Nachricht geben, wenn sie darin eine Bewegung wahrnehmen.

Wir dringen ohne Zwischenfälle bis zu unserem Ziel vor. Leider hat S. den Eingangsbereich seines Wohnwagens mit einem Vorzelt versehen, dessen Reißverschluss natürlich verschlossen ist. Den zu öffnen, könnte mit Geräuschen verbunden sein. Ich trage in der Brusttasche meiner Schutzweste ein K-Bar-Messer, welches im Gegensatz zu dem für jeden SEK-Beamten dienstlich gelieferten Puma-Messer über eine sehr scharfe Klinge verfügt, die darüber hinaus am Ende auch noch spitz zuläuft. Durch Zeichen informiere ich meine Kollegen, dass ich versuchen werde, die Zeltwand mit dem Messer leise zu durchtrennen, um uns einen Einstieg in das Vorzelt zu verschaffen. Die Daumen meiner Kollegen gehen in die Höhe, zum Zeichen, dass sie meine Absicht verstanden haben. Gerd deckt seine Surefire-Taschenlampe mit seinen behandschuhten Händen so weit ab, dass nur noch ein ganz schmaler Lichtschein hervordringt, mit dem er mir die Stelle beleuchtet, die ich mit dem Messer aufschneiden will. Würde er dies nicht tun, dann wäre das gesamte Vorzelt durch den Lichtschein der kleinen Lampe erhellt, denn die Lichtausbeute von dem kleinen Ding ist wirklich immer wieder erstaunlich. Andi, der rechts neben mir steht, hält seine Maschinenpistole schussbereit und wird mich bei meinem Versuch absichern.

Ich steche mit dem K-Bar in die Wand des Vorzeltes, und wie erhofft dringt das Messer lautlos in das Material ein. Fast ohne Widerstand und, was viel wichtiger ist, ohne das geringste Geräusch kann ich einen bodenlangen Schlitz in das Gewebe schneiden. Problemlos schlüpfen wir nacheinander in das Vorzelt. Das ist leer, keine Spur von S.

Als Letzte schlüpfen Freddy und sein Skeat hinein, und ich deute Freddy an, dass er erst einmal etwas abseits der Eingangstür stehen bleiben soll. Immer wieder wundere ich mich darüber, wie gut der Hund sich an Einsatzsituationen anpassen kann. Als ob er wüsste, dass es hier darauf ankommt, keinerlei Geräusche zu machen, verhält er sich, obwohl er mit Sicherheit aufgeregt ist, völlig ruhig und sitzt neben Freddy wie eine Statue.

Über Funk flüstere ich meinen draußen beobachtenden Kollegen zu: »Hier Peter. Wir sind im Vorzelt, keine Spur von unserem Mann, ich horche jetzt mal an der Tür. Bevor wir öffnen, melde ich mich noch mal.« Im Gegensatz zu vielen anderen Einheiten haben wir es uns angewöhnt, uns im Funkverkehr mit unseren Vornamen anzusprechen. Da wir einen festen Funkkanal benutzen, der nur uns zugewiesen ist, hat sich dies als sinnvoll herausgestellt: Bei einer Durchsage weiß jeder Kollege sofort, wer dort spricht und wer gemeint ist. Die Kollegen auf Beobachtungsposten drücken, statt einer mündlichen Bestätigung, zweimal auf die Sprechtaste ihres Funkgerätes. Das Knacken zeigt mir an, dass sie verstanden haben. Bei der Verständigung über Funk ist die wichtigste Grundregel, so wenig wie möglich und so kurz wie möglich zu sprechen. Weil immer jeweils nur eine Person sprechen kann und damit alle anderen vom Funkverkehr ausschließt, müssen wir immer darauf bedacht sein, den Kanal so schnell wie möglich wieder frei zu geben. Bei längeren Funkdurchsagen machen wir daher zwischen den einzelnen Sätzen kurze Pausen, damit andere Kollegen, falls es nottut, mit wichtigen Erkenntnissen oder eiligen Meldungen unterbrechen können. Das zweimalige Betätigen der Sprechtaste zur Bestätigung von Durchsagen erspart damit komplett die Belegung des Funkkanals.

Bevor wir die Tür zum Wohnwagen öffnen, will ich noch einmal daran horchen, um vielleicht doch noch verräterische Geräusche aus dem Inneren wahrnehmen zu können. Das ist aber wegen meiner Ausrüstung nicht so einfach, wie es klingt. Ich trage auf dem Kopf eine Sturmhaube, die zum einen meine Identität vor unseren Zielpersonen, aber auch der häufig vor Ort befindlichen Presse schützen soll. Bei der Klientel, mit der wir bei unseren Einsätzen in aller Regel konfrontiert sind, eine mehr als notwendige Maßnahme, um etwaigen Repressalien gegen uns oder, noch schlimmer, gegen unsere Familienangehörigen vorzubeugen. Zum anderen handelt es sich bei der Sturmhaube um ein feuerfestes Modell, welches mich, ähnlich wie bei Formel-1-Rennfahrern, vor Flammen schützen soll. Allerdings bin ich nicht besonders erpicht darauf, die Wirksamkeit dieses Stückes Stoff tatsächlich in der Praxis zu erproben …

Über der Sturmhaube trage ich einen TIG-Helm aus Titan, der Schüssen aus einer Faustfeuerwaffe und sogar einer Maschinenpistole widerstehen kann. Komplettiert wird meine Ausstattung und die meiner SEK-Kollegen durch eine Schutzweste, welche ebenfalls einem Beschuss durch Faustfeuerwaffen standhalten soll. Insgesamt kann so eine Ausrüstung mitsamt der Bewaffnung schnell die 25-Kilogramm-Grenze überschreiten.

Allerdings sind wir uns in unserem SEK alle darüber einig, dass der beste Schutz gegen Angriffe nicht die Schutzausstattung, sondern eine ausgeklügelte Einsatztaktik ist, die nach Möglichkeit unser Gegenüber so überrascht, dass er zu keiner großen Gegenwehr mehr fähig ist. Besonders jetzt, wo wir nicht durch einen möglichen Schusswaffengebrauch von Herrn S., sondern potenziell durch eine gänzlich unkalkulierbare Gasexplosion bedroht sind, hoffe ich inbrünstig, dass unsere Einsatztaktik ausgeklügelt genug ist. Ich werde ein mulmiges Gefühl nicht los, aber das darf ich auf keinen Fall zeigen, da meine Kollegen von mir erwarten (und erwarten können!), dass die von mir favorisierte Lagelösung Erfolg haben wird. Nichts wäre in einer solch heiklen Situation fataler als ein nervöser oder vom Ausgang der Mission nicht überzeugter Einheitsführer.

Ich öffne den Verschluss meines Helmes, nehme ihn ab und lege ihn kurz auf den Boden des Vorzeltes. Anschließend presse ich mein Ohr gegen die Eingangstür des Wohnwagens und lausche hinein. Meine Kollegen schauen mich erwartungsvoll an, doch ich kann keine Geräusche ausmachen, so sehr ich mich auch konzentriere. Ich schüttle leicht meinen Kopf, um anzudeuten, dass ich nichts gehört habe, setze meinen Helm wieder auf und schließe den Verschluss, während ich von der Eingangstür zurücktrete. Ich nicke Gerd zu, der den Schlüssel des Wohnwagens von der Ehefrau übernommen hat. Er geht neben der Tür in Position und schiebt den Schlüssel geräuschlos in das Schloss der Wohnwagentür. Ich winke Freddy mit Skeat heran, denn ich möchte, dass beide als Erste in den Wohnwagen eindringen. Freddy postiert sich auf der anderen Seite der Tür und hebt den Daumen in die Höhe, um zu signalisieren, dass er bereit ist.

Gerds Augenpaar, das aus seiner Sturmhaube hervorlugt, schaut mich erwartungsvoll an, denn letztlich bin ich derjenige, der das finale Signal zum Zugriff geben muss.

Ich betätige die Sprechtaste meines Funkgerätes und flüstere in das am Helm angebrachte Mikrophon: »Achtung Jungs, wir öffnen jetzt die Tür.«

Ein wiederum zweimaliges Klacken in dem ebenfalls im Helm integrierten Lautsprecher macht mir deutlich, dass alle SEK-Kräfte bereit sind.

»Hier Fritz«, meldet sich einer meiner Kollegen, der draußen auf Position liegt, »bisher alles ruhig, keine Beobachtungen.«

Ich bestätige seine Durchsage durch einen Doppelklick und nicke Gerd zu, die Tür zu öffnen.

Die enge Eingangstür öffnet sich problemlos und ohne Geräusche. Freddy und sein Hund drängen sich ins dunkle Innere hinein. Damit die beiden in der Enge des Wohnwagens handlungsfähig sein können, bleiben wir alle am Eingang stehen und lassen den beiden den nötigen Raum für etwaige Aktionen.

Da nur Gerd und Andi als nächstes Zugriffsteam unmittelbar an der Tür postiert sind, kann ich nicht in den Wohnwagen hineinsehen. Ich höre das Trippeln von Skeats Pfoten auf dem Boden des Wohnwagens.

Plötzlich beginnt er laut zu knurren – und dann passieren alle Dinge gleichzeitig.

Ich höre Freddy zuerst laut fluchen, dann nur ein sehr lautes: »Weg hier!«

Bevor ich mir darüber Gedanken machen kann, was das wohl bedeutet, kommt zuerst Skeat in vollem Lauf aus dem Wohnwagen geschossen und direkt dahinter Freddy, den Hund noch immer an der Leine. »Der sitzt im Bett und hat die Gaspulle und das Feuerzeug in der Hand«, schreit Freddy so, dass wir alle mitbekommen, was los ist.

Leider ist Skeat jetzt total auf eine etwaige Beute aus, die er ja offensichtlich nicht bekommen hat, schnappt beim Herausspringen aus dem Wohnwagen kurz zu und erwischt dummerweise Gerds Hand.

Als Filmsequenz wäre diese Situation sicher nicht frei von einiger Komik. Allerdings ist das kein Film, sondern Realität. Vor dem Wohnwagen hatte ich bereits bei der Annäherung einen Haufen von schweren Pflastersteinen bemerkt, deren Zweck ich mir nicht erklären konnte. Für den von mir nun erhofften Zweck sind sie aber ideal. Ich rufe meinen Kollegen zu: »Die Steine, werft die Scheiben ein!« Meine Idee ist, durch die zerstörten Scheiben frische Luft in das Innere des Wohnwagens dringen zu lassen, um ein eventuell vorhandenes Gas-Luft-Gemisch so weit zu verdünnen, dass es nicht mehr für eine Explosion reichen würde. Natürlich weiß ich nicht, ob das eine gute, praktikable Idee ist, aber da ich keine Zeit habe, langwierige Untersuchungen anzustellen, ist es derzeit meine einzige Option.

Meine Kollegen finden das offensichtlich überzeugend, denn sie beginnen sofort, meine Anweisung umzusetzen, greifen sich die Pflastersteine und werfen sie im hohen Bogen durch die Plastikfenster des Wohnwagens. Im Handumdrehen sind die Fenster völlig zerstört – ein dicker Pluspunkt, wie ich finde. Allerdings hat unsere Aktion noch einen anderen Effekt. Unsere Zielperson im Inneren des Wohnwagens empfindet den Steinhagel, der ihm urplötzlich um die Ohren fliegt, wohl als so bedrohlich, dass er quasi umgehend laut aufschreit: »Hört auf, hört auf, ich komm raus!« Über Funk rufe ich den Kollegen jedoch zu, dass sie unbedingt weitermachen sollen. Was ich jetzt am wenigsten möchte, ist, dass Herr S. es sich noch einmal anders überlegt …

Während also weiter dicke Steine in das Innere des Wohnwagens fliegen, brülle ich: »Komm sofort raus und lass die Flasche drin!«

Aus dem Inneren des Wohnwagens kommt ein ersticktes: »Hört doch auf, ich komme …«, und während er das noch sagt, taucht er auch schon in geduckter Haltung an der Tür auf, die Hände zum Schutz vor den Steinen über dem

Kopf. Bert, der Gerds Position an der Tür übernommen hat, springt ihn von hinten an und reißt ihn zu Boden. Ich bin sofort auch dabei und unterstütze Bert bei der Fesselung.

Herr S. ist nur mit einer Unterhose bekleidet und hat auch die Gasflasche im Inneren des Wohnwagens zurückgelassen. Ich rieche die Alkoholfahne, obwohl er auf dem Bauch liegt.

Über Funk informiere ich die übrigen Kollegen: »Zielperson sicher und unverletzt, wir brauchen den Notarzt für einen Kollegen, wegen eines Hundebisses.«

Ich wende mich Gerd zu, der nur abwinkt und sagt: »Ist nicht so schlimm.« Er hat seinen Handschuh bereits ausgezogen und zeigt mir seine Handoberseite, wo zwei rote Punkte und ein bisschen Blut die Stelle markieren, wo Skeat zugepackt hat.

Über Funk sage ich weiter: »Wir benötigen uniformierte Kräfte, die Herrn S. hier in Empfang nehmen.«

Der Einsatzleiter der uniformierten Kollegen, der mit seinem Funkgerät unseren Kanal geschaltet hat, meldet sich und sagt: »Notarzt und meine Kollegen sind unterwegs.«

Mit Andi gemeinsam gehe ich in das Innere des Wohnwagens. Mit meiner Surefire leuchte ich in das ziemlich desolate Innere. Unsere Steine haben ganze Arbeit geleistet. Ich entdecke hinter einer jetzt geöffneten Schiebetür das Schlafabteil des Wohnwagens. Auf dem Bett liegt eine Gasflasche, die allerdings kein zischendes Geräusch von ausströmendem Gas von sich gibt. Auch Gasgeruch können wir keinen feststellen. Ich teste den Drehverschluss und stelle fest, dass dieser noch geschlossen ist. Ein kurzer Test ergibt dann das von mir erwartete zischende Geräusch, die Flasche ist voll. Andi und ich schauen uns vielsagend an. Wir sind gottfroh, dass die Sache so ausgegangen ist.

Wieder draußen sehe ich, wie die Kollegen des Streifendienstes den völlig verwirrt erscheinenden Herrn S. abtransportieren. Der Notarzt, welcher bei unseren Einsätzen standardmäßig immer dabei ist, um bei Bedarf sofort Hilfe leisten zu können, verbindet gerade Gerds Hand. Freddy, der Skeat bereits wieder in seine Box im Fahrzeug zurückgebracht hat, steht daneben und macht einen etwas zerknirschten Eindruck. Aber Gerd mit seinem unerschütterlichen Gemüt und Humor grinst schon wieder. Ich höre, wie er zu Freddy sagt: »Das nächste Mal kannst du dir 'ne neue Töle besorgen« und dabei vielsagend auf seine geholsterte Pistole schaut.

Ich trete zu Freddy, und er beginnt, ohne dass ich ihn fragen muss, zu erklären, was sich im Wohnwagen abgespielt hat.

»Der Hund hat ihn sofort draufgehabt, allerdings war die Schiebetür zu seinem Schlafabteil zugeschoben, sodass Skeat nicht an ihn herankam. Ich habe dann die Tür vorsichtig aufgeschoben, und der Typ saß bereits aufrecht in seinem Bett, die Gasflasche im Arm und das Feuerzeug hoch erhoben in der Hand. Da ich nicht wusste, wie viel Gas ausgeströmt war, hab ich sofort den Rückzug angetreten ... Selbst der Hund wusste, dass irgendwas nicht stimmte, und ist wie verrückt nach draußen gerannt.«

»Das hab ich gesehen, Freddy, und das war völlig richtig so.« Für mich ist in diesem Augenblick wichtig, meinen Kollegen in seiner Entscheidung zu bestätigen, die er in einer besonders schwierigen Situation hat treffen müssen.

Eine Stimmung allgemeiner Erleichterung macht sich breit. Die ersten Witze werden schon gemacht, insbesondere Gerd als Opfer von Skeat und Freddy als dessen Zuchtmeister müssen herhalten. Ich spüre, dass dieser Einsatz, so unangenehm er auch war, meine Position als Führer innerhalb der Gruppe ganz entscheidend gestärkt hat. Die Kollegen haben gemerkt, dass ich auch in einer Ausnahmesituation – einem sogenannten »planabweichenden Verlauf« – den Überblick nicht verloren und die Situation letztlich doch mit ihnen gemeinsam in den Griff bekommen habe.

Ich rufe wiederum vom Telefon des Platzwartes den Polizeiführer an und schildere ihm das Ergebnis unseres Einsatzes. Auch er ist überaus erleichtert, bedankt sich sehr herzlich bei mir und macht mir zur Auflage, diesen Dank auch an alle meine Kollegen weiterzugeben.

Wir packen unsere Sachen und machen uns wieder auf den Weg. Nach Rückkehr zur Dienststelle und dem Verstauen der Ausrüstung ist an Dienstschluss und Schlaf noch lange nicht zu denken. Wir sitzen bis zum Morgen zusammen und diskutieren über den Einsatzverlauf. Da Gerd mit seiner Handverletzung ausfällt und wir daher nicht mehr vollzählig sind, habe ich uns bei der Leitstelle für den kurzen Rest der Nacht abgemeldet. Für den verbleibenden Zeitraum müssen die anderen Rufbereitschaftsgruppen landesweit ausreichen.

Als ich meinen Bericht geschrieben habe, treffen bereits die ersten Kollegen des Frühdienstes auf der Dienststelle ein. In der Frühbesprechung, die allmorgendlich um 7:00 Uhr stattfindet, informiere ich alle über den Einsatzverlauf. Ich ernte Zustimmung von allen Seiten und bin sehr froh über die Unterstützung, die mir zuteilwird. Auch unser Kommandoführer Nils schlägt mir nach der Besprechung anerkennend auf die Schulter. Dann endlich mache ich mich auf den Weg nach Hause und falle todmüde ins Bett.

»SHOOTOUT«

»Arma in armatos sumere iura sinunt.»
(»Es ist rechtens, gegen Bewaffnete mit Waffen anzugehen.«)
Ovid

Mein erster Einsatz ist gerade mal eine Woche her und doch schon wieder ferne Vergangenheit. Seitdem haben wir das gemacht, was SEK-Beamte hauptsächlich machen, wenn kein Einsatz zu bestreiten ist: Sie trainieren. Wir müssen unsere Waffen beherrschen, wir müssen uns blind aufeinander verlassen können, wenn es um das gewaltsame Stürmen von Gebäuden, Bussen, Bahnen, Flugzeugen oder Schiffen geht. Koordination in Extremsituationen klappt nur, wenn sie bis zum Umfallen geübt worden ist.

Den heutigen Tag haben wir im »Trainingszentrum H.« verbracht. Dort befindet sich in einem größeren Steinbruchgelände ein offener, nicht überdachter Schießstand, den alle Spezialeinsatzkommandos in unserem Bundesland nutzen.[3] In den allermeisten Fällen wird dieser Schießstand für das Training mit sogenannten Langwaffen genutzt, da diese in normalen überdachten Schießständen nicht abgefeuert werden dürfen. Neben den Präzisionsschützengewehren HK PSG 1 sind dies vor allem Gewehre des Typs HK G3 K-»kurz« und die Selbstladeschrotflinte HK 512.

Das G3 K wird in unserem Kommando in erster Linie von den sogenannten Sicherungsschützen verwendet, die das Vorgehen der eigenen Kräfte z.B. an ein von Terroristen

3 Heutzutage befindet sich dort tatsächlich ein ausgebautes Trainingszentrum mit Übungsgebäuden, einem Sprengplatz, einer Hindernisbahn sowie verschiedenen Schießbahnen für Kurz- und Langwaffen. Im Jahre 1993 waren hier jedoch nur der Schießstand und die Hindernisbahn vorhanden.

besetztes Objekt absichern sollen. Im Gegensatz zu dem bei der Bundeswehr als Standardgewehr eingesetzten G3 hat die von uns benutzte Modellversion einen verkürzten Lauf und eine einschiebbare Schulterstütze, welche das Handling der Waffe vereinfacht. Das Schießen mit diesem Waffentyp ist allerdings keinesfalls einfacher, denn durch die Verkürzung und die brisante Munition ist der Rückschlag der Waffe relativ groß, weshalb es sehr übungsintensiv ist, sie bei mehreren hintereinander abgegebenen Schüssen im Ziel zu halten. Die Selbstladeschrotflinte HK 512 dient in erster Linie zur Bekämpfung von aggressiven Hunden, die relativ häufig bei festzunehmenden Personen in deren Wohnung anzutreffen sind. Mit der Streumunition einer Schrotflinte ist es einfacher, einen angreifenden Hund zu treffen, als mit einem einzelnen Geschoss einer herkömmlichen Schusswaffe. Außerdem können mit einer Schrotflinte auch Glasscheiben zerschossen werden, wenn man durchs Fenster in ein Zielobjekt eindringen muss.

Heute haben wir intensiv mit dem G3 K trainiert und das schnelle Schießen mit dem Gewehr aus verschiedenen Distanzen geübt. Ich bin heute nicht mit meiner eigenen Gruppe unterwegs, sondern mit der Gruppe von Jack. In unserem Kommando gibt es derzeit drei Einsatzgruppen, die sich in der Bereitschaft für eventuell anfallende Einsätze in einem vorgegebenen Rhythmus abwechseln. Allerdings ist diese grundsätzliche Diensteinteilung in keiner Weise starr, vielmehr sind Verschiebungen und »Tauschgeschäfte« an der Tagesordnung, sodass in unserem Standort immer gemischte Teams aus allen drei Einsatzgruppen die anfallenden Einsätze bestreiten, zumal es auch häufig vorkommt, dass eine Gruppe rein zahlenmäßig den Einsatz gar nicht allein bestreiten kann. Für den Zusammenhalt der gesamten Einheit ist dies ein ganz wesentlicher Faktor, existiert doch in unserem Kommando überhaupt keine Konkurrenz unter den verschiedenen Einsatzgruppen. Ein Umstand, der in anderen Spezialeinheiten deutlich anders und nicht immer von Vorteil ist.

Ich habe heute für einen Kollegen aus Jacks Gruppe die Einsatzbereitschaft übernommen, getreu dem Motto, dass man zuerst SEK-Beamter und dann Einsatzführer ist. So sitze ich nun, auf dem Rückweg vom Trainingszentrum zu unserer Dienststelle, welche immerhin etwa 80 Kilometer entfernt ist, als dritter Mann in Jacks Führungsfahrzeug, es ist früher Nachmittag, und wir sind alle gedanklich schon beim nahen Feierabend, als Jacks Eurosignalempfänger plötzlich laut und sehr vernehmlich piept.

Jack ist ein Kollege aus dem Ruhrgebiet mit einer typischen Ruhrpottschnauze, grundsolide, absolut verlässlich und ein fabelhafter Kollege, mit dem ich eng befreundet bin. Jetzt verzieht er das Gesicht, als er auf die hektisch blinkende LED seines piependen Empfängers blickt.

»Das war's wohl mit Feierabend«, ist sein lakonischer Kommentar. Über Funk informieren wir die anderen Fahrzeuge unserer Einsatzgruppe darüber, dass vermutlich ein Einsatz anliegt. Da wir auf der Autobahn unterwegs sind, fahren wir an der nächsten Raststätte ab, damit Jack die Einsatzleitstelle anrufen kann, um zu erfahren, was los ist. Als er wieder zum Auto kommt, haben wir uns schon um seinen Wagen versammelt und warten auf das, was er uns zu sagen hat.

Jack wiegt, bevor er zum Reden ansetzt, seinen Kopf hin und her und beginnt mit seiner durch seine lokale Herkunft geprägten, leicht flapsigen Lageschilderung: »Jungs, ihr werdet's nicht glauben, aber das hört sich an wie die Neuauflage des Shootouts am O.K. Corral.[4] In Kurzform: Älteres Ehepaar in einem Einfamilienhaus in R., beide haben Rie-

---

4 Das bezieht sich auf die legendäre Schießerei am O.K. Corral in Tombstone am 26.10.1881 zwischen den Brüdern Morgan, Virgil und Wyatt Earp sowie Doc Holliday auf der einen und der Clanton-Bande auf der anderen Seite. Vorlage für viele Western-Filme.

senzoff, das Wort Scheidung fällt, der Alte flippt ganz aus, holt sein Gewehr aus dem Schrank, denn er ist Jäger, und schießt auf seine Olle ... Die ist aber auch nicht ohne, flüchtet in den Flur, schnappt sich eine Pistole, die ihr Göttergatte da zum Schutz vor Einbrechern deponiert hat, und gibt nach Hausfrauenart ebenfalls mal ordentlich ›Feuer‹ ... Während der Ehemann in Deckung hechtet, macht sich ›Ma Baker‹ dünne und flüchtet aus dem Haus ... Ob sie getroffen hat und der Alte möglicherweise verletzt ist? – Keine Ahnung. Ich nehme an, da werden wir wohl nachschauen müssen. Sicher ist aber, dass er noch lebt, denn er hat angedroht, jeden abzuknallen, der versuchen sollte, ins Haus zu kommen.«

Natürlich grinsen wir alle über Jacks ureigene Lageschilderung, aber das Ganze ist selbst für unsere Verhältnisse doch ein ziemlich ungewöhnlicher Fall. Schließlich sind wir diejenigen, auf die der Herr des Hauses erklärtermaßen schießen will. Außer uns ist ja niemand so verrückt, sich einem Haus zu nähern, wo jemand mit einem Gewehr sitzt, mit dem er bereits auf seine Frau geschossen hat.

»Weiß man, ob der Typ schon mal in Erscheinung getreten ist?«, fragt Luigi, ein mittelgroßer dunkelhaariger Kollege aus Jacks Gruppe. Luigi ist gar kein Italiener, sondern hat sich diesen Spitznamen bloß eingefangen, weil er so südländisch aussieht.

Seine Frage zielt darauf ab, ob unsere Zielperson bereits in der Vergangenheit einmal polizeilich aufgefallen ist. Besonders interessant in diesem Zusammenhang sind für uns natürlich solche Delikte, die unter Anwendung von Gewalt oder in diesem Fall speziell unter Nutzung von Schusswaffen begangen wurden.

»Das weiß ich leider noch nicht, die Ermittlungen laufen noch«, sagt Jack und ergänzt: »Die uniformierten Kollegen haben den Bereich abgesperrt und sorgen auch dafür, dass niemand mehr im Sichtbereich des Zielobjektes herumläuft und vielleicht zur Zielscheibe werden könnte.«

»Weiß man denn schon, ob bei der Ballerei überhaupt jemand getroffen wurde?«, fragt Winni, ebenfalls ein Beamter aus Jacks Gruppe. Winni ist ausgebildeter Rettungssanitäter, zudem auch Sprengmeister und ein hervorragender Nahkämpfer mit einem schwarzen Gürtel im Ju-Jutsu, ein hochqualifizierter SEKler also.

»Die Frau ist offensichtlich nicht verletzt, und ob sie ihren Alten getroffen hat, weiß sie, wie gesagt, nicht«, antwortet Jack, »die Sache ist derzeit noch mehr als undurchsichtig, und die Kollegen vor Ort werden versuchen, noch etwas mehr über die Umstände herauszufinden, während wir dahin unterwegs sind. Also, dann Blaulichter drauf und los ...«

Da wir, wie immer, wenn wir als einsatzbereite Gruppe unterwegs sind, zivile Fahrzeuge benutzen, müssen wir nun, um uns als Polizeifahrzeuge kenntlich zu machen, die mitgeführten Blaulichter montieren. Im Klartext: Wir müssen sie etwas umständlich mittels eines Schraubgestells an der Dachreling auf der Fahrerseite anbringen. Heutzutage sind diese Blaulichter mit einem Magnetfuß ausgestattet und werden bei Bedarf einfach auf das Fahrzeugdach gestellt, aber im Jahre 1993 konnte davon noch keine Rede sein.

Mit Blaulicht und den in den Fahrzeugen installierten Signalhörnern bahnen wir uns nun unseren Weg durch den einsetzenden Berufsverkehr zu unserem Einsatzort, was zu unserem Glück aufgrund der zufällig recht geringen Entfernung nicht länger als 15 Minuten dauert.

In einem ruhigen Stadtteil von R., der mit gepflegten Einfamilienhäusern bebaut ist, treffen wir schließlich auf die Absperrung der Kollegen des Streifendienstes. Während die Kollegen sich unverzüglich ihre Schutzwesten und Bewaffnung anlegen, gehen Jack und ich zum Einsatzleiter der Streifenkollegen, um uns mit neuesten Informationen zu versorgen. Wir finden diesen, wie so häufig, in einem zur provisorischen Einsatzzentrale auserkorenen VW-Transporter.

Wir schütteln dem Kollegen die Hand, und dieser beginnt auch sofort zu berichten: »Wir haben die gesamte Straße abgesperrt und auch die benachbarten Häuser so weit evakuiert, dass sich in den Räumen, die in Richtung des Zielgebäudes liegen, niemand mehr aufhält. Die Ehefrau unserer Zielperson befindet sich dort drüben …«

Der Kollege weist mit seinem Daumen auf einen weiteren VW-Transporter, in dem eine etwa fünfzigjährige Frau sitzt, die von einer Polizistin betreut wird. »Wir haben ihr bei unserem Eintreffen eine scharfe Walther PPK abgenommen, aus der, dem Geruch nach zu urteilen, geschossen wurde. Im Magazin fehlen drei Patronen.«

»Was sagt sie denn, was passiert ist, und woher hat sie die Waffe genau?«, fragt Jack zurück.

»Die Frau macht insgesamt einen etwas verwirrten Eindruck, sie sagt, die Waffe gehört ihrem Mann, der Jäger ist und daher mehrere Schusswaffen legal besitzt. Ihr Mann hätte diese Waffe zum Schutz vor Einbrechern nicht im Tresor bei den übrigen Waffen, sondern im Flur in einem Schrank deponiert und ihr auch gezeigt, wie man damit umgeht.«

»Tja, das hätte er wohl mal besser nicht gemacht«, sagt Jack und grinst den uniformierten Kollegen breit an, »und was sagt sie denn, was jetzt genau passiert wäre?«

In diesem Moment plärrt das Funkgerät des Kollegen vom Streifendienst, und ein in der Absperrung stehender Beamter des Streifendienstes meldet sich mit einer Anfrage, die der Kollege beantwortet, bevor er sich wieder uns zuwendet: »Die Frau gibt an, sie hätte sich mit ihrem Mann sehr heftig gestritten und ihm dann eröffnet, dass sie sich scheiden lassen wolle. Daraufhin sei ihr Mann aufgestanden, aus dem Raum gegangen und kurz darauf mit einem Gewehr in der Hand wieder zurückgekommen. Als sie ihren

Mann mit dem Gewehr gesehen habe, sei sie in Richtung Haustür weggelaufen und habe hinter sich einen Schuss gehört. Sie habe in ihrer Panik die Pistole aus der Kommode im Flur genommen, und als ihr Mann mit dem Gewehr hinter ihr hergekommen sei, habe sie in seine Richtung gefeuert.«

»Hat sie getroffen?«, frage ich trocken, während ich versuche, mir diesen sehr ungewöhnlichen Sachverhalt bildlich vorzustellen.

»Sie sagt, das wisse sie nicht«, antwortet der Kollege, »aber ihr Mann wäre danach nicht weiter hinter ihr hergelaufen, und so sei es ihr gelungen, aus dem Haus zu fliehen.«

»Hat die Frau einen Haustürschlüssel mitgenommen?« fragt Jack den Kollegen. Falls dies der Fall wäre, hätte das für uns natürlich einige Vorteile. Wir könnten beispielsweise versuchen, die Haustür ohne große Geräuschkulisse zu öffnen. Hierdurch wäre es eventuell möglich, den Mann im Inneren zu überraschen und festzunehmen, ohne dass er eine Chance zur Gegenwehr hätte – die gewiss für alle Beteiligten glimpflichste Variante.

»Tut mir leid«, antwortet der Kollege des Streifendienstes und macht damit unsere Hoffnungen zunichte, »aber die Frau hat gar nichts aus dem Haus mitnehmen können, und nach ihrer Aussage hat auch niemand sonst einen Schlüssel für das Haus.«

Woraufhin Jack mich bittet: »Peter, kannst du dir mal das Gelände anschauen, ich telefoniere inzwischen mal mit dem Polizeiführer …«

Bei dem Zielgebäude und den umliegenden Nachbarhäusern handelt es sich um eingeschossige Bungalows ohne nennenswerte Besonderheiten. Während Jack das erste Gespräch mit dem Polizeiführer führt, dirigiere ich schon einmal einige Kollegen des Einsatzteams in die Nähe der Haustür. Sie sind mit Brechwerkzeugen ausgerüstet, um sich notfalls durch diese Tür einen Zugang in das Innere des

Bungalows zu bahnen. Es ist wichtig für uns, möglichst schnell ein Notangriffsteam in Bereitschaft zu haben, um notfalls unmittelbar eingreifen zu können, falls die Lage aus irgendeinem Grund eskalieren sollte, etwa wenn die Zielperson aus dem Fenster auf umliegende Gebäude schießen sollte. Ein Notzugriff ist allerdings für die durchführenden Kollegen eine sehr riskante Angelegenheit, da sie in aller Regel mit wenig Informationen in eine Situation geworfen werden, die völlig unberechenbar geworden ist. Ein Notzugriff wird also in aller Regel nur gestartet, um zu retten, was noch zu retten ist, und ist alles andere als eine Traumlösung.

Des Weiteren dirigiere ich Franz, einen Kollegen aus meiner Gruppe, der ebenfalls zusammen mit mir heute Dienst in Jacks Einsatzgruppe tut, auf das Dach des Nachbarbungalows, der an die Gartenseite des Zielgebäudes grenzt. Franz ist Präzisionsschütze und wie alle Schützen unserer Einheit mit einem HK PSG1 ausgerüstet. Als ich ihm das Gebäude zeige, sage ich zu ihm: »Franz, ich möchte, dass du auf das Dach steigst und von dort die Gartenseite mit deinem Gewehr kontrollierst.«

Da dessen übrige Fenster mit schmiedeeisernen Gittern versehen sind, hat die Zielperson, wenn sie es denn wollte, nur die Möglichkeit, das Haus entweder durch die Terrassentür in den Garten oder aber durch die vordere Haustür zur Straße zu verlassen. Das Letzte aber, was wir wollen, ist ein vielleicht nicht zurechnungsfähiger Täter, der mit einer Schusswaffe in aller Öffentlichkeit umherspaziert.

Bevor Franz auf das Dach zu klettern beginnt, fragt er: »Was soll ich machen, wenn er rauskommt?«

Dies ist natürlich die Gretchenfrage – so einfach, so kompliziert. Natürlich ist ein Schußwaffeneinsatz gegen eine Zielperson immer das allerletzte Mittel zur Durchsetzung polizeilicher Maßnahmen oder schlicht zur Rettung anderer bedrohter Menschenleben. Im konkreten Fall ist aber zunächst einmal kein anderer bedroht, da der bewaffnete

Mann ja offensichtlich allein in seinem Bungalow weilt. Wenn er allerdings mit seinem Gewehr Haus und Grundstück verließe, würde er sehr wohl eine Gefahr für Unbeteiligte und natürlich auch für die am Einsatz beteiligten Polizeikräfte darstellen.

Ich beantworte Franz' Frage also wie folgt: »Wenn der Typ rauskommt und hat ein Gewehr in der Hand, dann sprichst du ihn an und veranlasst ihn, das Gewehr sofort fallen zu lassen. Tut er das nicht oder fühlst du dich bedroht, dann schieß! Du musst auf jeden Fall verhindern, dass er das Grundstück mit seinem Gewehr verlässt. Reagiert er auf deine Ansprache nicht, dann schieß ebenfalls – und schieß, falls es dir möglich ist und du dich nicht konkret bedroht siehst, zuerst in die Beine.«

Mit diesen sehr konkreten Vorgaben versuche ich Franz bei seinem schwierigen Einsatzauftrag größtmögliche Handlungsfreiheit zu überlassen. Er weiß natürlich genauso gut wie ich, dass jeder Treffer aus unserem PSG1 mit seiner brisanten Munition und den daraus resultierenden schweren Verletzungen zum Tode des Betroffenen führen kann, auch wenn man »nur« auf die Beine zielt. Durch meine Anordnung, auf die sich Franz gegebenenfalls berufen kann, geht die rechtliche Verantwortung für einen eventuellen Schusswaffengebrauch von ihm auf mich über.

Franz quittiert meine Anordnung mit einem knappen »Alles klar!« und beginnt unverzüglich, seine Stellung auf dem Flachdach des Nachbarbungalows einzunehmen. Zehn Minuten später meldet er über Funk Vollzug. Er kann nun die gesamte Gartenseite des Zielobjekts einsehen und kontrollieren. Bislang sind keine Bewegungen festzustellen, weder im noch am Haus.

Als Jack von seinem Gespräch mit dem Polizeiführer zurückkommt, signalisiert er mir, dass dieser uns alle notwendigen Freigaben erteilt hat, je nachdem, wie wir die aktuelle Lage einschätzen. Dies ist ein großer Vorteil für uns, da wir uns nun auf die eigentliche Lagelösung konzentrieren können und nicht auch noch unseren PF von der Notwendigkeit unserer geplanten Maßnahmen überzeugen müssen. Ein Umstand, der im Laufe meiner langen Dienstzeit beim SEK nicht immer so problemlos verlaufen sollte …

Mittlerweile ist auch eine Verhandlungsgruppe alarmiert worden und ebenfalls auf dem Weg zum Einsatzort. In dieser Situation sicherlich eine gute Option, da derzeit niemand durch den potenziellen Tatverdächtigen unmittelbar gefährdet zu sein scheint.

Jack wendet sich mir zu und sagt: »Der PF will, dass wir so schnell wie möglich in das Zielobjekt eindringen …«

Ich bin etwas überrascht, da Polizeiführer in aller Regel nicht dazu neigen, ein schnelles »Stürmen« des Zielobjektes zu favorisieren. Aber Jack fügt hinzu: »Der PF hat die Befürchtung, dass unsere Zielperson eventuell durch die Schüsse der Ehefrau schwer verletzt sein könnte. Wenn das stimmt, besteht die Gefahr, dass er im Haus verstirbt, während wir draußen davor stehen und einfach warten …«

Er beendet den letzten Satz nicht, und das muss er auch nicht, denn vor unseren geistigen Augen erscheint schon die Schlagzeile in der morgigen Ausgabe aller Zeitungen: »Nach Familienstreit: Ehemann verblutet unter den Augen des SEK …«

»Das ist natürlich ein Argument«, sagt Jack dann weiter, »und so schlecht ja nun auch wieder nicht, dann geht die Sache hier nicht endlos weiter, und wir sind früher wieder weg.«

Wir begeben uns zunächst zu unserem Einsatzfahrzeug, um unsere Ausrüstung und Waffen aufzunehmen. Im Gegensatz zu der möglicherweise vorherrschenden Annahme – Hollywood sei's gedankt –, dass ein SEK-Einsatz von einer mit Bildschirmen und Technik vollgestopften mobilen Befehlszentrale aus geführt würde, ist der SEK-Führer immer Teil des Einsatzteams, das in ein Zielobjekt eindringt. Nur dort hat er die Möglichkeit, wenn zum Beispiel ein geplanter Zugriff aus dem Ruder zu laufen droht, unmittelbar darauf zu reagieren. Darüber hinaus ist mit einer »Männer macht mal und ich bleib in Deckung«-Mentalität bei SEK-Beamten sowieso kein Staat zu machen.

Als Jack und ich nunmehr voll ausgerüstet und bewaffnet bei unseren in der Nähe des Hauseingangs postierten Kollegen eintreffen, macht er sich daran, uns allen seinen Plan zu erläutern.

»Ok, Leute«, beginnt er dann, als wir alle – bis auf Franz, der ja als Präzisionsschütze weiterhin auf dem Dach des Nachbarbungalows liegt – zusammen sind. »Der PF wünscht, dass wir so schnell wie möglich in die Hütte einfliegen, weil er Angst hat, dass unser schießwütiger Jägersmann vielleicht an seiner Schussverletzung stirbt, während wir hier draußen rumstehen …«

Die Kollegen quittieren die wiederum für Jack typische Lageschilderung mit einem zustimmenden Gemurmel, vermutlich auch deshalb, weil alle davon ausgehen, dass der Einsatz in Kürze beendet sein wird.

»Wir haben bisher keine Erkenntnisse darüber, was mit dem Mann los ist«, ergänzt Jack weiter, »ans Telefon geht er nicht, und Bewegungen im Haus sind keine auszumachen. Wir brechen die Haustüre mit der Ramme auf und arbeiten uns dann langsam Raum für Raum vor und suchen nach dem Typen, sofern er sich nicht zu erkennen gibt. Denkt dran, Jungs, der Mann ist eigentlich kein Krimineller, wahrscheinlich nur ein bisschen durchgedreht. Wenn's nicht unbedingt nötig ist, wäre es schön, wenn wir nicht auf ihn schießen müssten.«

In seiner gewohnt lässigen Art spricht Jack an, was sowieso allen mehr oder weniger geläufig ist. Bei Familientragödien sind die Täter in aller Regel ganz normale Leute, die, warum auch immer, komplett ausrasten. Gerade wegen deren irrationalen, kaum vorhersehbaren Verhaltensweisen aber sind solche eskalierenden Streitigkeiten für uns Einsatzanlässe mit hohem Konfliktpotenzial.

Jack schaut zu einem blonden, groß gewachsenen Kollegen und sagt: »Marry, du nimmst die Ramme und machst die Tür auf.« Für das gewaltsame Öffnen von Türen stehen SEK-Beamten mehrere Optionen zur Verfügung. Die am wenigsten aufwendige und für hinter der Tür befindliche Personen am wenigsten gefährliche Variante wird bereits seit dem Mittelalter praktiziert, nämlich die Verwendung eines Rammbocks. Unser Rammbock ist eine etwa zwanzig Kilogramm schwere Eisenkonstruktion mit zwei Griffleisten an jeder Seite, sodass sie im Bedarfsfall auch von zwei Personen bedient werden kann. Am vorderen Ende verbreitert sich der zylindrische Metallkörper ähnlich einem Puffer bei der Eisenbahn. Damit wird dann im unmittelbaren Schlossbereich gegen die Tür geschlagen. Bei einer nicht so stabilen Tür bricht meist der gesamte Schlosskasten sofort aus dem Türblatt heraus. Handelt es sich aber um eine massive Tür, wie sie wegen der angestrebten Einbruchssicherheit zunehmend Verwendung findet, dann kann es passieren, dass sie sich erst nach mehreren Schlägen mit der Ramme öffnet. Je länger das dauert, umso gefährlicher wird es aber für die dort eingesetzten SEK-Kräfte, da die Arbeit selbstverständlich nicht lautlos ist und ein potenzieller Täter hinter der Tür seine Waffe ziehen und auf die davorstehenden Beamten zielen kann.

Daher kommen neben der Ramme auch andere Methoden wie etwa der gezielte Einsatz von Sprengstoff zum Einsatz, die die Chance eines schlagartigen Öffnens der Tür deutlich besser gewährleisten, aber auch größere Schäden verursachen und möglicherweise die Personen im Inneren, zum Beispiel durch umherfliegende Splitter, mehr gefährden. Diese Methoden werden natürlich insbesondere bei Geisellagen angewendet, wo es essenziell darauf ankommt, so schnell wie möglich an den Täter heranzukommen, damit er keine Möglichkeit mehr hat, die Geisel zu verletzen oder gar zu töten.

In unserem jetzigen Fall ist Schnelligkeit allerdings nicht vonnöten, da es nur um eine einzige Person in dem Haus geht, die festgenommen werden soll. In diesem Fall, das hat Jack ja bereits festgelegt, werden wir nach Öffnen der Tür langsam und unter größtmöglicher gegenseitiger Sicherung in das Haus eindringen, um unnötige Risiken für uns zu vermeiden.

Jack schaut auf die Reihe der angetretenen SEK-Beamten und bestimmt: »Winni, Ulf, ihr geht als Erste rein, Willy und Peter, ihr seid das zwote Team, der Rest dahinter …«

Im Gegensatz zu vielen anderen Einheiten praktizieren wir in unserem Kommando beim gewaltsamen Eindringen in Räumlichkeiten nicht das Prinzip der genauen Vorplanung, legen also nicht fest, welches Team welchen Bereich des Gebäudes abarbeitet. Aus der Erfahrung vieler Einsätze wissen wir, dass die schönste Vorplanung durch vielerlei Umstände komplett über den Haufen geworfen werden kann. Wenn beispielsweise ein für die ersten Räumlichkeiten eingeteilter Kollege durch einen unglücklichen Zufall ausfiele (und sei es nur, weil er stolperte und zu Fall käme) und sich alle weiteren Kollegen strikt an ihren Plan hielten, so käme es in dem besagten Raum zu der unschönen Situation, dass dort genau dieser Mann fehlt. Daher praktizieren wir seit Ende der 80er Jahre ein System, welches wir von der SWAT-Einheit aus Los Angeles übernommen haben. Das System basiert auf Zwei-Mann-Teams, wobei der zweite Mann sich in seinem taktischen Verhalten grundsätzlich an der Entscheidung des vor ihm laufenden Teamkollegen ausrichtet und diese ergänzt. Der erste Mann kann sich also frei entscheiden, welche Richtung er einschlägt, ob er sich nach links oder rechts wendet, und der ihm folgende Kollege übernimmt dann automatisch die andere Richtung. Somit ist ohne zusätzliche Absprachen immer gewährleistet, dass alle Richtungen in einem Zielobjekt abgedeckt werden, weil sich jeder von uns an der taktischen Marschroute seines Vordermannes orientiert und die auftretenden Lücken schließt.

Dieses System zeichnet sich aufgrund seiner Flexibilität durch eine hohe Fehlerredundanz aus, da auftretende individuelle Fehler, die in einer dynamischen Einsatzsituation, wie etwa einer Geiselbefreiung, immer vorkommen können, unmittelbar durch den nachfolgenden Beamten korrigiert werden können. In Deutschland war meine Einheit aufgrund guter persönlicher Kontakte zu der SWAT-Einheit in Los Angeles einer der Vorreiter für dieses neue taktische System. Heutzutage ist es der Grundstock für das taktische Vorgehen der meisten Spezialeinheiten auf der Welt.

Jack schaut noch einmal in die Runde und sagt: »Denkt dran, Jungs, langsamer Durchgang, ich möchte kein unnötiges Risiko.«

Wir haben es ja »nur« mit einem bewaffneten Tatverdächtigen zu tun, da müssen wir ganz anders vorgehen als etwa bei einer Geiselbefreiung, bei der einem hohen Bewegungstempo der eingesetzten SEK-Kräfte eine große Bedeutung zukommt. Nur durch ein forciertes Vorgehen können die Geiselnehmer so unter Druck gesetzt werden, dass sie im Idealfall keine Möglichkeit mehr haben, sich gegen ihre Geiseln zu wenden. Ein hohes Tempo bedeutet aber auch immer eine erhöhte Eigengefährdung, da wir dann zum Beispiel vorhandene Deckungsmöglichkeiten nur sehr eingeschränkt nutzen können und die Wahrscheinlichkeit steigt, dass wir vorhandene Gefahren nicht mehr rechtzeitig wahrnehmen.

Jetzt hingegen geht es um ein langsames und kontrolliertes Vorgehen unseres Teams, nachdem die Haustür gewaltsam geöffnet wurde.

Wir nähern uns der fensterlosen Seite unseres Zielobjekts vom Nachbargrundstück aus an, kommen ungesehen und ohne Vorkommnisse bis zur Haustür und bauen uns daneben in einer langen Reihe hintereinander auf. Die Haustür besteht aus Aluminium, hat in der Mitte eine Querverstrebung mit einem Briefkastenschlitz und ober- und unterhalb der Querstrebe Drahtglaseinsätze. Vorne steht Marry mit der Ramme, bereit, auf Jacks Signal hin vorzutreten und die Haustür gewaltsam aufzubrechen. Dies ist eine gefährliche, exponierte Position für ihn, da er sich in diesem Moment direkt vor der geschlossenen Tür befinden wird und damit im möglichen Schussbereich des Hauseigentümers, falls der auf die Idee kommen sollte, durch die geschlossene Tür zu feuern.[5]

Über Funk fragt Jack ein letztes Mal bei Franz auf der Rückseite des Hauses nach, wie dort die Lage ist.

»Hier ist alles ruhig, ich kann nichts erkennen«, ist die Antwort von Franz, der nach wie vor hinter seinem Präzisionsgewehr liegt.

»Alles klar«, bestätigt Jack und fügt hinzu, damit Franz auf seinem Dach nicht von unserem Vorgehen überrascht wird: »Franz, für dich zur Kenntnis, wir gehen jetzt rein.«

Der quittiert Jacks Durchsage mit dem bekannten Doppelklicken der Sprechtaste an seinem Funkgerät, zum Zeichen, dass er verstanden hat.

Jack gibt Marry ein Zeichen, dieser tritt daraufhin mit einem Schritt vor die Tür, nimmt Maß und schlägt mit einer weiten Ausholbewegung die zwanzig Kilogramm schwere Eisenramme auf Höhe des Schlosses gegen die Haustür.

Der ganze Türrahmen erbebt unter der Wucht des Schlages, die Tür selbst beult sich nach innen aus, aber … sie geht nicht auf. Es muss an ihrer verdammten Konstruktion liegen, Aluminium in einem Aluminiumrahmen, dann lässt

5 Bei einem ähnlichen Einsatz wurde im Jahre 2008 in genau einer solchen Situation ein Kollege des SEK Rheinland-Pfalz durch einen Schuss durch die geschlossene Tür getötet. Siehe auch Kap. XXX.

häufig die Schlagenergie der Ramme die Tür bloß im Rahmen schwingen, reicht aber nicht aus, um sie aus dem Schloss herauszubrechen. So augenscheinlich auch jetzt. Sofort setzt Marry nach und schlägt mehrfach kräftig auf die gleiche Stelle, jedoch weiterhin ohne Erfolg. Die Tür widersteht. Dann lassen uns ein plötzliches zirpendes Geräusch und umherfliegende Stahlsplitter alle erstarren. Erstaunlicherweise hat niemand ein Schussgeräusch gehört, aber unzweifelhaft ist von drinnen durch die verschlossene Tür geschossen worden.

»Achtung, der Typ ballert durch die Tür!«, ruft Winni, der hinter Marry postierte Kollege, packt diesen blitzschnell an der Rückseite seiner Schutzweste und reißt ihn aus dem gefährlichen Türbereich. Es zirpt abermals, der in der Türmitte befindliche Briefkastenschlitz fliegt auf und direkt wieder zu und weitere Stahlsplitter surren durch die Luft. Diesmal jedoch leider nicht ohne Wirkung. Winni ruft: »Ich hab was abgekriegt, am Bein …«, und ergänzt sofort: »Ist nicht weiter schlimm, blutet nur …«

Dadurch wissen alle, dass Winni seine Position erst einmal nicht aufgeben oder unmittelbar ärztlich versorgt werden muss.

»Ich hab auch was abgekriegt«, ruft Ulf, der hinter Winni stehende Kollege. »Ebenfalls am Bein«, ergänzt er schnell, »nicht tragisch, alles klar erst mal.«

Jacks Stimme ertönt im Lautsprecher meines Einsatzhelms, als er sagt: »Ok, wir ziehen uns erst mal aus dem Türbereich zurück und schauen uns die Verletzungen an. Peter, du sicherst mit Willy die Tür, falls der Typ rauskommt.«

Ich betätige den Sprechknopf meines Funkgerätes zweimal, bewege mich von der Hauswand etwa zwei Meter weg und hocke mich im Sichtschutz eines kleinen Busches so hin, dass ich die Eingangstür genau im Blick halten kann, von dem durchgeknallten Ehemann aber nicht sofort gesehen werde, wenn er die Tür öffnen sollte. Ich richte meine

Maschinenpistole auf die Haustür und beobachte aus dem Augenwinkel meinen Kollegen Willy, wie er auf der anderen Seite der Haustür in Position geht. Allerdings scheint den auf einmal der Teufel zu reiten …

Willy ist ein Kollege der absolut coolen Sorte, unglaublich stressresistent, mutig und entschlossen, gerade in äußerst prekären Einsatzsituationen, dafür aber im normalen Alltag von geradezu entwaffnender Gleichgültigkeit, insbesondere gegenüber ihm sinnlos erscheinender Vorschriften, von denen es in seinen Augen reichlich gibt.

Darüber hinaus ist Willy, was auf den ersten Blick überhaupt nicht auffällt, ein äußerst belesener Kollege mit einer umfassenden Allgemeinbildung. Dies führt natürlich zwangsläufig häufiger dazu, dass insbesondere Vorgesetzte mit geringem Fachwissen und nicht sonderlich ausgeprägter Kompetenz, aber großem Ego, in Willy ihren Meister finden und er daher in diesen Kreisen nicht unbedingt beliebt ist. Zudem ist Willy durch seine Persönlichkeit für die anderen Kollegen der Einheit so etwas wie der informelle soziale Ansprechpartner, insbesondere bei internen Problemen. Was mich anbelangt, so habe ich mich mit Willy bis zum heutigen Tage immer hervorragend verstanden und fühle mich ihm freundschaftlich sehr verbunden. Später wird er mir in einer schwierigen dienstlichen Situation eine entscheidende Hilfe sein.

Im Einsatz ist Willy, wie bereits erwähnt, mutig, bis hin zum Leichtsinn, so wie es sich jetzt gerade auch wieder herausstellt.

Fassungslos sehe ich, wie er seine Position verlässt, sich neben der Tür hinkniet, sich vorbeugt, den Briefkastenschlitz öffnet und – die Tatsache völlig ignorierend, dass dort gerade mehrere Schüsse genau an dieser Stelle durch die Tür abgefeuert worden sind – durch die Klappe ins Innere des Gebäudes peilt. Über Funk meldet er in aller Seelenruhe: »Ich seh den Typen, der sitzt im Wohnzimmer hinter einem umgeworfenen Sofa und hat ein Gewehr in der Hand …«

Ich rufe Willy zu: »Du Idiot, nimm deine Rübe weg, der hat gerade genau da durch die Tür geschossen!«

Willy winkt, während er weiterhin durch den Briefkastenschlitz schaut, mit der Hand kurz ab, dann zieht er aber auf einmal seinen Kopf sehr schnell zurück und springt zurück an die Hauswand neben der Tür. Unmittelbar darauf ertönt wieder dieses scheppernde Geräusch, die Zielperson im Inneren hat erneut auf den Briefkastenschlitz gefeuert, und zwar genau dahin, wo gerade noch Willys Kopf gewesen war.

Willy grinst mich in seiner unnachahmlichen Art an, deutet mit zwei Fingern auf seine Augen, um mir klarzumachen, dass er den Mann im Inneren gesehen und wohl auch erkannt hat, wie er das Gewehr in Richtung Tür angelegt hat.

Ich schüttele nur meinen Kopf über so viel Leichtsinn, aber immerhin wissen wir jetzt durch Willys Kamikaze-Aktion, wo der Täter sich aufhält und dass er mit einem Gewehr bewaffnet ist.

Jacks Stimme ertönt im Lautsprecher meines schusssicheren Titanhelms: »Hier Jack. An alle. Die VG ist ja bereits auf dem Weg, wir halten uns jetzt erst mal zurück und stellen nur sicher, dass der Typ nicht mit seinem Gewehr aus dem Haus kommt. Ich möchte nicht, dass es hier noch mehr Verletzte gibt, zumal die Situation ja so erst mal nicht weiter bedrohlich ist. Noch ein Hinweis: Die Verletzungen von Winni und Ulf sind nicht weiter tragisch, Winni ist aber jetzt aus dem Rennen und beim NAW in Behandlung. Ulf bleibt auf eigenen Wunsch erstmal in Position.«

Ich quittiere Jacks Funkdurchsage und bin froh, dass es meine Kollegen nicht schlimmer erwischt hat.

Eine ganze Weile passiert jetzt erst einmal gar nichts, während ich weiterhin die Hauseingangstür beobachte.

Nach einiger Zeit meldet sich plötzlich Franz, unser Präzisionsschütze, von der Rückseite des Gebäudes per Funk: »Hier Franz, die Terrassentür ist gerade geöffnet worden und unser Mann auf die Terrasse rausgetreten. Er trägt eine braune Jogginghose und ein dunkelblaues Hemd, was offensichtlich mal in die Reinigung muss. Eine Waffe kann ich nicht erkennen ...«

Ich tausche einen Blick mit Willy aus, dessen Blick und Geste mit seinen Händen mir sagt: »Und jetzt?«

Während ich noch überlege, ertönt Franz' Stimme wiederum im Lautsprecher meines Helms: »Der Typ hat mich gesehen und ist jetzt ein Stück in den Garten gekommen, er spricht mich gerade an ...«

Ich greife zur Sprechtaste meines Funkgerätes und sage: »Jack, hier Peter. Willy und ich, wir könnten versuchen, über die angrenzenden Gärten unbemerkt dorthin zu kommen. Vielleicht können wir den Kerl ja überrumpeln, wenn er dort herumläuft.«

Jacks Antwort über Funk kommt postwendend: »Alles klar, wir übernehmen mit dem Rest die Sicherung der Vordertür, macht euch auf.«

Ich drücke zur Bestätigung zweimal die Sprechtaste, dann versuche ich eine Verbindung mit Franz zu bekommen, während Willy und ich gleichzeitig um das Haus herumlaufen und einen Weg zur Gartenseite des Anwesens suchen. Damit er in einem möglichen Gespräch mit unserem Gegenüber nicht durch meinen Funk abgelenkt wird, stelle ich meine Fragen über Funk so, dass Franz diese nur durch Betätigen der Sprechtaste beantworten kann.

»Franz, hier Peter. Willy und ich sind auf dem Weg und suchen uns einen Weg in den Garten. Ist unser Mann noch draußen?

Franz betätigt die Sprechtaste zweimal, was »ja« bedeutet.

»Kannst du ihn durch ein Gespräch eine Weile hinhalten, bis wir da sind?«

Wiederum klickt es zweimal in meinem Lautsprecher. Willy und ich schauen uns an. Jetzt muss es schnell gehen, denn allzu lange wird Franz unsere Zielperson sicher nicht davon abhalten können, wieder im Haus zu verschwinden. Auf der Rückseite des Gebäudes angekommen, stellen wir fest, dass ein Garagentrakt den Weg zum Garten des Anwesens versperrt. Ohne Worte nimmt Willy Anlauf und zieht sich mit einem Klimmzug auf das Garagendach. Ich reiche ihm von unten meine Maschinenpistole hoch und tue es ihm gleich. Prima, denke ich, jetzt weiß man auch, warum man als SEK-Beamter viel Sport treiben muss, nämlich damit man in voller Ausrüstung Klimmzüge an irgendwelchen dämlichen Garagendächern machen kann …

Wir kriechen zum Rand des Garagendaches, welches unmittelbar an den Garten unseres Zielobjektes grenzt und spähen über den Rand. Tatsächlich können wir den Mann im Garten erkennen. Er steht ungefähr fünf Meter von der geöffneten Terrassentür entfernt und unterhält sich offensichtlich angeregt mit unserem Präzisionsschützen, der wiederum in einer Entfernung von etwa 15 Metern auf dem Dach des gegenüberliegenden Bungalows liegt. Die Gesprächsfetzen, die zu mir herüberwehen, kann ich allerdings nicht verstehen, jedoch sieht das Gespräch aus meiner Sicht ziemlich entspannt aus – prima für uns! Ich schaue mich um und sehe, dass etwas weiter rechts von unserer jetzigen Position eine Buschreihe im Garten verläuft, die uns einen Sichtschutz bieten würde, wenn wir vom Dach in den Garten heruntersprängen. Ich zeige Willy, der neben mir liegt, die Stelle, er nickt mir sofort zu und beginnt dorthin zu kriechen. Ich folge ihm und betätige wiederum gleichzeitig die Sprechtaste meines Funkgerätes.

»Hier Peter, an alle zur Kenntnis. Willy und ich sind jetzt auf einem Garagendach unmittelbar am Garten des ZO. Wir können die ZP sehen. Wir werden jetzt versuchen, im

Sichtschutz einer Buschreihe in den Garten zu gelangen, um dann von hinten an die ZP heranzukommen, bevor er wieder im Haus verschwindet. Franz, sehr wichtig – versuch weiterhin, ihn verbal zu beschäftigen ...«

Franz, der mittlerweile zum Verhandlungsführer mutierte Präzisionsschütze, bestätigt meine Durchsage durch Doppelklick, während Jack über Funk durchgibt: »Alles klar, Peter, grünes Licht! Viel Glück!«

Im Schutze der Buschreihe gelingt es uns beiden tatsächlich, unbemerkt in den Garten zu springen, und als ich vorsichtig um die Büsche herum einen Blick riskiere, sehe ich, dass die Zielperson immer noch mit Franz zu sprechen scheint. Er steht etwa zehn Meter von uns entfernt, seitlich mit dem Rücken zu uns und hat offenbar keine Ahnung, was sich hinter ihm abspielt. Auch ich kann keine Waffe erkennen, was natürlich nicht ausschließt, dass er sehr wohl eine Pistole in der Hosentasche mit sich führen könnte. Ich nicke Willy zu, und wir laufen vorsichtig, gedeckt durch die Büsche, parallel zur Hauswand los. Unser Plan ist simpel, wir wollen in jedem Fall verhindern, dass unsere Zielperson noch einmal zurück ins Haus gelangen kann. Daher laufen wir nicht direkt auf ihn zu, sondern erst einmal in seinem Rücken in Richtung Terrassentür, um ihm einen möglichen Fluchtweg dorthin abzuschneiden.

Während wir uns bewegen, halte ich ihn die ganze Zeit im Visier meiner Maschinenpistole, bereit, falls es nötig sein sollte, das Feuer auf ihn zu eröffnen. Im Gegensatz zu Sportschützen auf dem Schießstand sind SEK-Beamte auch in der Lage, ein Ziel sicher zu treffen, wenn sie sich selbst bewegen und nicht still stehen. Jeder, der schon einmal geschossen hat, weiß, wie schwierig das ist und wie viel intensives Training dies erfordert.

Doch zum Glück macht unser Mann nicht den Fehler, sich umzudrehen und uns zu solch folgenschwerem Handeln zu zwingen. Offensichtlich denkt er in diesem Moment an alles, aber nicht an zwei SEK-Beamte, die sich nun unmittelbar in seinem Rücken befinden.

Wir beide haben uns hintereinander voranbewegt, und während ich als erster Mann nun einen Schritt zur Seite trete und unverwandt unsere Zielperson im Visier behalte, springt der hinter mir laufende Willy ihn, seine Pistole im Laufen ins Holster steckend, von hinten an, reißt ihn mit einer einzigen Bewegung von den Füßen und dreht ihn mit einem schnellen Ruck am Kopf direkt in die Bauchlage. Diese Arbeitsteilung zwischen uns beiden kann überlebenswichtig sein. Willy wäre beim Nahkampf eine Waffe nur hinderlich, er muss sich völlig darauf verlassen, dass ich ihm im Falle eines Falles mit meiner Maschinenpistole Feuerschutz bieten würde. Blind vertraut er mir sein Leben an. So erklärt sich vielleicht die starke Bindung und Kameradschaft von SEK-Beamten untereinander – eine Bindung, die Außenstehende vermutlich nur begrenzt nachvollziehen können.

Unsere Zielperson ist durch den urplötzlichen Zugriff völlig überrascht. Der Mann scheint überhaupt noch nicht zu begreifen, was gerade passiert ist, und während Willy ihm mit einer Plastikhandfessel die Hände auf dem Rücken verschnürt, sagt er keinen Ton und leistet auch keinen Widerstand. Als er gefesselt ist und ich sicher bin, dass keine Gefahr mehr von ihm ausgehen kann, betätige ich den Sprechknopf meines Funkgerätes: »Hier Peter an alle. Zugriff erfolgt, Zielperson sicher. Alles unter Kontrolle.«

Während ich meine Funkmeldung absetze, durchsucht Willy den auf dem Bauch liegenden Mann nach etwaig versteckten Waffen. Es finden sich zwar keine, aber Willy bemerkt, dass der Mann im Bauchbereich blutet, was stark nach einer Schusswunde aussieht. Da wir nicht auf ihn geschossen haben, kann dies nur bedeuten, dass seine Frau ihn offensichtlich bei ihrer Flucht aus dem Haus doch getroffen haben muss.

Willy dreht den Mann sofort in die Rückenlage und fragt

mit seinem ureigenen trockenen Humor: »Woher kommt denn das Loch in deinem Bauch?«

Der Mann schaut uns zwar ziemlich glasig an, ist aber dennoch bei Bewusstsein und antwortet stammelnd: »Meine Frau …«

Ich betätige wiederum mein Funkgerät und melde: »Hier Peter. Die Zielperson hat eine Schussverletzung im Bauchbereich und benötigt sofort notärztliche Versorgung.« Und zur Beruhigung für Jack als Einsatzleiter ergänze ich: »Die Schusswunde ist nicht von uns, seine Frau hat ihn doch erwischt.«

Jacks Antwort kommt postwendend: »Alles klar, kannst du uns die Haustür öffnen, ich komme mit dem Notarzt dorthin …«

Der Notarzt kümmert sich sofort um den Mann, dem offensichtlich immer noch überhaupt nicht klar ist, dass er vor ein paar Minuten mit seinem Gewehr auf Polizisten geschossen hat. Er macht auch weiterhin einen verwirrten Eindruck und muss ins Krankenhaus eingeliefert werden, wo er von uniformierten Beamten bewacht werden wird. Winni und Ulf, meine beiden durch die Splitter der Geschosse verletzten Kollegen, sind ebenfalls in notärztlicher Behandlung, und obwohl die Verletzungen im Beinbereich zunächst nicht schlimm aussehen, werden beide für mehrere Wochen dienstunfähig sein, da die Splitter operativ entfernt werden müssen und die Wunden langsamer wieder verheilen als angenommen.

Uns allen ist durch den heutigen Tag wieder klar geworden, dass unser Job trotz aller fortschrittlichen Ausrüstung und Taktik, die wir benutzen und anwenden, immer Risiken bergen wird, die sich nicht kalkulieren lassen.

Letztlich sind wir froh, dass die Verletzungen unserer beiden Kollegen nicht schlimmer ausgefallen sind, und unsere Einsatznachbereitung an diesem Tag geht noch bis tief in die Nacht …

HANDGRANATEN

»Die letzte Stimme, die man hört, bevor die Welt explodiert, wird die Stimme eines Experten sein, der da sagt: Das ist technisch unmöglich.«
Peter Ustinov

Die Alarmierung erfolgt, wie immer eigentlich, zu einem ungünstigen Zeitpunkt. Ich bin gerade erst, nach einem ruhigen Diensttag ohne nennenswerte Ereignisse, zu Hause eingetroffen und habe es mir mit einer Tasse Kaffee gemütlich gemacht. Nach einem kürzlich durchgeführten Umzug befindet sich mein Wohnort jetzt knapp 100 Kilometer von meiner Dienststelle entfernt. Auch für die Durchführung eines Umzuges ist die Zugehörigkeit zum SEK mit seinem überdurchschnittlich sportlichen Personal von einigem Vorteil. Natürlich haben alle meine Kollegen mit angepackt und die alte Bude in Rekordzeit aus- und die neue ebenso schnell wieder eingeräumt. Die Entfernung zur Dienststelle bedeutet aber auch eine etwa einstündige Autofahrt, bis ich dann tatsächlich Feierabend habe. Im Gegensatz zu der vielleicht landläufigen Vorstellung, dass SEK-Beamte immer dicht an ihrer Dienststelle wohnen müssen, um im Bedarfsfall schnell dort zu sein, ist dies de facto eher die Ausnahme. Die meisten meiner Kollegen wohnen nicht im näheren Einzugsbereich der Dienststelle und müssen wie ich zum Teil erhebliche Anfahrtswege in Kauf nehmen. Heute jedoch werde ich, obwohl ich dies noch nicht ahne, den Weg zur Dienststelle zweimal machen.

Das Telefon klingelt. Da ich keine Rufbereitschaft habe, denke ich an nichts Böses und greife nichtsahnend zum Hörer.

»Na, schon angekommen?«, höre ich mit ironischem Unterton die Stimme meines Kollegen Heiner, ebenfalls wie ich Gruppenführer einer Einsatzgruppe in unserer Einheit und, wie ich weiß, heute der diensthabende Führer der Rufbereitschaftsgruppe.

»Mist«, denke ich sofort, »das ist bestimmt kein Höflichkeitsanruf.« Ich sollte recht behalten.

»Dann setz dich mal schön in dein Auto und komm zur Dienststelle, wir haben eine Vollalarmierung. Es geht um eine Geiselnahme in einer Bank in H.«

Im Gegensatz zu den normalen Einsatzanlässen für SEK-Rufbereitschaftsgruppen, wie etwa der Festnahme von bewaffneten Straftätern oder Ähnlichem, wird beim Stichwort »Geiselnahme« standardmäßig jeder Beamte der Einheit, ob er nun Bereitschaft hat oder nicht, angerufen und, falls er sich meldet, zum sofortigen Dienst verpflichtet. Der Grund liegt in dem bei Geiselnahmen extrem hohen Personalbedarf, der allein mit den vorhandenen Rufbereitschaftskräften nicht gedeckt werden kann.

»Weiß man schon Näheres?«, frage ich meinen Kollegen am anderen Ende der Leitung.

»Alles noch unklar«, antwortet Heiner mir knapp, »aber wahrscheinlich ein Täter und mehrere Geiseln.«

»Alles klar«, sage ich und frage nicht weiter, da ich weiß, dass mein Kollege noch viele weitere Anrufe zu tätigen hat. »Ich komme.«

Das »Ok« von Heiner höre ich schon gar nicht mehr, denn ich lege sofort auf, schnappe mir meine Jacke und bin bereits wieder auf dem Weg zum Auto.

Auf der Dienststelle angekommen, erwartet mich zunächst einmal gähnende Leere. Heiner ist mit seiner Rufbereitschaftsgruppe bereits auf dem Weg zum Tatort, und es ist offensichtlich noch keiner der zusätzlich alarmierten Kollegen eingetroffen.

Ich beschließe, zunächst noch ein wenig abzuwarten, falls doch noch weitere Kollegen eintreffen sollten, und will die Zeit nutzen, um mir noch ein paar Informationen zu beschaffen. Telefonisch versuche ich, die SEK-Befehlsstelle am Tatort zu erreichen.

Grundsätzlich wird bei Geiselnahmen so verfahren, dass die dem Tatort am nächsten gelegene Dienststelle mit angegliederten SEK-Kräften die Befehlsstelle vor Ort und damit auch die Führung und Koordination aller Spezialkräfte in dem sogenannten Einsatzabschnitt Tatobjekt übernimmt. Jedoch ist der jeweilige SEK-Kommandoführer nicht der Führer des gesamten Polizeieinsatzes. Verantwortlich dafür ist, wie bereits erwähnt, ein sogenannter Polizeiführer, ein höherer Beamter, meist der Leiter der Schutz- oder Kriminalpolizei einer großen Polizeibehörde, der sich mitsamt seinem Stab in aller Regel, so auch in unserem Fall, weit weg vom Geschehen in den Räumlichkeiten eines großen Polizeipräsidiums aufhält. Alle Maßnahmen der SEK-Kräfte am Tatobjekt bedürfen grundsätzlich der Genehmigung dieses Polizeiführers.

Mein Anrufversuch bei der SEK-Befehlsstelle schlägt wiederholt fehl, da die Leitung dort erwartungsgemäß ständig besetzt ist.

Mittlerweile ist mit Lars auch ein weiterer Kollege eingetroffen, der wie ich »unvorsichtigerweise« ans Telefon gegangen und zum Dienst zitiert worden ist, obwohl er keine Rufbereitschaft hatte. Erfahrungsgemäß versucht jeder SEK-Beamte sofort, sobald er etwa im Radio von einer laufenden Geiselnahme hört, Kontakt mit seiner Dienststelle aufzunehmen, denn bei einer Geiselnahme wird jeder Mann dringend gebraucht. So ist es auch keine Seltenheit, dass sich sogar Urlauber melden, falls sie die Möglichkeit haben, bei dem Einsatz ihre Unterstützung anzubieten.

Hier zeigt sich, wie in vielen anderen Dingen auch, die überaus hohe Motivation, die uns ganz allgemein eigen ist und die häufig, nicht zuletzt auch im Kreise der eigenen Familie, auf Unverständnis stößt. Der oft unkalkulierbare Dienst und die längeren Trennungsphasen aufgrund von

Lehrgängen wirken sich nicht sehr positiv auf ein normales Familienleben aus, weshalb die Scheidungs- und Trennungsrate bei SEK-Beamten deutlich über dem Durchschnitt liegt. Ich selbst bilde da keine Ausnahme, zwei gescheiterte Ehen sprechen in dieser Hinsicht eine deutliche Sprache.

Da in den nächsten Minuten kein weiterer Kollege eintrifft, beschließen Lars und ich, nicht länger zu warten und auch zum Tatort zu fahren, was nach unserer Berechnung gut und gern eine weitere Stunde Fahrzeit in Anspruch nehmen wird. Es gelingt mir schließlich doch noch, die SEK-Befehlsstelle am Tatort in H. telefonisch zu erreichen, und ich frage natürlich nach, ob ich noch Ausrüstungsgegenstände mitbringen soll, die die bereits vor Ort befindlichen Kräfte möglicherweise noch benötigen. Aber vor Ort wird nichts mehr gebraucht.

So verstauen Lars und ich »nur« unsere persönliche Ausrüstung und Bewaffnung in einer zivilen Mercedes-Limousine. Allein das bedeutet aber bereits, dass jeder verfügbare Raum in dem Fahrzeug, Kofferraum und Rückbank inklusive, mit Ausrüstungsgegenständen und Waffen vollgepackt wird. Lars ist Präzisionsschütze und muss sein ihm persönlich zugewiesenes Präzisionsgewehr HK PSG1 in einem unhandlichen Holzkoffer unterbringen, welcher allein so gut wie die komplette Rückbank belegt. Meine Standardbewaffnung für derartige Fälle ist eine Maschinenpistole vom Typ HK MP5-SD, wobei das »SD« für schallgedämpft steht.

Dieser Waffentyp gehört nicht zur Standardausstattung, ist jedoch in gewisser Anzahl in jedem SEK vorhanden. In Kriminalfilmen wird immer wieder der Eindruck erweckt, als könne sich damit fast geräuschlos schießen lassen. In Wirklichkeit ist das ganz anders. Die Schussgeräusche meiner MP5-SD werden zwar gedämpft, sind aber auch bei geschlossenen Zimmertüren im ganzen Gebäude noch deutlich zu hören. Somit ist die Vorstellung eines quasi lautlosen

Bekämpfens eines potenziellen Geiselnehmers, ohne dass in der Nähe befindliche Mittäter dies mitbekommen würden, eher filmische Fiktion denn Tatsache. Der Vorteil der schallgedämpften MP5 liegt jedoch in dem Umstand, dass das Schussgeräusch zwar nicht komplett unterdrückt wird, aber der Klang der Schussabgabe sich so verändert, dass das Geräusch nicht mehr einen typischen, unverwechselbaren Schussknall hat. Durch diese Geräuschdämpfung und -tarnung lässt sich aller Erfahrung nach bei den Geiseln der zusätzliche Stressanstieg begrenzen, wenn in ihrer unmittelbaren Nähe gefeuert wird. Und das ist von großer Bedeutung, um unkontrollierbare Panikreaktionen zu vermeiden, die ein großes zusätzliches Risiko bei einer Geiselbefreiung darstellen.

Genau aus diesem Grund habe ich mich auch für eine schallgedämpfte MP5 entschieden, auch wenn dieses Waffenmodell gegenüber der Ursprungsversion den Nachteil hat, dass die verwendete Munition von geringerer Wirkung ist. Der Knall eines Geschosses beruht zu einem großen Teil auf dem auch von Jetflugzeugen bekannten Überschallknall beim Durchbrechen der Schallmauer. Die Schallgeschwindigkeit von 343 Metern pro Sekunde wird von Geschossen in aller Regel weit übertroffen, und zwar unabhängig davon, ob es sich um Faustfeuerwaffen oder erst recht um Maschinenpistolen oder gar Gewehrgeschosse handelt. Die spezielle Munition der MP5-SD ist langsamer, bleibt knapp unterhalb der Schallgeschwindigkeit und schließt damit den Überschallknall aus. Auch wenn so eine Erwägung die meisten fachfremden meiner Leser befremden dürfte, will ich doch nicht unerwähnt lassen, dass natürlich die Geschwindigkeit eines Geschosses eine wesentliche Rolle bei der Energieabgabe im Ziel spielt. Im Klartext: Die Wirkung solcher schallgedämpften Munition zum Beispiel auf einen Geiselnehmer ist gegenüber der konventionellen (schnelleren) Variante gleichen Kalibers deutlich geringer. Vor allem auf kurze Distanz, etwa innerhalb eines Gebäudes, reicht das aber völlig aus, weshalb für mich die Vorteile der schallgedämpften Waffe deren Nachteile überwiegen.

Als wir schließlich unsere komplette Ausrüstung verladen haben, montieren wir ein Blaulicht an der Fahrerseite unseres Zivilfahrzeugs und rasen in Richtung Tatort los.

Nach ereignisloser Fahrt – zur Erinnerung: Wir befinden uns hier noch in der »Vor-Handy-Epoche«, was bedeutet, dass wir während der Fahrzeit zum Tatort von allen neuen Informationen abgeschnitten sind – treffen wir in einiger Entfernung zum Schauplatz der Geiselnahme auf die erste Polizeiabsperrung. Die uniformierten Kollegen dort erläutern mir kurz den weiteren Weg zur Befehlsstelle des SEK, dann nehmen sie auf der Zufahrtstraße die zu Absperrzwecken platzierten Lübecker Hüte zur Seite und lassen uns passieren. Die Befehlsstelle befindet sich in einem Schulgebäude in Sichtweite der Bankfiliale, in der sich das Geschehen abspielt. Alle am Tatort eintreffenden SEK-Kräfte, etwa nachalarmierte Kollegen wie Lars und ich, müssen sich zunächst bei der Befehlsstelle anmelden und werden von dort in die sich ergebenden Aufgaben und die aktuelle Lageentwicklung eingewiesen.

Als wir die Befehlsstelle in einem Klassenraum der Schule betreten, ist die besonders hektische Anfangsphase einer solchen Großlage längst überwunden. An den Wänden des Klassenraums hängen bereits Skizzen des Bankgebäudes mit entsprechenden Markierungen für die Ein- und Ausgänge sowie für die Fensterfronten. Für alle Anwesenden sichtbar sind auch die bislang bekannten Fakten über die Geiseln und den Geiselnehmer auf großen Flipchart-Blättern notiert. Diese Daten werden durch einen Kollegen ständig aktualisiert. Allein mit dem Betreiben dieser SEK-Befehlsstelle sind derzeit mindestens zehn Beamte beschäftigt, und dies sind bei der Flut der von allen Seiten eingehenden Informationen beileibe nicht zu viel. Ich begrüße den mir gut bekannten Kommandoführer Andreas, der die Führung des gesamten SEK-Einsatzes innehat, und nicke auch den anderen in der Befehlsstelle tätigen Kollegen zu, sofern sie in ihrem Stress überhaupt Zeit haben zu registrieren, dass wir da sind.

»Hallo Peter, hallo Lars«, sagt Andreas in seinem für ihn typischen rheinischen Dialekt, »schön, dass ihr hier seid.«

Er schüttelt uns die Hand und beginnt mit Blick auf die Flipcharts sogleich mit einer kleinen Einweisung: »Soweit wir bisher wissen, haben wir es nur mit einem Täter zu tun, der heute etwa gegen 17:30 Uhr die Bankfiliale betreten hat. Wir gehen derzeit davon aus, dass der Täter bis zu 16 Personen in seiner Gewalt haben könnte, genau wissen wir das aber noch nicht. Er ist nach bisherigen Informationen mit zwei Faustfeuerwaffen und Handgranaten bewaffnet.«

Wir schauen uns alle an, denn das ist etwas Neues. Bei den bisherigen Geiselnahmen in der Bundesrepublik sind Handgranaten bislang nur einziges Mal eingesetzt worden: 1972 in München, bei dem Überfall auf die israelische Olympiamannschaft. Damals haben die palästinensischen Terroristen auf dem Militärflugplatz Fürstenfeldbruck einen Hubschrauber mitsamt ihren Geiseln durch eine Handgranate zur Explosion gebracht. Aber damals gab es noch keine Spezialeinheiten, sondern nur einfache Streifenbeamte, die kurzerhand zu Präzisionsschützen erklärt worden waren.

Jedenfalls sind die SEK-Erfahrungen mit Handgranaten, insbesondere über deren Wirkung in geschlossenen Räumen, denkbar gering. Nun ist es offensichtlich an uns, diesem Wissensmangel abhelfen zu müssen – und zwar leider, wie so häufig, bei einer realen Einsatzlage und nicht im Zuge einer Übung.

»Weiß man schon etwas über den Täter?«, frage ich nachdenklich. Ich befürchte, dass ein Geiselnehmer, der Handgranaten als Drohmittel einsetzt, militärisch geschult ist, was etwaige Zugriffschancen nicht gerade verbessert.

»Bisher noch nicht allzu viel, außer dass es sich offensichtlich um einen schon etwas älteren Mann handelt, der vorgibt, bei der Fremdenlegion gewesen zu sein und die ganze Situation relativ unaufgeregt handhabt. Und er spricht nicht selbst mit uns, sondern lässt immer eine der Geiseln, bisher den Filialleiter, über Telefon mit uns sprechen.«

Fremdenlegion? Wenn das stimmt, dann weiß der ganz bestimmt, wie man Handgranaten einsetzt, denke ich bei mir …

»Woher kennen wir denn die Art seiner Bewaffnung?«, fragt Lars.

»Das hat uns der Filialleiter am Telefon gesagt«, antwortet Andreas, »und er hat ausgerichtet, dass der Geiselnehmer die Handgranaten auch einsetzen würde, falls die Polizei Anstalten machen würde, die Bank zu stürmen. Er fordert bis Mitternacht einen Fluchtwagen, um sich abzusetzen, also das Übliche …«

Andreas muss nicht weiter ausholen, denn wenn es um Banken geht, sind die Forderungen der Geiselnehmer in etwa immer gleich. Und dazu gehört stets ein Fluchtfahrzeug, um sich dem Zugriff der Polizei entziehen zu können.

»Mehr habe ich leider im Augenblick noch nicht, wir sind ja noch ziemlich am Anfang«, erläutert Andreas weiter. »Der Polizeiführer ist nicht geneigt, den Täter vom Tatort wegfahren zu lassen, aber schriftlich haben wir das noch nicht.«

Auch das ist keine Überraschung, denn seit der Geiselnahme von Gladbeck im Jahre 1988, die nach tagelanger Verfolgung auf offener Autobahn blutig endete, scheuen sich Polizeiführer bei vergleichbaren Lagen, die Täter mit einem Fluchtwagen auszustatten und aus der relativen Sicherheit eines polizeilich kontrollierten Tatortbereichs herauszulassen. Es stellt sich nur die Frage, wie wir das verhindern sollen, wenn der Täter droht, andernfalls seine Handgranaten zu zünden … Aber so weit ist es ja zum Glück vorerst noch nicht. Es ist jetzt gerade mal 20:00 Uhr und wir haben bis zum Ablauf der vom Täter gesetzten Frist zum Glück noch vier Stunden Zeit, um uns etwas zu überlegen.

Andreas ergänzt weiter: »Wir haben alle jetzt notwendigen Positionen derzeit besetzt. Peter, ich möchte, dass du unsere Aufklärung unterstützt, um herauszufinden, wie und von wo wir möglicherweise einen Zugriff gestalten können. Es wäre schön, wenn wir ein paar Optionen hätten, die ich dem Polizeiführer vorschlagen könnte.«

Wir können nie wissen, was bei einer Geiselnahme noch passieren wird, und müssen auf alle möglichen plötzlichen und unerwarteten Lageentwicklungen vorbereitet sein. Deshalb werden die ersten am Tatort eintreffenden SEK-Beamten regelmäßig als sogenannte Notreaktions- oder Notangriffskräfte eingesetzt, die jederzeit eingreifen können, wenn Leib und Leben der Geiseln akut bedroht sind. So ein Noteinsatz, in unserem Sprachgebrauch auch »Notzugriff« bezeichnet, wird nur dann angeordnet, wenn es darum geht, das Schlimmste zu verhindern. Dies kann zum Beispiel dann der Fall sein, wenn der Täter plötzlich anfängt Geiseln zu töten oder zu verletzen. Er muss in aller Regel plötzlich, ohne große Vorbereitung und im schlimmsten Fall mit wenig oder gar keinen Informationen über das Tatobjekt oder den/die Täter erfolgen und ist daher für die beteiligten SEK-Beamten mit einem sehr hohen persönlichen Risiko verbunden.

Diese risikoreiche Aufgabe haben jetzt Heiner und die meisten Kollegen meines Kommandos übernommen. Wie bereits erwähnt, besteht unser Kommando zu diesem Zeitpunkt aus drei Einsatzgruppen, nämlich der von Heiner, Jack und der meinigen. In einem solchen Einsatz aber werden die Gruppen nicht geschlossen eingesetzt, sondern das Personal bunt gemischt und da verwendet, wo es benötigt wird. Lars, der noch keinen speziellen Auftrag bekommen hat, aber weiß, dass im Zuge eines möglichen Notangriffs jede zusätzliche Verstärkung willkommen ist, macht sich auf den Weg, um sich den Notzugriffskräften anzuschließen.

Nachdem ich mich mit dem für die Aufklärungsmaßnahmen zuständigen Kollegen ausgetauscht habe und dieser mich auf den neuesten Informationsstand gebracht hat, beschließe ich, mir zunächst das Bankgebäude und auch die benachbarten Häuser selbst anzusehen. Zuvor gehe ich aber noch an unserem abgestellten Einsatzfahrzeug vorbei und lege, da ich einstweilen meine zivile Kleidung anbehalten möchte, eine sogenannte Leichtschutzweste an. Diese Weste ist, im Gegensatz zu der sonst üblichen über dem Einsatzoverall getragenen schweren Schutzweste, aus dünnerem Material gefertigt und ermöglicht das Tragen zumindest einer Jacke über der Weste, damit der Träger nicht direkt als Polizeibeamter auffällt. Die Schutzwirkung dieser Leichtschutzweste soll angeblich der der weitaus schwereren Einsatzweste nicht wesentlich nachstehen, zumindest nicht bei dem Beschuss mit Faustfeuerwaffen. Ich hege allerdings nicht die geringste Lust, diese Angaben auf ihre Richtigkeit zu überprüfen und mich beschießen zu lassen, aber man kann ja nie wissen …

Es ist für die Erarbeitung und Bewertung von möglichen Zugriffsvarianten unerlässlich, sich die Örtlichkeiten mit eigenen Augen anzusehen, selbst dann, wenn detaillierte Pläne vorliegen.

Die Bankfiliale liegt im Erdgeschoss einer geschlossenen Häuserzeile. Ich will daher zunächst die sich links wie rechts direkt angrenzenden Gebäude genauer in Augenschein nehmen. Möglicherweise existiert eine Verbindung von diesen Häusern in das Innere der Filiale. Nicht sehr wahrscheinlich, aber zumindest einen Versuch wert. Und tatsächlich, obwohl ich fast nicht daran geglaubt habe: Von einer Anwaltskanzlei aus, die sich in der ersten Etage des Nebenhauses befindet, kann man über eine Verbindungstür in den Hausflur des Gebäudes mit der Bankfiliale gelangen.

Diese Verbindungstür ist verschlossen, und da ich nicht weiß, wie es dahinter aussieht und ob der Täter möglicherweise Zugang zu dem Treppenhaus hat, frage ich über Funk in der Befehlsstelle nach.

Ich schildere meinen Standort und informiere die Kollegen über das Auffinden der Zugangstür. Dann frage ich: »Ich könnte die Tür leise aufschließen und einen Blick in den Flur werfen. Soll ich?«

Ich halte das Risiko, nach Aufschließen der Tür direkt auf den Täter zu treffen, zwar für gering, aber da zumindest theoretisch die Möglichkeit besteht, muss ich mir eine Maßnahme wie das Öffnen einer Tür in einen unbekannten, möglicherweise durch den Täter besetzten Bereich natürlich von der Befehlsstelle absegnen lassen.

»Andreas hier«, meldet sich unser SEK-Einsatzleiter nunmehr selbst über Funk, »was sagen denn die Mitarbeiter des Anwaltsbüros, wie es hinter der Tür aussieht?«

Die hatte ich natürlich bereits befragt. Ich kann also mitteilen: »Durch die Tür geht es in ein Treppenhaus, und von da aus kommt man durch eine weitere Verbindungstür in die Schalterhalle – so hat es mir jedenfalls die Vorzimmerdame erzählt.«

Am Funk ist nun einen Moment Stille, dann höre ich Andreas sagen: »Ok, Peter, mach die Tür auf und riskier einen Blick in das Treppenhaus – geh aber nicht in den Flur hinein, nur gucken!«

»Alles klar, ich öffne jetzt die Tür.« Ich schiebe den Schlüssel, den mir die Dame aus dem Anwaltsbüro gegeben hat, ganz langsam in das Schloss, um Geräusche zu vermeiden. Dann lege ich mein Ohr noch einmal prüfend an die Tür, um zu hören, ob ich im Flur irgendwelche verdächtigen Geräusche identifizieren kann. Das ist nicht der Fall. Für alle Fälle ziehe ich meine SIG-Sauer-Pistole aus dem Holster und beginne nun, mit der linken Hand den Schlüssel zu drehen.

Die Tür lässt sich mühelos öffnen, und ich blicke zunächst durch einen kleinen Spalt in den dahinter befindlichen Flur, der wie erwartet leer ist. Ich sehe in zwei Meter Entfernung eine Art Wendeltreppe, welche in die untere Etage führt. Mehr kann ich so nicht erkennen.

Ich betätige wieder mein Funkgerät und melde meine Beobachtung an die Befehlsstelle, dann frage ich weiter: »Ich könnte mich gefahrlos bis zum Rand der Wendeltreppe vorarbeiten und dann einen Blick nach unten nehmen, einverstanden?«

Da wir bereits Oktober haben, ist es draußen schon komplett dunkel, was mein Vorhaben in dem Flur nur erleichtert und ziemlich risikofrei erscheinen lässt.

Erwartungsgemäß höre ich nunmehr wieder die Stimme des Funkers in der Befehlsstelle, der Andreas' Anweisung an mich weitergibt: »Freigabe erteilt, arbeite dich bis zum Rand vor und riskier einen Blick.«

Ich betätige die Sprechtaste meines Funkgerätes zweimal zur Bestätigung und beginne, auf dem Bauch kriechend, mich langsam und leise dem Rand der Wendeltreppe zu nähern. Was ich sehe, enttäuscht mich allerdings sofort.

Die Wand der Bankfiliale zum Treppenhaus hin ist leider keine massive Wand, sondern eine komplette Glasfront, durch die man, in diesem Falle auch der Täter, in den Flur hineinsehen kann und auch Bewegungen auf der Wendeltreppe erkennen könnte. Derzeit ist allerdings von innen ein Vorhang vor die Glasfront gezogen worden, was mir den Blick in das Innere der Filiale verwehrt. Ich erkenne auch die Zugangstür aus der Filiale in den Hausflur, welche zum Glück nicht aus Glas ist, sondern eine handelsübliche Wohnungstür zu sein scheint und derzeit geschlossen ist. Gegenüber der Tür befindet sich im Flur eine Nische – groß genug, um dort ein paar Kollegen in unmittelbarer Nähe der Zugangstür zu positionieren, und zwar außerhalb des Sichtbereichs durch die Glasfront. Allerdings müssten die Kollegen zunächst unbemerkt die Wendeltreppe im Sichtbereich des Täters überwinden, um dorthin zu gelangen.

Ich melde meine Beobachtungen an die Befehlsstelle und ziehe mich in die Anwaltskanzlei zurück. Sodann begebe ich mich auf schnellstem Wege zu Andreas, um mit ihm die Möglichkeiten zu besprechen, die sich aus meiner Entdeckung ergeben könnten. Mittlerweile wurde auch ermittelt, dass ein Mitarbeiter der Bank, der sich zurzeit im Urlaub befindet, über einen Schlüssel verfügt, mit dem sich auch die Tür zwischen Hausflur und Kassenraum öffnen lassen würde. Diese Information könnte noch sehr nützlich für uns werden, denn mithilfe dieses Schlüssels wäre es eventuell möglich, in einer günstigen Situation vom Täter unbemerkt in den Kassenraum einzudringen.

»Peter«, wendet sich Andreas abschließend wieder an mich, »es sind ja weitere SEK-Einheiten im Anmarsch, und die nächsten, die eintreffen werden, sollen sich um die Umsetzung dieses Plans kümmern. Ich möchte, dass du dich noch weiter umschaust, vielleicht findest du ja noch etwas, was uns weiterbringt.«

Während Andreas mich noch erwartungsvoll anschaut, bricht plötzlich Hektik aus. Ein in Beobachtungsposition direkt gegenüber dem Haupteingang liegender SEK-Beamter meldet über Funk: »Hier Beo 6 Uhr.[6] Die Eingangstür geht auf. Eine ..., zwei ..., mehrere Personen verlassen das Bankgebäude, vermutlich freigelassene Geiseln. Den Täter kann ich nicht erkennen, ist wohl hinter der geöffneten Eingangstür verborgen. Jetzt insgesamt neun Personen, die draußen sind ... – die Tür geht wieder zu. Jetzt geschlossen. Die Personen sind durch unsere Kräfte in Empfang genommen worden.«

6 Das Tatobjekt wird zur einheitlichen Bezeichnung von Richtungen als im Zentrum einer imaginären Uhr befindlich angesehen, wobei die Uhrzeiten die entsprechende Position bzw. Blickrichtung des Beobachters – des BEOs – angeben.

Und während wir uns noch anschauen und überlegen, was dies wohl bedeuten könnte, meldet sich die Stimme von meinem Kollegen Heiner über Funk, der ja die dort positionierten Notangriffskräfte führt: »Hier Heiner. Wir haben die neun Personen hier bei uns, es handelt sich vermutlich um freigelassene Geiseln. Wir durchsuchen sie gerade noch, wo sollen wir mit den Leuten hin?«

Natürlich muss Heiner die freigelassenen Geiseln zunächst durchsuchen, um die Gefahr auszuschließen, dass sich möglicherweise der Täter oder ein Tatbeteiligter auf diese Weise vom Tatort entfernt.

Andreas weist zwei Kollegen der Befehlsstelle an, die Leute abzuholen und in einen für diese Zwecke vorbereiteten Klassenraum zu führen. Trotz der möglicherweise für sie traumatischen Erfahrung sind die Freigelassenen wichtige Zeugen. Ihre Angaben zur Situation in der Bank und über den Täter können möglicherweise von entscheidender Bedeutung sein. Daher können sie jetzt auch noch nicht entlassen werden, andererseits bedürfen sie aber unter Umständen medizinischer Betreuung.

Andreas ruft daher dem Funker zu: »Frag nach, ob jemand verletzt ist oder sonst eine medizinische Betreuung benötigt, und gib Bescheid, dass die Leute abgeholt werden.«

Ich winke Andreas kurz zu, zum Zeichen, dass ich mich wieder auf den Weg mache, und beschließe zunächst, zu Heiner zu gehen und mir anzuschauen, wie das Gebäude von der Eingangsseite her aussieht. Als ich bei Heiners Notangriffskräften eintreffe, werde ich von allen grinsend begrüßt, denn es handelt sich ja ausschließlich um Angehörige meines Kommandos.

»Na, Peter«, sagt Ossi, ein Kollege aus Heiners Gruppe, grinsend zu mir, »hast du heute nix Besseres vorgehabt?«

Und Anton, ein Kollege aus meiner Gruppe, der heute Rufbereitschaft hatte und daher schon mit Heiner hier eingetroffen war, ergänzt sachkundig: »Nee, der Peter, der fährt so gern Auto …«

Für Außenstehende immer wieder überraschend, wie unerschütterlich diese Männer und ihr Humor doch sind. Von einem auf den anderen Moment kann die Lage im Inneren der Bank eskalieren, und sie müssen dann in diese höchst gefährliche Situation mit hohem persönlichem Risiko eingreifen. Und trotzdem machen sie Witze und albern rum, als handele es sich um einen Betriebsausflug …

»Ja, ja, schon klar«, entgegne ich lachend, während ich in grinsende Gesichter blicke, die ich aber durch den Helm und die Sturmhaube nur erkenne, weil ich die Kollegen gut kenne.

Ich wende mich an Heiner, einen für SEK-Verhältnisse eher kleinen Kollegen, der aber zäh und überaus ehrgeizig ist und darüber hinaus im Einsatz ausgesprochen cool und gelassen reagiert. Heiner und ich haben unsere SEK-Grundausbildung gemeinsam durchlaufen und kennen uns daher sehr gut. Ich erläutere ihm meinen Auftrag und kläre ihn über die Verbindungstür im Anwaltsbüro auf, die uns eventuell einen Zugang ermöglicht.

Er nickt bestätigend und reagiert mit einer möglicherweise interessanten Feststellung: »Schau dir mal den Vorbau dort an.« Dabei deutet er mit seiner Hand auf eine Art Flach- oder Vordach, das sich genau über den Räumen der Bankfiliale erstreckt. Ich schaue in die Richtung, in die er zeigt, und kann gerade noch den oberen Teil einer weißen Plastikkuppel erkennen.

»Du meinst das weiße Plastikteil, da? Sieht aus wie ein Oberlicht, nicht wahr?«

Heiner grinst mich nun auch vielsagend an, zumindest vermute ich das, denn auch sein Gesicht wird zum größten Teil durch Helm und Sturmhaube verdeckt.

Wir denken natürlich beide das Gleiche. Wo es ein Oberlicht gibt, dort gibt es möglicherweise auch eine Einstiegsmöglichkeit. Sofern sich dieses Oberlicht von außen ohne weiteres öffnen ließe, käme man von dort aus unmittelbar in den Kassenraum. Um das herauszufinden, muss ich natürlich unerkannt auf das Vordach hinauf, was bei der großflächigen Verglasung der Bankfiliale nicht ganz so einfach sein dürfte.

Ich melde Heiners Beobachtung an die Befehlsstelle und erhalte den Auftrag, das Vordach zu überprüfen, allerdings nur dann, wenn ich garantieren könne, dass der Täter im Inneren dies nicht bemerken wird. Ich habe aber mittlerweile schon festgestellt, dass an der einen Seite der Bankfiliale die Fensterfront an einem Mauervorsprung endet, der es mir ermöglichen wird, außerhalb des Sichtbereichs des Täters auf das Dach hinaufzuklettern. Hierzu benötige ich eine Leiter, die ich mir an unserem großen Gerätewagen besorge. Bei diesem Fahrzeug handelt es sich um einen 7,5-t-Lkw – bis obenhin vollgepackt mit Gerätschaften und Ausrüstungsgegenständen, die möglicherweise im Einsatz verwendet werden könnten: alles, vom Abseilgerät über Brechwerkzeug bis hin zum Handscheinwerfer. Natürlich sind dort auch Leitern verschiedenster Länge untergebracht. Ich entscheide mich für eine kleine Leiter aus Aluminium. Deren Höhe reicht völlig aus, sie ist schwarz lackiert, fällt also in der Dunkelheit nicht auf, ist leicht und damit gut zu transportieren. Ferner tausche ich nun meine zivile Kleidung gegen den graublauen Einsatzoverall, der zum markanten Erkennungszeichen von SEK-Einheiten und der GSG 9 geworden ist. Der Overall ist aus schwerem baumwollartigem Stoff gefertigt und an Knien und Ellbogen zusätzlich verstärkt. Er soll auch vor Feuer schützen, jedoch sind wir allesamt nicht erpicht darauf, dies tatsächlich im Einsatz ausprobieren zu müssen. Ganz sicher bin ich mir allerdings, dass mich der Overall keineswegs gegen die Handgranaten schützen wird, die der Täter offensichtlich besitzt.

Ich lege meine schwere Schutzweste an, maskiere mich mit einer schwarzen Sturmhaube und setze den TIG-Helm auf. Ich überprüfe noch einmal kurz die Utensilien, die ich in diversen Taschen an meiner Weste und am Gürtel trage. Hierzu gehören, bei der Dunkelheit besonders wichtig, eine kleine, leistungsfähige Surefire-Taschenlampe, Magazine mit Reservemunition, die Pistole und ein paar andere Kleinigkeiten. Zum Schluss greife ich nach meiner bewährten schallgedämpften Maschinenpistole, und mit der Leiter unter dem Arm nähere ich mich der Stelle, die ich mir für meinen Aufstieg auf das Dach ausgesucht habe. Über Funk informiere ich die Befehlsstelle darüber, dass ich unterwegs bin, und mir gelingt es, mich unerkannt der Mauernische zu nähern. Dort angekommen, beginne ich sofort, die Leiter so leise und behutsam wie möglich aufzustellen, damit der Täter, der sich ja unmittelbar auf der anderen Seite, in Inneren der Bank aufhalten könnte, meine Bemühungen auf keinen Fall hört.

Ich habe die Leiter an den oberen Enden dick mit Klebeband umwickelt, damit das Aluminium an der Mauer keine Geräusche macht. Ohne Probleme und vor allem ohne Geräusche gelingt es mir, die Leiter aufzustellen. Im Funk ist es ruhig, niemand von meinen rund um das Objekt positionierten Kollegen hat eine Beobachtung gemacht, die vielleicht darauf hindeuten könnte, dass meine Annäherung bemerkt worden ist.

»Hier Peter«, flüstere ich in das am Helm angebrachte Mikrophon meines Funkgerätes, »die Leiter steht, ich klettere jetzt auf das Dach.« Der Funker in der Befehlsstelle quittiert meine Durchsage mit einem Doppelklick auf die Sprechtaste. Ich befestige den Tragegurt meiner Maschinenpistole so, dass sie auf meinem Rücken liegt, damit sie mich beim Hinaufklettern der Leiter nicht behindert oder, was schlimmer wäre, vielleicht vor die Wand oder an die Leiter schlagen würde. Das Letzte, was ich jetzt brauche, sind laute Geräusche. Ich beginne mit meinem Aufstieg, und langsam und vorsichtig, meine Füße genau auf die Sprossen der Leiter aufsetzend, klettere ich nach oben. Sobald möglich, blicke ich zunächst ganz vorsichtig über die Umrandung des Flachdaches. Natürlich weiß ich, dass sich dort niemand aufhält, denn die rings um das Objekt postierten Beobachter hätten die Anwesenheit einer Person auf dem Dach sofort bemerkt und gemeldet. Aber ich habe mir in meiner Dienstzeit beim SEK angewöhnt, Bewegungen, sofern sie nicht zwangsläufig schnell sein müssen, immer langsam und behutsam durchzuführen – vor allem in Täternähe. Der Hintergrund hierfür ist, dass das menschliche Auge schnelle Bewegungen viel eher und sicherer wahrnimmt als eben langsam ausgeführte Bewegungen. Dies gilt natürlich auch für einen Täter, falls er zufällig einmal genau in die Richtung schauen sollte, in der ich mich gerade aufhalte.

Ich sehe, dass das Flachdach mit Dachpappe bedeckt ist und einen soliden Eindruck macht, so dass ich nicht befürchten muss, nach Betreten des Daches plötzlich im Kassenraum zu stehen, weil ich durch die Dachverkleidung gebrochen bin …

Ich steige von der Leiter über eine kleine Balustrade, die den Abschluss des Flachdaches bildet, und betrete das Dach. Dort angekommen, gehe ich zunächst in die Hocke und schaue mich um. Links von mir befindet sich die von Heiner entdeckte Dachkuppel aus weißem undurchsichtigem Kunststoff, etwa ein mal ein Meter groß. Viel interessanter finde ich aber auf einmal einen Vorsprung in der Mitte des Flachdaches, und zwar deswegen, weil er eine Fensterfläche hat, durch die man ins Innere des Kassenraumes blicken kann. Die Fenster sehen aus wie Oberlichter und dienen vermutlich dazu, zusätzliches Tageslicht in die Bankfiliale einzulassen. Von unten kann man diese Fenster nicht erkennen, da der Vorsprung nicht sehr hoch ist, und daher wussten wir nichts davon. Ich melde meine Entdeckung sofort der Befehlsstelle und überprüfe danach zuerst die weiße Dachkuppel. Die ist, vermutlich zum Schutz gegen Einbrecher, mit soliden Vierkantschrauben im Boden verschraubt und lässt sich ohne großen Aufwand nicht öffnen. Fehlanzeige! Ich lege mich nun auf den Bauch und krieche etwa fünf Meter langsam und vorsichtig über das Vordach bis zu den entdeckten Oberlichtern. Diese sind so niedrig, dass ich auf dem Bauch liegend gerade so hindurchschauen kann. Zentimeter für Zentimeter, jede schnelle Bewegung vermeidend, nähere ich mich der Scheibe. Dann endlich kann ich direkt von oben in den Kassenraum schauen. Das Licht der eingeschalteten Computermonitore taucht den ansonsten komplett dunklen Raum in ein spärliches, fast gespenstisches Licht. Doch so sehr ich mich auch bemühe, ich kann keine Personen unter mir erkennen. Auch sind weite Teile des Raumes für mich nicht einsehbar, da sie aufgrund der spärlichen Beleuchtung komplett im Dunkeln liegen.

Ich betätige wiederum mein Funkgerät und erstatte flüsternd Meldung. »Verstanden«, bestätigt mir der Funksprecher aus der Befehlsstelle, »kannst du die Position da oben halten?«

Natürlich will man in der Befehlsstelle ohne Not nicht auf eine Beobachtungsposition verzichten, die einen direkten Blick in den vom Täter kontrollierten Bereich ermöglicht. Ich weiß bereits, dass ich mir durch meine Entdeckung eine möglicherweise die ganze Nacht andauernde Beschäftigung verschafft habe. Da sich bereits jetzt die feuchte Kälte des Daches durch meinen Einsatzoverall bemerkbar macht, will ich diesbezüglich Vorkehrungen treffen.

»Ja, kann ich«, antworte ich der Befehlsstelle, »aber ich brauche unbedingt einen Thermoanzug und ein Nachtsichtgerät.«

Bei dem Thermoanzug handelt es sich um einen mit einem dicken Teddyfutter versehenen, wasserabweisenden Overall, der insbesondere für die Präzisionsschützen vorgesehen ist und es ihnen ermöglicht, auch bei sehr kalten Temperaturen und in feuchtem bis nassem Umfeld bewegungslos auszuharren, ohne über Gebühr zu frieren. Für eine lange Nacht auf einem feuchten Vordach also genau das Richtige. Von einem Nachtsichtgerät erhoffe ich mir einen besseren Einblick in die dunklen Bereiche des Kassenraumes, wo ich jetzt nichts erkenne. Allerdings war die Qualität der Nachtsichtgeräte Mitte der 90er Jahre meilenweit vom heutigen Stand dieser Technik entfernt.

»Alles klar, Peter, wir schicken einen Kollegen, der dir die Klamotten bringt«, antwortet mir die Befehlsstelle, und keine zehn Minuten später reicht mir ein Beamter einer anderen Einheit die gewünschten Dinge nach oben auf meinen luftigen Posten. Ich bemühe mich, den Thermoanzug möglichst geräuschlos über meinen Einsatzoverall zu zwängen, und mache dabei sicher ein paar nicht sehr geschmeidig aussehende Verrenkungen, aber nachdem es mir gelungen ist, sehe ich zwar aus wie ein überdimensionales Michelin-Männchen, aber mir ist zumindest sofort warm. Dann überprüfe ich das Nachtsichtgerät, dessen unscharfe grüne Bilddarstellung nicht sehr vertrauenerweckend ist, aber schließlich besser als nichts.

Nachtsichtgeräte funktionieren auf der Basis von Restlichtverstärkung, d.h. damit man etwas erkennen kann, muss auch ein gewisses Restlicht vorhanden sein. Dies kann das Licht einer entfernten Straßenlaterne oder einer sonstigen schwachen Lichtquelle sein. Jetzt sollte die Beleuchtung durch die Computermonitore im Kassenraum ausreichen, damit ich auch die dunklen Stellen des Raumes einsehen kann.

Als ich wieder in meine Beobachtungsposition zurückgerobbt bin, stelle ich fest, dass ich tatsächlich mithilfe des Nachtsichtgerätes nunmehr im gesamten für mich einsehbaren Kassenraumbereich etwas erkennen kann. Leider bemerke ich aber auch, dass sich in den vorher dunklen Ecken niemand aufhält. Das bedeutet, dass Täter und Geiseln sich mehr oder weniger direkt unter mir befinden müssen, also in dem Bereich, den ich aus meiner Position nicht einsehen kann. Dennoch hat sich durch meine Beobachtungsposition unsere Ausgangslage erheblich verbessert, denn wir können nun genauer eingrenzen, wo im Kassenraum Täter und Geiseln sich aufhalten, und ich kann jede Bewegung sofort erkennen, die sich innerhalb meines Blickfeldes abspielt.

Ich schaue noch einmal prüfend hinter mich, um sicherzustellen, dass sich dort keine Lichtquelle befindet. Falls dem so wäre, könnte der Täter, wenn er zufällig in Richtung des Oberlichtes schauen würde, eventuell die Silhouette meines Kopfes wahrnehmen. Ich mache aber keine Beleuchtung in meinem Rücken aus, sodass dieses Problem zumindest in der Nacht nicht auftreten wird. Am Tage allerdings, falls sich die Lage so lange hinziehen sollte, sähe das anders aus …

Und während ich dort in meiner Beobachtungsposition liege und angestrengt versuche, eine Bewegung in der Bank festzustellen, verliere ich jegliches Zeitgefühl. Als ich irgendwann einmal auf die Leuchtziffern meiner Uhr blicke, kann ich es kaum glauben, denn es geht schon auf 23 Uhr zu.

Inzwischen sind auch die Befragungen der Freigelassenen beendet worden. Diese haben ergeben, dass die Geiseln, alle zusammen, tatsächlich in dem Bereich des Kassenraumes genau unter meiner Beobachtungsposition festgehalten werden. Sie sitzen auf dem Boden, sind aber nicht gefesselt. Der Täter hat ihnen gegenüber angedeutet, dass er bei der französischen Fremdenlegion gewesen sei und mit Krisensituationen und vor allem mit Waffen umgehen könne. Das klingt nicht gut.

Über Funk kommt kurz darauf die nächste schlechte Nachricht. Die Kollegen, die versuchen sollten, über die von mir entdeckte Zugangsmöglichkeit von der Anwaltskanzlei aus in den Flur direkt neben dem Kassenraum einzudringen, haben ihr Vorhaben aufgegeben. Der Lichteinfall in diesen Flur macht ein unbemerktes Überwinden der Wendeltreppe, insbesondere mit der schweren Ausrüstung, aus ihrer Sicht unmöglich. Die Gefahr, dass der Täter sie durch die Glasscheibe des Kassenraumes sehen und dann möglicherweise zu einer Kurzschlussreaktion neigen könnte, ist zu groß. Wieder eine Option weniger …

Aber es gibt auch etwas Positives zu vermelden. Der Täter hat sich bereit erklärt, sein Ultimatum bis zum frühen Morgen zu verlängern, was den zeitlichen Druck aus der Situation ein wenig herausnimmt.

Ich selbst liege nun bereits seit mehreren Stunden bäuchlings auf dem feuchten Vordach und versuche nach wie vor angestrengt, mithilfe des Nachtsichtgerätes die geringste Bewegung im Kassenraum zu erkennen. Grundsätzlich ist es ja kein Geheimnis, dass SEK-Beamte eine überdurchschnittliche Fitness mit sich bringen müssen. Dass aber auch eine gewisse Widerstandsfähigkeit gegen Schlafmangel eine wichtige Grundvoraussetzung für den Dienst beim SEK ist, mag vielleicht nicht ganz so bekannt sein. In der Tat wird genau diese Widerstandsfähigkeit im Rahmen der Ausbildung durch eine besondere, sogenannte »Belastungswoche« überprüft, bei der man bei hoher körperlicher Belastung nur wenige Stunden Schlaf erhält. Ich hatte von je her wenig Probleme mit kurzen Schlaf- und langen Wachzeiten, von daher besteht derzeit auch nicht die Gefahr, dass ich bei meiner eintönigen Beobachtungstätigkeit einschlafen würde. Darüber hinaus bin ich durch meinen Thermoanzug gut geschützt, so spüre ich auch die Kälte der Oktobernacht nicht. Etwa gegen Mitternacht knackt es im Funkgerät, und der Funker der Befehlsstelle meldet sich: »An alle. Ab sofort ist der erforderlichenfalls tödlich wirkende Schuss auf den Täter freigegeben. Alle Kräfte bestätigen …«

Der Polizeiführer hat sich also, offensichtlich nicht zuletzt aufgrund der für uns alle neuartigen Bedrohung durch die vom Täter mitgeführten Handgranaten, dazu entschlossen, den sogenannten finalen Rettungsschuss freizugeben. Über diese Ultima Ratio eines Polizeieinsatzes, bei der der Täter durch einen gezielten, tödlich wirkenden Schuss ausgeschaltet wird, ist in der Vergangenheit viel und natürlich zwangsläufig auch oft sehr unsachlich geschrieben worden. Tatsache ist, dass eine Freigabe des finalen Rettungsschusses nur dann erfolgt, wenn die Bedrohung, die vom Täter ausgeht, so gefährlich und unkalkulierbar ist, dass nur dessen sofortige Handlungsunfähigkeit (also dessen sofortiger Tod) eine Rettung gefährdeter Menschenleben zulässt.

Ich persönlich habe die Kritik an dieser letzten Einsatzmöglichkeit der Polizei nie verstanden. In meiner gesamten Dienstzeit beim SEK wurde eine Freigabe eines finalen Rettungsschusses niemals leichtfertig und wenn, dann eher zu spät als zu früh erteilt. Immer war dann entweder die Bedrohung von Menschenleben durch den Täter exorbitant hoch oder er hatte bereits Personen verletzt oder umgebracht. Den Kritikern des finalen Rettungsschusses, die aus politischen oder moralischen Gründen dem Staat generell das Recht absprechen, einem Menschen das Leben zu nehmen, möchte ich entgegenhalten, dass ihre Meinung sicher eine ganz andere wäre, wenn ihr eigenes Kind oder ein naher Angehöriger unmittelbar mit dem Tode bedroht wäre und die Polizei die Möglichkeit hätte, durch einen gezielten, tödlich wirkenden Schuss diese Bedrohung zu beenden. Wer, wie ich, einmal in die Augen von Eltern blicken musste, deren Kinder in einem Kindergarten von einem Geiselnehmer mit dem Tode bedroht wurden, der wird diesbezüglich sicherlich eine differenziertere Haltung einnehmen. Zugleich bin ich, was manchen Leser vielleicht überraschen mag, jedoch ein erklärter Gegner der Todesstrafe, aufgrund der festen Überzeugung, dass diese fragwürdige und angeblich abschreckende Strafe über die Jahrhunderte hinweg nie Verbrechen verhindert hat. Zudem hat ein Staat für meine Begriffe nicht das Recht, aus rein repressiven Gründen ein Menschenleben zu fordern. Dieses Recht ergibt sich aus meiner Sicht einzig und allein aus der Situation der Bedrohung von unschuldigen Menschenleben, wie es beispielsweise bei Geiselnahmen vorkommen kann.

Ferner gebe ich zu bedenken, dass die Freigabe eines finalen Rettungsschusses nicht zwangsläufig den Tod eines Täters zur Folge hat. SEK-Beamte sind Profis. Dies bedeutet, dass auch bei einer Freigabe des finales Rettungsschusses der Täter dann nicht final bekämpft wird, wenn die eingesetzten Beamten erkennen, dass er keine größere Bedrohung mehr darstellt (in dem er beispielsweise aufgibt) oder er möglicherweise mit rein körperlicher Gewalt überwältigt werden kann. Schon aus rein professioneller Sicht ist für jeden SEK-Beamten die Anwendung des finalen Rettungsschusses das allerletzte Mittel, welches auch dann nicht zwingend angewendet wird, wenn die rechtlichen Voraussetzungen hierfür eigentlich gegeben sind.

»Hier Peter, verstanden.« Ich quittiere die Durchsage der Befehlststelle und weiß, dass bei einer derart einschneidenden Anordnung wie der Freigabe des »finalen Rettungsschusses« die Befehlsstelle alle eingesetzten SEK-Kräfte abfragt und sich die Durchsage quittieren lässt. Dies geschieht in aller Regel durch den Führer der entsprechenden Teileinheit, da ich aber allein auf dem Dach liege, muss ich die Durchsage auch selbst bestätigen. Sofort beginne ich darüber nachzudenken, was das für mich bedeuten könnte. Ich habe einen direkten Blick in einen Großteil des Kassenraums. Zwar habe ich den Täter bisher noch nicht gesehen, aber das kann sich ja jederzeit ändern, wenn er beispielsweise auf die nicht unwahrscheinliche Idee käme, einen Kontrollgang durch den Kassenraum zu machen.

Ich betätige mein Funkgerät: »Hier Peter. Nach meiner

Einschätzung bin ich hier in einer idealen Schussposition, falls der Täter sich in dem von mir einsehbaren Kassenraum zeigen sollte. Entfernung maximal 15 Meter. Hab ich dann die Freigabe für einen Schuss auf den Täter?«

Nach dieser Anfrage ist einen Moment Ruhe im Funk, bevor die Antwort kommt: »Das wird abgeklärt, insbesondere die Koordination mit Kräften außerhalb der Bank. Derzeit noch keine Freigabe.«

Diese Antwort hatte ich erwartet. Falls ich die Chance bekäme, auf den Täter zu schießen, wäre die Lage natürlich noch nicht beendet. Unmittelbar nach der Schussabgabe müssten andere SEK-Kräfte in die Bank eindringen, um die Geiseln zu evakuieren und um sicherzustellen, dass der Täter wirklich handlungsunfähig wäre.

Ich liege wieder in meiner mehr oder weniger ungemütlichen Beobachtungsposition und versuche, im Inneren der Bank Bewegungen zu erkennen, was auch weiterhin nicht gelingt. Nach längerer Zeit meldet sich schließlich die Befehlsstelle über Funk: »Freigabe für einen tödlich wirkenden Schuss auf den Täter ist erteilt, sofern du sicherstellen kannst, dass der Täter nach der Schussabgabe handlungsunfähig ist.«

Toll, denke ich, was heißt denn hier »sicherstellen«? Natürlich würde ich versuchen, den Täter durch einen gezielten Schuss in den Kopf sofort handlungsunfähig zu machen, aber was ist in solch einer Situation schon »sicher«? Ich beschließe, mich nicht weiter mit dieser wachsweichen Formulierung zu beschäftigen und die Entscheidung zu einem möglichen Schuss auf den Täter, falls die Situation überhaupt entstehen sollte, intuitiv zu beurteilen. Mit Heiner vereinbare ich bloß, dass er und seine Notangriffskräfte nach einer möglichen Schussabgabe auf mein Stichwort unmittelbar in die Bank eindringen.

Und wieder heißt es warten … Weitere Stunden vergehen, ohne dass ich irgendwas beobachten könnte. Langsam, aber sicher kann man sich bereits auf die Morgendämmerung einstellen. Wenn es hell genug wird, kann ich meine Position am Fenster nicht länger aufrechterhalten, da der Täter mich dann sehen würde. Mittlerweile fühle ich mich auch ziemlich ausgelaugt, und meine Knochen schmerzen, schließlich liege ich nun schon viele Stunden mehr oder weniger unbeweglich auf dem Dach. Die Situation in der Bank hat sich offensichtlich nicht geändert, immer noch spricht der Täter nicht selbst mit der Polizei, sondern überlässt dies dem Filialleiter, und auch diese Gespräche beschränken sich auf ein Minimum.

Doch wie so oft ändert sich die ruhige Situation schlagartig, als über Funk gemeldet wird: »10[7] an alle, der Täter lässt in fünf Minuten Geiseln frei. Höchste Aufmerksamkeit.«

Wie alle anderen Einsatzabschnitte quittiere ich als »Ein-Mann-Abschnitt« auf dem Dach die Durchsage, zum Zeichen, dass ich verstanden habe. Leider befindet sich der Haupteingang ebenfalls auf der Seite, wo ich meine Position habe, und damit ist die Wahrscheinlichkeit, dass ich Täter und Geiseln bei ihrem Weg zur Eingangstür des Bankgebäudes zu Gesicht bekomme, gering. Andererseits … vielleicht gibt es ja eine weitere Chance. Das Vordach, auf dem ich mich befinde, überragt den Eingangsbereich der Bank um gut einen Meter. Wenn ich mich nun über dem Eingangsbereich postiere und der Täter vielleicht mit seinen Geiseln ein kurzes Stück vor die Tür tritt, hätte ich eventuell die Möglichkeit, von oben aus kürzester Entfernung auf ihn einzuwirken. Ich informiere die Befehlsstelle über meinen Plan. Erwartungsgemäß wird der genehmigt, und langsam bewege ich mich von meiner Beobachtungsposition weg und richte meine steifen Glieder auf. Leise nä-

7 Die Funkrufnamen der einzelnen Einsatzabschnitte sind für den Fall einer Geiselnahme durch ein bestimmtes Nummernsystem festgelegt. »10« bedeutet hier die Befehlsstelle.

here ich mich der Stelle des Vordachs, die sich genau über dem Haupteingang befindet, und prüfend blicke ich noch einmal durch das Reflexvisier meiner Maschinenpistole und stelle fest, dass die Straßenlaternen auf dem Zugangsweg zur Bank genügend Licht abgeben, sodass ich den roten Punkt des Visiers einwandfrei erkennen kann. Erstaunlicherweise mache ich mir überhaupt keine Gedanken darüber, dass ich jetzt möglicherweise unmittelbar vor der Situation stehe, einen Menschen aus kürzester Distanz erschießen zu müssen. Durch das ständige, sehr anspruchsvolle taktische Training in unserer Einheit erscheint mir die jetzige Situation, im Vergleich zu vielen unserer Übungssituationen, als geradezu kinderleicht. Gerade dadurch erreicht man aber im Einsatz einen Grad von Handlungssicherheit, der die Gewähr für einen erfolgreichen Abschluss bietet. Als ich nun über dem Haupteingang auf dem Vordach in die Hocke gehe und auf die Freilassung der Geiseln warte, hege ich nicht den geringsten Zweifel daran, dass ich die Lage beenden kann, sollte sich die Gelegenheit dazu ergeben.

Es dauert tatsächlich nicht allzu lange, bis sich die Haupteingangstür der Bank öffnet und unser Beobachter auf dieser Seite des Gebäudes sofort über Funk meldet: »Achtung, die Haupteingangstür geht auf, eine …, zwei …, drei Personen verlassen langsam das Bankgebäude, jetzt sehe ich noch eine vierte …«

Bei der Ankündigung, dass sich die Tür öffnet, stehe ich sofort auf, um einen besseren Schusswinkel zu haben, und bringe meine Maschinenpistole in Anschlag. Ich sehe, wie die erste der freigelassenen Geiseln langsam unter dem Vordach hervorkommt und sich unsicher nach rechts und links umblickt. Etwa 15 Meter rechts vom Haupteingang entfernt tritt nun ein Team von Heiners Notangriffskräften aus einem Hauseingang heraus. Sie sind mit einem ballistischen Schutzschild ausgerüstet, welcher die Schüsse von Faustfeuerwaffen und Maschinenpistolen abhalten kann.

Sie leuchten mit Taschenlampen und rufen den Geiseln laut zu, dass sie zu ihnen laufen sollen. Die rennen los. Nacheinander passieren vier Personen die Begrenzung meines Vordachs, allerdings bekomme ich den Täter nicht zu Gesicht.

Der Beobachter meldet: »Die Tür wird wieder geschlossen, jetzt zu, keine Sicht mehr.«

Damit hat sich auch diese Möglichkeit zerschlagen. Und nun setzt auch noch so langsam die Morgendämmerung ein, sodass ich meine Position hier oben nicht mehr weiter halten kann. Ganz davon abgesehen, dass nach einer wenig bequemen Nacht nunmehr auch die längst fällige Ablösung für alle SEK-Kollegen notwendig wird, die die ganze Nacht über im Einsatz waren. Hierzu zähle natürlich auch ich. »Hier Peter«, spreche ich über Funk die Befehlsstelle an, »sobald es hell wird, muss ich meine Position hier oben räumen. Tagsüber ist ein Besetzen dieser Stellung nicht möglich, weil der Täter das sehen kann.« »Verstanden«, quäkt es aus dem eingebauten Lautsprecher meines Tigg-Helmes, »behalte die Position so lange bei, wie du meinst sie halten zu können, dann komm runter. Die Ablösung für euch ist in Arbeit …«

Doch meine Zeit in der exponierten Position auf dem Dach ist tatsächlich bald zu Ende, denn die Morgendämmerung verdrängt die schützende Dunkelheit der Nacht immer mehr, und ich beschließe, das Dach zu verlassen. Andi, mein Gruppenkollege, der ebenfalls die Nacht bei Heiners Notangriffskräften verbracht hat, stellt mir meine Leiter an die Stelle, wo ich am vergangenen Abend hinaufgeklettert bin. Müde, etwas steif und behindert durch den unförmigen Thermoanzug, klettere ich nun wieder herab. Trotz aller Müdigkeit achte ich weiterhin sehr darauf, keine Geräusche zu machen, die uns verraten könnten.

Andi und ich schauen uns gegenseitig in unsere übernächtigten Augen, und ich bin mir ganz sicher, dass er und alle anderen genauso froh sind wie ich, wenn sie in nächster Zeit die Gelegenheit für ein Nickerchen bekommen. Wir gehen zurück zur Position der übrigen Notangriffskräfte, die sich in einem größeren Hauseingang befindet. Da sich für mich meine Aufgabe erledigt hat und ich auch keinen neuen Auftrag bekommen habe, beschließe ich, bei meinen Kollegen zu bleiben und mit ihnen zusammen auf die Ablösung zu warten.

Doch wie fast immer in solchen Fällen kommt es ganz anders, denn plötzlich wird die fast verschlafen wirkende Situation schlagartig lebendig.

»Hier Beo 9 Uhr«, klingt es aus dem Funk, »hier öffnet sich gerade ein Fenster.«

Wir als in unmittelbarer Nähe postierte Notangriffskräfte springen von unserer unbequemen Sitzposition im Hauseingang auf und machen uns einsatzbereit. Das vom Beobachter geschilderte Fenster befindet sich von unserem Hauseingang etwa 20 Meter entfernt hinter einer Hausecke, sodass wir es nicht sehen können. Der Beo spricht mit ruhiger Stimme weiter: »Da klettern Personen aus dem Fenster ... Jetzt vier Leute draußen ... Fenster weiterhin offen ...«

Und während er die neue Situation noch schildert, rennt schon die erste Person, ein Mann in einem Anzug, also vermutlich ein Mitarbeiter der Bank, in einem geradezu unglaublichen Tempo von dem Bankgebäude weg. Leider läuft er aber genau in die entgegengesetzte Richtung, aus der wir uns nun nähern, um die Personen in Empfang zu nehmen. Heiner gibt Anton, einem über 1,90 Meter großen Hünen, einen Wink, den weglaufenden Bankangestellten zu verfolgen und wieder einzufangen.

Wie ich später von ihm erfahren sollte, war dieses Unterfangen mehr als schwierig, denn obwohl Anton trotz seiner Größe über sehr gute Sprinterqualitäten verfügt, hatte er erhebliche Mühe, den Mann – es handelte sich tatsächlich um den Filialleiter – einzuholen. Von Angst und

Panik getrieben, ist der buchstäblich »um sein Leben« gerannt und hat dabei eine Geschwindigkeit an den Tag gelegt, die bemerkenswert war. Unnötig zu erwähnen, dass er auf die Rufe des ihn verfolgenden Anton dabei nicht gehört hat …

Unterdessen haben wir die übrigen drei Personen, nach meiner Einschätzung ebenfalls alles Bankangestellte, in unsere Richtung dirigieren können und letztlich hinter einer von der Bank nicht einsehbaren Hausecke gestoppt. Sie sind offensichtlich nicht verletzt, machen aber einen mitgenommenen Eindruck und sind, sehr zu unserer Verwunderung, tatsächlich nicht gefesselt. Nachdem wir sicher sind, dass der Täter sich nicht unter ihnen befindet[8], befragen wir die ehemaligen Geiseln kurz. Es stellt sich heraus, dass sie einen Toilettenaufenthalt des Täters genutzt haben, um das Fenster zu öffnen und zu fliehen. Nach ihren Angaben ist der Geiselnehmer nunmehr allein in der Bank. Die Geiseln betonen übereinstimmend, dass er einen ruhigen und abgeklärten Eindruck gemacht und ihnen auch die von ihm mitgeführten Handgranaten gezeigt hat. Aus diesem Grund hielt er es auch nicht für nötig, die von ihm festgehaltenen Geiseln zu fesseln, da er gedroht hatte, die Handgranaten zu zünden, falls jemand einen Fluchtversuch machen würde.

Wir atmen ein wenig durch. Da der Täter nunmehr niemanden mehr unmittelbar bedrohen kann, hat sich die Lage erheblich zum Vorteil gewandelt. Nachdem wir die Geiseln ein paar Kollegen übergeben haben, die sie in ärztliche Ob-

8 Bei einigen Geiselnahmen ist es vorgekommen, dass sich der oder die Geiselnehmer unter fliehende oder freigelassene Geiseln gemischt haben, um sich den Maßnahmen der Polizei zu entziehen. Daher werden bei einem Zugriff alle Personen, die sich im Tatobjekt befinden oder dieses verlassen, zunächst wie Täter behandelt, bis die Identität geklärt ist. Dies führt häufig zu entsprechenden Vorwürfen der Geiseln gegenüber den Einsatzkräften, dass sie, obschon Geiseln, sehr grob behandelt worden wären. Dass es den Einsatzkräften in einer unübersichtlichen Situation meist unmöglich ist, sofort zwischen Tätern und Geiseln zu unterscheiden, wird dabei naturgemäß nicht berücksichtigt.

hut bringen, richtet sich unser Augenmerk nun auf den Bereich des Haupteingangs, da wir unter diesen Umständen eigentlich nur verhindern müssen, dass der Täter mit seinen Handgranaten versucht, die Bank zu verlassen. Wir gehen in einer langen Reihe hinter dem ballistischen Schutzschild in Richtung des Haupteingangs in Position und sind von diesem etwa zehn Meter entfernt.

Über Funk informiert uns die Befehlsstelle, dass gerade versucht wird, mit dem Täter telefonisch in Kontakt zu treten, um ihm die Sinnlosigkeit der jetzigen Situation klarzumachen und ihn zur Aufgabe zu bewegen. Aber auch jetzt geht der Täter nicht ans Telefon. Ich nehme meinen Helm kurz ab und lege mein Ohr an die Hauswand des Bankgebäudes, um eventuell das Klingeln des Telefons oder andere Geräusche wahrzunehmen. Und in der Tat: Ich glaube, ein merkwürdiges Knistern zu hören. Meinen Kollegen, die mich erwartungsvoll anblicken, flüstere ich zu: »Da knackt irgendwas …«

In diesem Moment erfolgt im Inneren der Bank eine laute Detonation. Vor lauter Schreck mache ich aus dem Stand einen respektablen Satz in die Luft, und während ich mir hastig wieder meinen Helm auf den Kopf stülpe, sehen wir, wie sich das neben dem Haupteingang befindliche Fenster des Filialleiterbüros wie eine Gummiwand nach außen wölbt, aber erstaunlicherweise nicht zersplittert. Wir schauen uns alle an und wissen, dass dies die Detonation einer Handgranate gewesen sein muss, auch wenn wir keine Ahnung haben, was das zu bedeuten hat. Uns ist jedoch sofort klar, dass wir nicht weiter zulassen können, den Täter unkontrolliert mit Handgranaten um sich werfen zu lassen. Heiner gibt das Signal zum Zugriff.

Armin, ein bulliger Kollege aus Jacks Gruppe, der heute auch in Heiners Rufbereitschaftsgruppe eingeteilt war, tritt nun aus unserer Reihe heraus und nimmt ein paar Meter vor der gläsernen Eingangstür Aufstellung. Er ist mit einer

Schrotflinte ausgerüstet und beginnt unverzüglich, systematisch auf die Glasscheibe der Eingangstür zu schießen. Ziel ist, den Glaseinsatz der Tür – es handelt sich ja um Sicherheits-, nicht um einfaches Fensterglas – durch den Beschuss so zu schwächen, dass er danach mithilfe eines Spatens großflächig genug herausgeschlagen werden kann, um durch das entstandene Loch in die Bank einzudringen.

Armin hält nach einer schnellen Schussfolge die Schrotflinte mit dem Lauf nach oben – das Zeichen für uns, an die Tür heranzutreten. Ossi und Rainer, die ersten beiden Kollegen in unserer Reihe, springen vor, und Ossi beseitigt mit dem Spaten die Reste der zerschossenen Glasscheibe. Ich höre Heiners ruhige Stimme im Lautsprecher meines Helms: »Wir gehen langsam vor, kein Risiko, da ist nur noch der Täter drin.« Klar, es geht jetzt nicht mehr um eine Geiselbefreiung. Wenn wir uns langsam und kontrolliert vorarbeiten, können wir uns besser gegenseitig sichern, aber ob uns dies auch vor Handgranaten schützen wird, ist fraglich.

Ossi und Rainer verschwinden durch das große Loch in der Eingangstür im Inneren der Bank, und unsere Reihe von SEK-Beamten folgt ihnen dichtauf. Wir verteilen uns nach unserem so oft eingeübten System. Mit meiner Maschinenpistole im Anschlag orientiere ich mich nach Betreten der Bank mit langsamen, sehr bewusst gesetzten Schritten nach rechts, dort, wo der Kassenbereich und einige Schreibtische der Bankangestellten im Raum verteilt stehen. Aber schon jetzt höre ich über Funk die Meldung: »Hier liegt der Typ … wahrscheinlich tot.«

Die Meldung kam von der anderen Raumseite. Trotzdem arbeiten wir gewissenhaft in unserem Bereich weiter, bis wir ganz sicher sind, dass in unserem Teil des Kassenraumes wirklich niemand ist. Gleiches geschieht auch auf der anderen Raumseite, obwohl der Täter dort offensichtlich schon gefunden wurde. Erst als wir absolut sicher sind,

1. Der Autor beim Abseiltraining im Jahr 1989

2. Training des Stoppens von Fahrzeugen im fließenden Verkehr, 1989

3. Übungssturm auf einen gekaperten Bus, 1989

4. Der Autor mit Angehörigen seiner Einsatzgruppe im Jahr 1993. Die Ausrüstung galt zu diesem Zeitpunkt als fortschrittlich

5. Training im Rahmen eines Austauschs mit einem amerikanischen SWAT-Team, Autor vorn, mit Sturmgewehr, 2008

5a. Schießtraining in den USA mit einer Colt - Pistole, Kaliber 45

6. Besprechung unter Kollegen vor einem taktischen Trainingsdurchgang im »Killing-House« des SWAT-Teams

7. Das Vorgehen der »Deutschen« wird überaus interessiert beäugt...

8. Anbringung einer Sprengladung an einer Eingangstür...

9. Wirkung einer Fenstersprengung im Erdgeschoss...

10. Unmittelbar nach der Detonation beginnt das Eindringen in das Gebäude...

11. Das Abseilen von einem Hubschrauber gehört zum Standardprogramm beim SEK

12. Mit Hilfe eines Schnellbootes werden SEK-Kräfte zu einem von Geiselnehmern besetzten Schiff gebracht...

13. ...und das Schiff im Anschluss gestürmt...

14. Manchmal muss der Einstieg von oben sein…
SEK-Kräfte wie so oft in luftiger Höhe.

dass die Situation unter Kontrolle ist, meldet Heiner an die Befehlsstelle: »Zugriff beendet, Kassenraum unter Kontrolle, Täter tot aufgefunden. Keine weiteren Personen im Raum. Zugriffskräfte alle unversehrt.«

Während die Befehlsstelle uns mitteilt, dass der Notarzt zur Untersuchung des Täters unterwegs ist, löst sich langsam bei uns allen die Anspannung. Ich schaue mich im Raum um und sehe nun auch den Täter auf der anderen Seite am Boden liegen. Er liegt auf dem Rücken, und sein wachsweißes Gesicht mit den starr geöffneten Augen blickt zur Decke. Das Gesicht ist völlig unversehrt, allerdings fehlt ihm der gesamte Hinterkopf, sodass das Gesicht aussieht wie eine am Boden liegende Maske. Erst jetzt registriere ich, dass Blut, Gehirn- und Gewebefetzen überall um den Täter herum an der Decke und den Wänden kleben. Später erfahren wir, dass der Täter eine Handgranate in die Kapuze seiner Jacke gelegt und diese dann abgezogen hat. Dies war die Detonation, die wir draußen gehört hatten.

Für uns aber ist der Einsatz endlich, nach einer langen Nacht und einem explosiven Finale, beendet – zumindest, was die Arbeit am Ereignisort angeht.

In der Folge sollte dieser Einsatz jedoch für uns alle noch weitreichende Auswirkungen haben. Als erste Konsequenz wurden Lehrgänge durchgeführt, die die Wirkungsweise von Handgranaten in geschlossenen Räumen zum Gegenstand hatten. Interessanterweise gab es selbst bei der Bundeswehr, die ja, anders als wir, selber mit Handgranaten ausgerüstet ist und deren Einsatz auch übt, keine Erkenntnisse über die Möglichkeit, sich gegen eine solche Detonation und den auf kurze Entfernung tödlichen Splitterflug zu schützen. Ein weiteres wesentliches Problem für uns als Spezialeinheit stellte natürlich auch der Schutz von Geiseln vor dem Wirkungskreis von Handgranaten dar, falls die Situation es erforderte. Natürlich mussten auch Verfahren entwickelt werden, wie man auf einen mit Handgranaten bewaffneten Täter zugreifen kann. Durch die intensive Beschäftigung mit dieser Problematik wurde unsere Einheit so etwas wie ein inoffizieller Experte für die Bewältigung von Einsatzlagen, in denen Handgranaten eine Rolle spielten.

Dies wiederum hatte zur Konsequenz, dass wir auch an Einsatzlagen aktiv beteiligt waren, die jenseits der Grenze unseres Bundeslandes und sogar der Landesgrenze stattfanden. Doch das ist eine andere Geschichte …

EIN AUSFLUG IN DIE HAUPTSTADT

»Avis matutina vermem capit.«
(»Der frühe Vogel fängt den Wurm.«)
Unbekannter SEK-Beamter

Ich blicke durch die Lochkornvisierung des HK G3 K und erkenne verschwommen die Umrisse mehrerer nebeneinanderstehender Täterscheiben. Wir befinden uns zum Training mit der sehr durchschlagkräftigen Munition der Kurzversion des HK G3 auf einem dafür extra eingerichteten Freiluftschießstand. Ich ziele auf das Zentrum des durch die erste Zielscheibe angedeuteten menschlichen Torsos und halte den Atem an, damit ich durch eine unkontrollierte Atembewegung keinen Zielfehler begehe. Durch das geringe Gewicht des Gewehrs und die brisante Munition hat das HK G3 K einen enormen Rückschlag, den ich dadurch kompensiere, dass ich die einziehbare Schulterstütze fest in meine Schulter presse. Das Ziel dieser Übung ist, so schnell wie möglich auf jede Scheibe in der Reihe hintereinander jeweils zwei Schuss abzugeben. Die Entfernung zum Ziel beträgt zwar nur 25 Meter, aber bedingt durch den heftigen Rückschlag und die jeweils nach zwei Schuss durchzuführenden Zielwechsel, ist es nicht besonders einfach, alle Schüsse in den Scheiben unterzubringen.

Ich konzentriere mich und ziehe den Abzug durch. Der enorme Knall ist sogar durch meinen Gehörschutz noch sehr vernehmlich, doch darf ich mich davon nicht beeinträchtigen lassen. Es ist wichtig, bei dieser Übung einen vernünftigen Rhythmus bei der Schussabgabe zu finden, was mir in diesem Durchgang auch gelingt. Alle Schüsse finden ihr vorgesehenes Ziel. Nach dem letzten Schuss sichere ich die Waffe, nehme das Magazin heraus, ziehe den Spannhebel des Gewehrs nach hinten und blicke durch den Patronenauswurf in das jetzt leere Patronenlager. Erst nach dieser Kontrolle ist sicher, dass die Waffe auch wirklich »entladen und gesichert« ist, wie ich es dann dem neben mir stehenden Piet, der die Schießaufsicht hat, melde.

Anschließend gehen wir gemeinsam nach vorn zur Trefferaufnahme, und während Piet zufrieden grinst, als er die dicht beieinanderliegenden Treffer in der Rumpfmitte der Scheiben begutachtet, sagt er in seiner typischen Art: »Das hätte denen mit Sicherheit den Tag versaut … Gut gemacht.«

Ich grinse zurück und freue mich über das Lob, dann schlendere ich zu den derzeit nicht übenden Kollegen, die am Ende der Schießbahn zusammenstehen, sich den üblichen Unsinn erzählen und sich gegenseitig auf den Arm nehmen.

Es geht auf Mittag zu. Plötzlich beginnt der kleine gelbe Kasten in der Brusttasche meines Einsatzoveralls hektisch zu piepen. Da ich heute der Führer der Einsatzgruppe bin, habe ich meinen Eurosignalempfänger dabei. Offensichtlich ein Alarm. Ich begebe mich umgehend zum Schießstandwart, in dessen Gebäude ein Telefon vorhanden ist, und rufe das Geschäftszimmer unserer Dienststelle an, welches zur normalen Bürozeit immer besetzt ist und vermutlich den Alarm ausgelöst haben dürfte. Dort erreiche ich Paul, unseren Geschäftszimmerbeamten, der für alle innerdienstlichen Abläufe wie etwa Dienstpläne, Urlaube und viele andere Dinge verantwortlich ist.

»Hallo, Peter«, klingt es aus dem Hörer, »sammle deine Schäfchen ein, es geht nach Berlin …«

Ich bin zunächst völlig perplex und antworte nur: »Du machst Witze, oder? Haben die kein eigenes SEK?«

Meine Verwunderung basiert darauf, dass grundsätzlich jedes Bundesland eigene SEK-Kräfte für entsprechende Einsatzlagen vorhält. Allerdings kommt es relativ häufig vor, dass zur Bewältigung heikler Großlagen Unterstützung aus anderen Bundesländern angefordert wird. Dies können herausragende Geiselnahmen oder etwa auch Großdemonstrationen sein, bei denen dann verschiedenste Spezialeinheiten aus der gesamten Bundesrepublik zusammengeführt werden.

»Nee«, höre ich Pauls ironische Stimme im Telefonhörer, »in Berlin gibt's 'ne dicke Geiselnahme in einer Bank, und die haben gehört, dass du der weltbeste Geiselbefreier sein sollst, da haben die dich angefordert.«

Ich muss laut lachen und antworte: »Tja, da hast du natürlich recht, ist nur komisch, dass man das nur in Berlin weiß und sonst nirgendwo ... Aber im Ernst, was gibt's?«

Paul informiert mich, dass bei dieser Geiselnahme eine bisher unbekannte Anzahl schwer bewaffneter Täter eine ebenfalls unbekannte Anzahl von Geiseln in ihre Gewalt gebracht hat.

»Und was sollen wir dann da?«, frage ich im Hinblick auf die Tatsache, dass zwischen Berlin und meinem Bundesland geographisch noch ein paar andere SEK-Einheiten liegen, die potenziell näher am Ereignisort wären und somit für eine Unterstützung der Berliner Kollegen eher in Frage kämen.

»Die Täter sind mit Handgranaten ausgerüstet, und man ist in Berlin der Meinung, dass wir aufgrund unserer Erfahrungen aus H. daher zur Unterstützung am besten geeignet wären ...«

Gegen dieses Argument lässt sich aus meiner Sicht nicht allzu viel sagen, denn tatsächlich hatten wir nach den Ereignissen in der Bank von H. umfangreiche Experimente und Übungen zur Bewältigung von Lagen durchgeführt, die eine Bedrohung durch Handgranaten einschlossen. Auf diese Weise erarbeiteten wir uns spezielle Einsatztaktiken, wurden aber auch mit einer eigens dafür entwickelten Schutzbekleidung ausgestattet, die angeblich dazu angetan ist, uns auch im Nahbereich einer explodierenden Handgranate zu schützen. Das hat allerdings noch keiner von uns am eigenen Leib ausprobiert, und ehrlich gesagt ist von uns auch niemand scharf auf eine entsprechende Premiere.

Paul ergänzt weiter: »Ihr werdet nach Berlin fliegen, der BGS hat Transporthubschrauber zugesagt. Eine Vollalarmierung läuft bereits. Kommt sofort zurück.«

»Wow!«, denke ich, dann scheint die Lage ja durchaus etwas ernster zu sein. Durch die Vollalarmierung unserer Einheit werden alle erreichbaren, auch die nicht im Dienst befindlichen Kollegen alarmiert und zum Dienst zitiert, sodass wir in größtmöglicher Anzahl nach Berlin fliegen können. Ich rufe alle Kollegen zusammen und erläutere ihnen kurz die Lage. Natürlich gibt es lautes Gemurmel, da eine solche Lage selbst in unserer Einheit nicht alltäglich ist, auch wenn wir in der Vergangenheit schon häufiger über unsere Landesgrenzen hinaus im Einsatz waren.

Wir brechen unser Übungsschießen sofort ab und fahren mit aufmontierten Blaulichtern so schnell wie möglich zur Dienststelle zurück. Dort angekommen, werden gemeinsam mit den zu Hause alarmierten Kollegen die benötigten Einsatzmittel verpackt. Da nicht alle Einsatzmittel in den Hubschraubern untergebracht werden können, macht sich unser 7,5-t-Lkw, welchen wir als Basisfahrzeug für den Großteil unserer Einsatzausrüstung verwenden, auf den langen Weg nach Berlin. Winni und Lars haben sich freiwillig für diese Gewaltfahrt gemeldet, und noch bevor wir zum Flughafen, der sich ganz in der Nähe unserer Dienststelle befindet, aufbrechen, um die angeforderten BGS-Hubschrauber zu besteigen, fahren die beiden bereits Richtung Hauptstadt los.

Als wir schließlich einen separaten Teil des Flughafens erreichen, stehen auf dem Vorfeld bereits zwei dunkelgrüne Transporthubschrauber des Typs Super Puma, in dem theoretisch 19 Passagiere Platz finden können. Theoretisch. Als uns die vier Piloten anrücken sehen und wir unsere ganze Einsatzausrüstung mitsamt unseren Waffen vor den Maschinen auf dem Vorfeld stapeln, schauen sie ungläubig aus der Wäsche. Unsere Ausrüstung verknappt nicht nur den Platz, sondern treibt auch noch das Ladegewicht in eine heikle Höhe. BGS-Piloten genießen nicht nur in unseren Kreisen einen exzellenten fliegerischen Ruf. Was die meisten Leute nicht wissen, ist, dass die Masse der allseits bekannten Rettungshubschrauber durch Piloten des BGS bzw. heute der Bundespolizei geflogen werden. Jeder, der schon einmal gesehen hat, wo diese Kollegen ihre Hubschrauber manchmal bei ihren Rettungseinsätzen landen, empfindet mehr als großen Respekt vor ihrem Können. Die Tatsache allerdings, dass diese Profis gerade ihre Köpfe sorgenvoll zusammenstecken, stimmt uns nicht gerade froh. Schließlich winken sie uns aber doch heran und lassen uns unsere Ausrüstung verstauen, was in der Enge der Passagierkabine gar nicht so einfach ist. Als wir uns schließlich in die schmalen Sitze hineingezwängt haben, scheint es, als wäre in der Kabine kein einziger Kubikzentimeter Stauraum mehr übrig. Ich stülpe mir einen Kopfhörer über die Ohren, damit ich via Bordfunk mit der Besatzung sprechen kann und nicht die ganze Zeit dem dröhnenden Lärm des Triebwerks ausgesetzt bin. Nachdem die Türen endlich verschlossen sind, lassen die Piloten die Triebwerke an, und durch das Seitenfenster kann ich beobachten, wie der zweite Helikopter mit der anderen Hälfte unserer Einheit das Gleiche tut.

»Also, auf nach Berlin«, denke ich bei mir, während ich sehe, wie sich der Rotor der neben uns befindlichen Puma immer schneller dreht, bis die Maschine abzuheben beginnt. Gleichzeitig spüre ich, wie unser eigener Helikopter erzittert. Ich höre über Bordfunk den einen Piloten zum anderen sagen: »So, dann schauen wir mal …«

Unser Hubschrauber erzittert noch mehr, und tatsächlich, auch er hebt ab. Der zweite Helikopter neben uns ist schon ein wenig höher, als wir plötzlich wieder sinken und kurz darauf wieder auf dem Boden aufsetzen. Der Pilot wendet sich über Bordfunk an mich: »Hier ist gerade die Hauptkontrollleuchte für das Triebwerk angegangen, wir können mit dieser Maschine nicht fliegen. Ich werde sofort eine Ersatzmaschine bestellen.«

»Na toll«, denke ich mir, »das geht ja großartig los.« Immerhin scheint die andere Maschine keinerlei Probleme zu haben, denn sie gewinnt schnell an Höhe und verschwindet mit zunehmender Geschwindigkeit aus meinem Blickfeld.

»Wie lange dauert es denn, bis wir eine neue Maschine kriegen?«, frage ich den etwas zerknirscht wirkenden Piloten, dem diese Misere überhaupt nicht anzulasten ist.

»Ich denke, wenn alles glattgeht, etwa 45 Minuten, vielleicht etwas länger.«

Meine Kollegen und ich verlassen also unsere Sardinenbüchse, und alle beginnen zu rechnen, ob eine Fahrt mit Fahrzeugen unter diesen Umständen möglicherweise die schnellere Alternative wäre. Schließlich entscheiden wir uns dagegen, da wir auch damit rechnen müssen, während der langen Fahrt Richtung Berlin durch etliche Staus möglicherweise aufgehalten zu werden. Also entladen wir die liegengebliebene »Puma« wieder und warten auf das Ersatzgefährt.

Natürlich dauert die Sache länger als 45 Minuten, und die Wartezeit kommt uns wie eine halbe Ewigkeit vor – wie immer, wenn man auf heißen Kohlen sitzt. Endlich sitzen wir dann in der Ersatzmaschine und kommen diesmal problemlos in die Luft. Der Flug indes verläuft eintönig und problemlos, und der eine oder andere von uns nickt trotz des Lärms tatsächlich ein. Als wir jedoch die Randbezirke der Hauptstadt erreichen, sind alle wieder wach und versuchen durch die Fenster der Puma einen Blick auf das abendliche Berlin zu erhaschen.

Wir landen auf einem Sportplatz, auf dem auch der andere Hubschrauber geparkt ist, der unsere Kollegen hier vor einer gefühlten Ewigkeit bereits abgesetzt haben muss. Als wir mit steifen Knochen aus der Maschine klettern, empfängt uns ein SEK-Kollege aus Berlin mit breitem Grinsen und ebensolcher Aussprache: »Na, meene Herrn, ham wa et jeschafft ...?« Der breite Berliner Akzent lässt meine Kollegen erst mal laut lachen. Aber da sich Beamte von Spezialeinheiten überall auf der Welt ähneln und vor allem eigentlich immer auf Anhieb gut verstehen, nimmt uns das der Berliner Kollege überhaupt nicht krumm.

Er deutet auf zwei grün-weiße Mercedes-Transporter mit vergitterten Fenstern, die ihre besten Tage offensichtlich schon lange hinter sich haben. Verbeult, wie sie sind, scheinen diese Transporter schon an vielen nicht ganz friedlichen Demonstrationen teilgenommen zu haben. Und wieder verladen wir unsere Ausrüstung und zwängen uns in die »Bullenwannen«, wie sie von den Berlinern mehr oder weniger liebevoll bezeichnet werden.

Wir erfahren, dass wir direkt zum Schauplatz des Geschehens fahren werden, und sind erstaunt, dass der Berliner Kollege nicht viel mehr Informationen hat als jene, die wir nun bereits vor einigen Stunden bekommen haben. Die Lage ist immer noch völlig unklar und verworren, aber das sind wir ja irgendwie gewohnt.

Nach etwa 20 Minuten Fahrt durch das abendliche Berlin halten wir in einer alleeartigen Straße im Stadtteil Zehlendorf, einer der besseren Gegenden der Stadt. Bei den umliegenden Häusern handelt es sich entweder um hochwertige Mietshäuser oder um Villen, die sich harmonisch in das von hohen Bäumen durchzogene Straßenbild einfügen. Gestört wird diese Idylle jedoch durch die überall auf der Straße abgestellten Einsatzwagen der Polizei. Selbstverständlich haben die Berliner Kollegen den Bereich um die Bank weiträumig abgesperrt. Wie wir von unserem Fahrer erfahren, befinden wir uns nunmehr auf der Rückseite des Bankgebäudes, jedoch noch in einiger Entfernung und ohne direkte Sicht auf den Schauplatz.

Piet und ich fragen dann den Kollegen, der uns im Empfang genommen hat, nach dem Ort der Befehlsstelle, damit wir dort endlich mit den neuesten Informationen versorgt werden können, und vor allem, um zu erfahren, welche Aufgabe man uns denn tatsächlich zugedacht hat. Er deutet mit dem Arm in Richtung einer ganz in der Nähe befindlichen Ladenzeile. In der dortigen Bäckerei soll die Befehlsstelle des Berliner SEK untergekommen sein. Piet und ich machen uns also in bester Laune auf, reißen dabei, ganz wie es unsere gewohnte Art ist, den einen oder anderen Witz und lachen vor uns hin.

Als wir jedoch die Befehlsstelle betreten, ist plötzlich schlagartig Schluss mit unserer lärmenden Fröhlichkeit. In der Befehlsstelle herrscht betretenes Schweigen. Anwesend ist Wilhelm, unser Chef, wegen seiner Vorliebe für ebensolche Kleidungsstücke von uns auch scherzhaft »der rote Pullunder« genannt. Er hat in dem anderen Hubschrauber gesessen und ist folglich schon seit einiger Zeit hier vor Ort. Schweigend steht er neben dem Kommandoführer des SEK-Berlin, der auf einer umgedrehten Apfelsinenkiste sitzt, den Kopf in seine Hände vergraben hat, bei unserem Eintreten aber sofort aufsteht und uns die Hand gibt. Die Stimmung jedoch spricht Bände, und Piet und ich sehen uns nur vielsagend an. Selbst Piet, der sonst in solchen Fällen immer einen Spruch auf Lager hat, zieht es vor, erst mal ruhig zu bleiben.

Wilhelm schiebt Piet und mich in eine Ecke der Bäckerei und erläutert uns leise: »Die Lage hier ist immer noch ziemlich unklar und chaotisch. Wie viele Täter es sind, wissen wir nicht. Fest steht nur, dass sie vermutlich insgesamt 16 Geiseln festhalten. Offensichtlich sind die Täter schwer bewaffnet, man spricht von Sturmgewehren und

Handgranaten. Beide Erkenntnisse sind aber nicht gesichert.«

Piet pfeift leise durch die Zähne. Dieses Szenario erreicht damit auch für uns bisher unbekannte Größenordnungen.

»Haben die Typen denn schon eine Forderung gestellt?«, frage ich Wilhelm.

»Sie wollen 17 Millionen D-Mark Lösegeld, einen Fluchtwagen und einen Hubschrauber als Fluchtmittel – und das bis Mitternacht.«

»Sonst nichts?«, bemerkt Piet trocken dazu und fragt sogleich weiter: »Was ist denn hier bisher geplant? Gibt's ein Zugriffskonzept?«

»Und was sollen wir dabei tun?«, ergänze ich.

Wir schauen Wilhelm erwartungsvoll an, und er beugt sich noch weiter zu uns herüber, ganz so, als sollten die anderen Kollegen in der Befehlsstelle seine Worte nicht unbedingt mitbekommen: »Ein brauchbares Zugriffskonzept existiert derzeit nicht. Fairerweise muss man aber sagen, dass diese Lage die bisherigen Dimensionen von Geiselnahmen ein wenig sprengt. Hinzu kommt, dass die Berliner Kollegen noch keine Erfahrungen mit Handgranaten als Drohmittel machen mussten. Deswegen sind wir ja hier.«

»Na, dann sollten wir uns mal umschauen und schleunigst ein Konzept auf die Beine stellen, nicht wahr?«, sagt Piet mit seinem unerschütterlichen Gemüt und grinst breit. »Schließlich trainieren wir so was ja jede Woche …«

Obwohl es sich vielleicht ein wenig überheblich anhört, hat Piet damit keineswegs unrecht. Als unser Ausbildungsleiter ist er für seine überaus ausgeklügelten Trainingsszenarien bekannt. Die Räumlichkeiten, die wir zu Übungszwecken stürmen müssen, sind beispielsweise mit einer unbekannten Vielzahl von Täter- und Geiselscheiben oder Puppen geradezu gespickt. Bei diesen Übungssequenzen, die zumeist in alten Abbruchhäusern stattfinden, arbeiten wir grundsätzlich mit »scharfem Schuss«, also mit normaler

Einsatzmunition. Wir feuern auf die Täterscheiben, die in einem Raum verteilt sind, dürfen aber die Geiselscheiben, die überall dazwischen positioniert sind, auf keinen Fall treffen. Dieses Training erfordert von allen Beteiligten ein Höchstmaß an Feuerdisziplin und Vertrauen zum jeweiligen Nebenmann, da jeder seine Waffe aus der Bewegung heraus und in unmittelbarer Nähe zu seinem Kollegen abfeuert. Ein solches Training ist ziemlich risikoreich, allerdings auch unerlässlich, um sich die nötige Handlungssicherheit in diffizilen Einsatzsituationen zu verschaffen.

Die meisten ausländischen Spezialeinheiten können in sogenannten Killing Houses trainieren, d.h. in Gebäuden mit verstellbaren Wänden, in denen mit scharfem Schuss im 360°-Winkel geübt werden kann. Ein solches Übungsgebäude existiert in unserem Bundesland aus Kostengründen nicht. Stattdessen trainiert meine Einheit in halbwegs geeigneten Abbruchhäusern. Beim Aufstellen der Scheiben werden mögliche Schusswinkel und Gefahrenbereiche vorher durch den Ausbildungsleiter begutachtet und berücksichtigt. Zu einem Schießunfall ist es trotz des vergleichsweise höheren Risikos bei der Durchführung dieser Trainings nie gekommen.

Um den Ereignissen vorzugreifen: Etwa um die Jahrtausendwende wurde uns das Schießtraining mit scharfer Munition in Übungsobjekten durch das Innenministerium verboten, da man das Unfallrisiko für die beteiligten Beamten und die Allgemeinheit als zu groß erachtete. Man beachte die Feinheiten! Den SEK-Beamten wird zugemutet, bei einem Einsatz möglicherweise genau das tun zu müssen – dann allerdings völlig ohne Übung –, was ihnen im Training aus vermeintlicher Fürsorge verboten worden ist! Eine irrwitzige Einstellung, die sich in einem künftigen Einsatz bitter rächen könnte!

Jetzt jedoch steht es für jeden von uns außer Frage, dass wir bei einem Zugriff aufgrund unseres Trainings selbst dann erfolgreich sein werden, wenn wir es hier mit mehreren schwer bewaffneten Tätern zu tun haben.

»Ich schlage vor, wir sehen uns mal um«, werfe ich ein.

Mit einem Nicken entlässt uns Wilhelm, und Piet und ich machen uns auf den Weg, um uns mit dem Gelände und dem Tatobjekt vertraut zu machen. Die Bankfiliale ist im Erdgeschoss eines alleinstehenden Gebäudes untergebracht, das an einer natürlich jetzt weiträumig abgesperrten und daher menschenleeren großen Allee liegt. Zur Straße hin gibt es über einem etwa einen halben Meter hohen Mauersockel eine große Fensterfront. Der Bankeingang befindet sich auf der linken Seite der Fensterfront. Auch die Rückseite des Gebäudes weckt unser Interesse. Dort stellen wir einen kleinen Kellerabgang mit einer fest verschlossenen, stabilen Holztür fest, der direkt in den Keller der Bank führt.

Als Piet und ich um das Haus schleichen, treffen wir auf die Berliner SEK-Kollegen, die als Notangriffsteam an einer Hausecke postiert sind. Nach kurzer Begrüßung und Vorstellung frage ich den Leiter des Teams, einen bulligen, recht gedrungen wirkenden Kollegen: »Habt ihr schon mal ein ›Ohr‹ nach drinnen legen können?«

Meine Frage bezieht sich auf die Möglichkeit, mittels eines von außen angebrachten Mikrophons und eines Verstärkers Geräusche aus dem Inneren der Bank festzustellen. Da wir alle ja zurzeit überhaupt nicht wissen, was sich da drin tut, wäre eine solche Möglichkeit mit Sicherheit von Vorteil.

»Nee«, berlinert auch dieser Kollege in breitester Mundart, »so wat ham wa nich …« … und grinst mich unter seinem beschusssicheren Helm an.

»Hättet ihr was dagegen, wenn ich mal mein Glück versuche?«, frage ich ihn möglichst freundlich, denn ich möchte hier überhaupt nicht den Eindruck vermitteln, der Klugscheißer von auswärts zu sein, der alles besser kann.

»Klar, Kollege, wenn et uns hilft, wa?«

»Prima, ich hol mal eben das Gerät und komm wieder zurück.«

»Und ik sach schon mal Bescheid, dat die Herren aus der Westzone nun ooch anfangen, ihr Jeld zu verdienen …«

Ich verbeiße mir ein Lachen ob des Dialekts, was mir aber nicht so recht gelingt, und gehe schnellen Schritts zu unserem Basis-Lkw, der vor kurzem eingetroffen ist. Ich hole mir bei Winni vom Lkw das Mikrophon, welches zusammen mit einem Kopfhörer und dem Verstärker in einem kleinen Transportbehälter untergebracht ist, der umgehängt werden kann. Dann laufe ich weiter zu unserer Bullenwanne, um aus meiner Einsatztasche meine Sturmhaube zu holen. Da ich einen Kopfhörer aufsetzen muss, lasse ich meinen TIG-Helm in der Tasche, dieser würde mich bei meinem Vorhaben sowieso nur stören. Meine Kollegen, die bisher noch ohne Auftrag vor dem Fahrzeug herumlungern, fragen mich natürlich aus. Ich teile ihnen mit, was ich erfahren habe und dass ich nun versuche, mit dem Mikrophon ein wenig zu »lauschen«. Welche Aufgabe auf uns insgesamt dann später zukommen soll, steht allerdings auch weiterhin in den Sternen. Anschließend überprüfe ich das Mikrophon und die dafür vorgesehenen Batterien, damit ich sicher sein kann, dass alles funktioniert. Ich lege meine Schutzweste an und stelle das Funkgerät auf den Kanal der Berliner SEK-Kollegen ein, damit ich deren Funkverkehr mithören und im Zweifelsfall gewarnt werden kann, sollte etwas Unvorhergesehenes passieren. Anschließend kehre ich zu den Berliner Notangriffskräften zurück.

Der Gruppenführer nickt mir aufmunternd zu und deutet mit dem Daumen nach oben, zum Zeichen, dass alles in Ordnung ist. Ich befinde mich in einem Hauseingang etwa zehn Meter von der Fensterfront der Bank entfernt. Der von innen an den Scheiben angebrachte Sichtschutz verhindert einen Blick in das Innere des Kassenraums, allerdings können die Täter auch nicht unbemerkt nach draußen blicken, was meine Annäherung naturgemäß erleichtern wird. Hinzu kommt, dass es mittlerweile bereits ziemlich dämmrig geworden ist, dies ist natürlich ebenfalls ein Vorteil. Leise begebe ich mich zu der Hausecke, an der die Fensterfront der Bankfiliale beginnt, und lege mich dort auf den Bauch. Das Mikrophon habe ich bereits in der Hand. Ich krieche noch etwa einen Meter nach vorn, sodass ich nun unterhalb der Glasscheibe liege, die ja in etwa einem halben Meter Höhe über dem Boden beginnt. Ich stülpe mir den Kopfhörer über, halte das Mikrophon geräuschlos an die Glasscheibe und lausche angestrengt. Statische Geräusche knistern in dem Kopfhörer, während ich an dem kleinen Schaltkasten, der neben mir auf dem Boden liegt, die Schalter für Lautstärke und Frequenz des Mikrophons verändere. Da ..., ich glaube, ich habe eine Stimme gehört, allerdings sehr leise und unverständlich. Und wieder nur statische Geräusche im Hörer. So geht es schließlich eine ganze Weile, bis klar ist, dass meine Bemühungen hier nicht zum Erfolg führen. Ein paarmal habe ich zwar den Eindruck, dass irgendwelche Wortfetzen an mein Ohr dringen, aber was da gesprochen wird und ob es sich nicht doch um eine akustische Täuschung handelt, kann ich nicht sagen. Ich beschließe, meinen Versuch einzustellen, melde über Funk, dass ich mich zurückziehen werde, krieche zurück zur Hausecke und laufe von dort geduckt zurück zur Position der Berliner Kollegen. Dort erwartet mich bereits Piet, denn es gibt Neuigkeiten: Wir sollen sofort zu einer Besprechung in die Befehlsstelle kommen.

Die Besprechung dreht sich erwartungsgemäß um die Möglichkeiten eines Zugriffs auf die Täter, da die Verhandlungen offensichtlich nicht den gewünschten Erfolg haben. Anwesend sind die Führungskräfte des Berliner SEK und von uns, also Wilhelm, Piet und ich. Die Täter verlangen nach wie vor 17 Millionen D-Mark Lösegeld und ein Fluchtfahrzeug – und zwar einen Kleintransporter. Offenbar wollen sie beim Verlassen der Bank einige Geiseln mitnehmen. Die Berliner Kollegen sind relativ optimistisch, dass ein Zugriff am ehesten dann erfolgreich sein könnte, wenn die Täter gerade das Fluchtfahrzeug bestiegen haben. Sie lassen uns überdies deutlich spüren, dass sie der Auffassung sind, die Angelegenheit auch ohne unsere Mithilfe regeln zu können. Ihr Kommandoführer wird von seinen Führungskräften regelrecht unter Druck gesetzt. »Lass dir bloß nicht die Butter vom Brot nehmen«, ist dabei noch einer der harmloseren Sprüche.

Wilhelm versucht, den Kollegen unsere Erfahrungen der letzten großen Geiselnahmen näherzubringen, vor allem im Hinblick auf die unkalkulierbaren Risiken, die mit auf der Flucht befindlichen Tätern verbunden sind. Wir sind seit der Geiselnahme von Gladbeck vor sieben Jahren in dieser Hinsicht gebrannte Kinder. Allerdings scheint dies auf die Berliner relativ wenig Eindruck zu machen. Schließlich platzt mir dann irgendwann der Kragen, und ich werfe in die Runde ein: »Ich wollte bei den Überlegungen hier nur mal kurz erwähnen, dass wir umfangreiche Tests zum Thema Handgranaten absolviert haben und was zum Beispiel passiert, wenn so ein Ding im Inneren eines Autos krepiert. Kennt ihr alle die Ergebnisse?«

Wie bereits erwähnt, haben wir nach den Erfahrungen der Geiselnahme in H. umfangreiche Tests mit der Wirkungsweise von Handgranaten durchgeführt. Im Zuge dessen wurden Handgranaten an allen möglichen Orten kontrolliert zur Explosion gebracht, unter anderem auch in ausrangierten Fahrzeugen, die zu diesem Zweck extra auf einen Sprengplatz transportiert wurden. Natürlich ist die Wirkung einer Handgranate in einem so kleinen Raum wie der Fahrgastzelle eines Autos allein schon verheerend, allerdings besteht darüber hinaus auch noch die Gefahr, dass durch die Detonation die Benzingase im Treibstofftank des

Autos explodieren und das Auto in Sekundenschnelle in Flammen steht. Dies ist mit einem unserer Übungsautos dann auch eindrucksvoll geschehen.

Da unsere Tests noch nicht so lange abgeschlossen sind, ist es aber auch so gut wie ausgeschlossen, dass die Berliner Kollegen schon darüber Bescheid wissen können. Und da es in Berlin bis dato keine Geiselnahme gab, in denen Täter mit Handgranaten gedroht haben, ist es auch sehr unwahrscheinlich, dass man sich hier mit dieser Materie explizit beschäftigt hat. Wie ich an den fragenden Gesichtern erkennen kann, ist dem auch tatsächlich nicht so.

Folglich teile ich der Runde kurz unsere Testergebnisse und hier insbesondere die desaströsen Erkenntnisse über die Detonationen von Handgranaten im Inneren eines Autos mit, was zunächst zur Folge hat, dass der Zugriffsplan der Berliner Kollegen nicht mehr weiter verfolgt wird und darüber hinaus auch der Elan, mit dem diese das Ziel verfolgt haben, den Zugriff ohne unsere Unterstützung durchführen zu wollen, mit einem Schlag deutlich nachgelassen hat …

In jedem Fall sind wir uns nun alle schnell einig, dass ein Zugriff im Fahrzeug unter diesen Umständen ausscheidet. Auch ein Zugriff auf dem Weg zum Fahrzeug scheidet aus. Grundsätzlich kann man sagen, dass Täter bei besonderen Situationen, in denen sie in unmittelbaren Kontakt mit der Polizei geraten können oder müssen (z.B. bei Essensübergaben, aber eben auch bei dem Besteigen eines etwaigen Fluchtwagens) extrem aufmerksam sind, was einen Zugriff durch uns sehr erschwert oder meist, wie auch in diesem Fall, sogar unmöglich macht. Ein wesentlicher Faktor bei einem von der Polizei geplanten Zugriff, zumal bei derart schwer bewaffneten Tätern, ist der der Überraschung. Hierzu ist es natürlich wichtig, dass die Polizei den Zeitpunkt für den Zugriff selbst bestimmen kann und nicht durch die Täter quasi dazu gezwungen wird. Bei einem Zugriff bei

Verlassen der Bank wird der Zugriffszeitpunkt aber durch die Täter bestimmt, was ein überraschendes Handeln durch die Polizei äußerst schwierig macht. Insofern ist ein Zugriff bei Verlassen der Bank keine vernünftige Option.

Piet erläutert der Runde den Plan eines Zugriffs im Bankgebäude, den wir uns bei unserer Begehung des Tatobjektes ausgedacht haben. Die Filiale besteht aus dem Kassenraum im Erdgeschoss und einem großen Keller mit dem Tresor und den Kundenschließfächern. Beide sind durch eine Treppe miteinander verbunden. Unser Plan ist simpel, nämlich der gleichzeitige Sturm von Erdgeschoss und Keller, indem wir alle SEK-Kräfte, die Berliner und unsere, in zwei Zugriffsgruppen aufteilen, die jeweils die ihnen zugewiesene Ebene klären sollen. Im Keller sollte der Zugang durch die bereits erwähnte Holztür erfolgen, die durch eine kontrollierte Sprengung geöffnet werden müsste. Ins Erdgeschoss erfolgt der geplante Zugang durch die Haupteingangstür, die entweder mittels Beschuss durch eine Schrotflinte oder ebenfalls mittels Sprengung zu öffnen wäre. In Ermangelung anderer Alternativen stimmen alle Beteiligten diesem Plan nach kurzer Diskussion zu. Der Kommandoführer des SEK Berlin, als verantwortlicher Beamter für den Tatortbereich, muss aber den Plan noch seinem Polizeiführer vorlegen.

Piet fragt sodann in die Runde, ob man uns nicht eine sogenannte Vergleichsbank zur Verfügung stellen könnte, um in deren Räumlichkeiten den Ablauf des Einsatzes zu trainieren. Das ist ein sehr wichtiger Punkt, denn schließlich haben wir mit den Berliner Kollegen noch nie zusammen trainiert, geschweige denn einen so heiklen Zugriffsplan in die Tat umgesetzt. Ein Vortraining, wie Piet es anmahnt, ist in diesem Falle also dringend geboten. Und tatsächlich befindet sich in nicht allzu weiter Entfernung zu unserem Tatort eine weitere Bankfiliale, die wir zu einem solchen Training nutzen können. Ideal.

Ich blicke auf die Eingangstür der Bank. Ich stehe als dritter Mann in einer langen Reihe von SEK-Beamten, die sich links von dieser Tür aufgestellt haben. Die Schulterstütze meiner Maschinenpistole habe ich in meine rechte Schulter eingezogen, der Lauf zeigt vorschriftsmäßig in Richtung Boden, meine linke Hand ruht auf der Schulter meines Vordermannes, in diesem Falle von meinem Kollegen Winni. Auch auf meiner Schulter befindet sich die Hand des nächsten hinter mir postierten Kollegen. Der Sinn dieser Handposition ist, dass jeder einzelne Beamte seinem Vordermann durch leichten Druck der aufgelegten Hand, dem sogenannten Squeeze, seine Einsatzbereitschaft signalisiert. Dieses Signal beginnt mit dem letzten Mann der Reihe und setzt sich bis zum vordersten Beamten fort. Wenn das Signal bei ihm angekommen ist, gibt der erste Mann der Gruppe dem Gruppenführer durch Hochhalten des Daumens das Signal, dass alle Kollegen einsatzklar sind. Dies geschieht alles völlig lautlos und ohne den Einsatz des Funkgerätes und ist die letzte Überprüfung der Einsatzbereitschaft vor dem Zugriff.

Piet, der etwas außerhalb der Reihe neben dem ersten Mann steht, spricht in sein Helmmikrofon: »Achtung, ich zähle runter … drei … zwo … eins …, go«!

Piet hat das »Go« noch nicht ausgesprochen, da setzt sich die Reihe der SEK-Beamten wie an einer Perlenschnur gezogen in Bewegung. Die Eingangstür der Bank fliegt auf. Natürlich wird bei dieser Übung in der Vergleichsbank auf ein gewaltsames Öffnen der Tür verzichtet, da der Filialleiter, der natürlich anwesend ist und uns seine Bank zu Übungszwecken zur Verfügung gestellt hat, sicher etwas dagegen hat. Dies ist aber auch nicht notwendig, da das gewaltsame Öffnen von Türen regelmäßig in Abbruchhäusern trainiert wird und zum Standardrepertoire eines SEK gehört, was hier nicht explizit geübt werden muss. Ich sehe die ersten beiden Kollegen jeweils nach links und rechts abschwenken und im Raum verschwinden, Winni, mein Vordermann, läuft nach Betreten der Bank nach links, ich also nach rechts …

Und so trainieren wir ein ums andere Mal unser Vorgehen in der bereitgestellten Vergleichsbank. Das größte Problem ist die Zusammenarbeit zwischen den Berliner Kollegen und uns, da wir nicht die gleichen Ausbildungs- und Trainingsstandards haben. Piet und sein für die Ausbildung des Berliner SEK zuständiger Kollege versuchen alles, um zumindest eine gewisse Kompatibilität herzustellen. Irgendwann, es ist schon nahe Mitternacht, schließen wir unser Training endgültig ab.

Wir beschließen, dass es am besten ist, die für einen Zugriff vorgesehenen Beamten nun in Ruhe zu schicken, damit sie möglicherweise noch ein wenig Schlaf bekommen können. Da unsere gesamte Gruppe bei einem Zugriff dabei sein soll, erhalten wir von der Befehlsstelle eine Adresse in einem villenartigen Gebäude in unmittelbarer Nähe des Tatortes. Der Besitzer hat eine großzügige Altbauwohnung für eine Übernachtung unserer Kräfte zur Verfügung gestellt, und bald liegen wir überall auf dem noblen Parkett dieser Wohnung auf Luftmatratzen und versuchen, in voller Einsatzausrüstung ein wenig zu schlafen.

Ich werde durch ein Rütteln am Arm aus meinem leichten Schlaf geweckt und sehe Piets Gesicht über mir. »Aufstehen, es geht los«, sagt er munter und geht von einem Kollegen zum anderen, um diese ebenfalls aufzuwecken. Wir sind alle schlagartig wach, und da wir in unseren Einsatzklamotten geschlafen haben, benötigen wir auch nur kurze Zeit, um tatsächlich einsatzbereit zu sein.

Ich blicke auf meine Uhr, es ist kurz nach drei. Wilhelm, unser Chef, beginnt mit seiner kurzen Lageeinweisung: »Der Polizeiführer hat gegen Mitternacht 5,6 Millionen D-Mark an die Täter übergeben lassen. Das war zwar nicht so viel wie gefordert, aber die Täter haben versichert, im Gegenzug ein paar Geiseln freizulassen. Dies ist bis jetzt jedoch nicht geschehen. Nach der Geldübergabe haben wir mit den Tätern keinerlei Kontakt mehr gehabt. Ferner glauben die Kollegen, die in der Aufklärung in unmittelbarer Nähe der Bank liegen, Rufe aus dem Inneren der Bank hören zu können, die sie aber nicht verstehen können. Der Polizeiführer hat sich wegen der völlig unklaren Lage nunmehr zum Zugriff entschlossen.«

»Können die Täter denn abgehauen sein, ohne dass wir dies bemerkt hätten?«, fragt Max, ein Kollege aus meiner Gruppe.

Wilhelm antwortet darauf: »Aus dem Tatortbereich ist natürlich niemand unerkannt herausgekommen, da die Berliner Kollegen den Bereich eng abgesperrt haben. Normalerweise müssten die Täter noch drin sein …«

»Aber da es niemand genau weiß, gehen wir jetzt rein und schauen nach …«, sage ich und spreche damit aus, was alle denken. Irgendwie sind wir erleichtert, dass es endlich losgeht und die Warterei ein Ende hat.

»Na prima«, höre ich eine Stimme aus dem allgemeinen Gemurmel, »ich konnte auf der lausigen Matratze eh nicht pennen …«

In Windeseile machen wir uns fertig. Auf der Rückseite der Bank in einem von dort nicht einsehbaren Bereich treffen wir auf die Berliner Kollegen, die ebenfalls bereit zum Einsatz sind.

Aufgrund der völlig unklaren Lage und weil wir schon jetzt den Verdacht haben, dass die Täter möglicherweise, aus einem uns unbekannten Grund nicht mehr in der Bank sein könnten, kommen wir gemeinsam überein, unseren ursprünglichen Zugriffsplan abzuändern. Wir beschließen, auf die risikoreiche Sprengung der Kellertür zu verzichten, da wir ja nicht wissen, wo sich die Geiseln aufhalten und wir diese nicht durch die immer auch nach innen wirkende

Sprengwirkung gefährden wollen und das, obwohl die Täter möglicherweise gar nicht mehr im Gebäude sind. So werden wir jetzt nur durch die Haupteingangstür in die Bank eindringen und dort langsam und kontrolliert vorgehen, unsere Kräfte in zwei Gruppen gegliedert. Die erste Gruppe unter Piets Führung soll die Zugangstür mittels Schrotflinte gewaltsam öffnen und den Kassenraum unter Kontrolle bringen, mit der zweiten Gruppe werde ich nach Öffnen des Zugangs sofort über die Treppe in den Keller vordringen, um diesen zu kontrollieren. Beide Gruppen sind gemischt mit Kräften aus Berlin und uns. Jedoch vorne an der Spitze der ersten Gruppe befinden sich ausschließlich Kollegen unserer Einheit, da nur wir über eine Ausrüstung zur Bekämpfung von Tätern mit Handgranaten verfügen.

Schnell sind die letzten Details besprochen, und jeder Mann des Zugriffsteams überprüft ein letztes Mal seine Ausrüstung. Dann rücken wir in einer langen Reihe bis zur Hausecke des Bankgebäudes vor, von der die Eingangstür in den Kassenraum etwa 15 Meter entfernt ist. Piet meldet über Funk der Befehlsstelle, dass wir unsere Sturmausgangsstellung erreicht haben.

»Wir haben verstanden, Zugriff freigegeben, viel Glück!«

Wir alle haben die Freigabe für den Zugriff über unsere Helmlautsprecher mitgehört. Piet, der die Schrotflinte zur Türöffnung in der Hand hält, geht mit der ersten Gruppe geduckt, eng an der Hauswand entlang, die wenigen Meter bis zur Eingangstür und verschwindet im Windfang des Bankeingangs. Als erster Mann der zweiten Gruppe mache ich einen Schritt um die Hausecke herum, damit ich besser sehen kann, was vorne passiert. Direkt hinter mir befindet sich Dieter, ein relativ kleiner, jedoch sehr wendiger, dunkelhaariger Kollege aus Heiners Gruppe.

Unvermittelt höre ich das tiefdröhnende Schussgeräusch einer Schrotflinte, und wir alle wissen jetzt, dass Piet den

Reigen eröffnet hat. In schneller Folge ertönen weitere Schüsse.

Ich warte darauf, dass sich die Reihe der Kollegen der ersten Gruppe in Bewegung setzt, was aber nicht geschieht. Stattdessen höre ich sowohl über Funk als auch als lauten Schrei den Warnruf: »Handgranate ...!«

Ich sehe, wie ein Kollege aus dem Eingangsbereich der Bank herausgerannt kommt und sich hinter der Bordsteinkante flach auf die Straße wirft und dort offensichtlich Deckung sucht. Ich drehe mich zu Dieter um und rufe kurz: »Halt!«, damit die zweite Gruppe ihre Position um die Hausecke und damit ihre Deckung noch nicht verlässt. Aber schon höre ich über Funk Piets etwas außer Atem klingende Stimme: »So, Tür ist auf, keine Sorge. Auf der Türklinke stand eine gesicherte Handgranate, die beim Öffnen runtergefallen ist. Der Splint ist drin, keine Gefahr!«

Ich gebe Dieter ein Zeichen, und schon sind auch wir unterwegs zur Eingangstür und schließen uns der nunmehr fast komplett in der Bank verschwundenen ersten Gruppe an.

Im Kassenraum ist es dunkel, nur das Licht unserer Taschenlampen erhellt den Raum mit umherirrenden Lichtstrahlen. Ich sehe, wie sich die Kollegen der ersten Gruppe in der Tiefe des Raums verteilen, aber wir kümmern uns nicht weiter um diese Situation, denn unser Ziel ist ja der Keller. Dies hört sich relativ simpel an, kann aber bei lautem Geschrei, Feuer und Rauch und erst recht bei einem laufenden Feuergefecht eine verteufelt heikle Angelegenheit sein. Man darf sich keinesfalls ablenken lassen. Alle Kollegen verlassen sich darauf, dass jeder Einzelne sein ihm zugewiesenes Ziel erreicht und seinen Auftrag erfüllt. Dieses blinde Vertrauen ist die Basis jedes erfolgreichen SEK-Einsatzes.

Über die Treppe erreichen wir die Kellerräumlichkeiten, auch hier ist es stockdunkel.

»Sucht mal irgendeiner den Lichtschalter?«, rufe ich über Funk. Und tatsächlich flammt kurz darauf eine kalte Neonbeleuchtung auf, die unsere Taschenlampen überflüssig macht. Langsam und vorsichtig arbeiten wir uns durch die erstaunlich weitläufigen Kellerräume. Wir sehen, dass die hier befindlichen Schließfächer mindestens zur Hälfte gewaltsam geöffnet wurden.

Während wir uns noch langsam dem hinteren Bereich des Kellers nähern, kommt über Funk eine Meldung von den Berliner Kollegen der ersten Gruppe: »Wir haben die Geiseln gefunden, sie sind sicher und unverletzt. Anscheinend haben sie die Täter schon seit Stunden nicht mehr zu Gesicht bekommen …«

Mittlerweile haben wir den letzten Teil des Kellers erreicht und stellen fest, dass sich auch hier kein Täter aufhält. Allerdings haben wir hier ein verräterisches Loch im Boden gefunden.

Ich melde über Funk: »Keller gesichert, niemanden angetroffen, wir haben allerdings hier ein Loch im Boden, das wie ein Tunneleingang aussieht. Unser Hundeführer mit Hund soll das mal checken.«

Da Freddy und sein Skeat glücklicherweise mit im Einsatz sind, klettern beide kurzentschlossen hinein, gefolgt von Willy als zweitem Mann. Schon kurz danach meldet sich Freddy über Funk: »Das ist tatsächlich ein selbstgegrabener Tunnel hier, ziemlich lang, ich kann das Ende noch gar nicht abschätzen.«

Und kurz darauf: »Hier sind Drähte gespannt, möglicherweise eine Sprengfalle, kommen hier so nicht weiter, wir kommen zurück.«

Kurz darauf tauchen Freddy, Willy und Skeat wieder aus dem Dunkel des selbstgegrabenen Tunnels auf. Freddy schüttelt ungläubig den Kopf: »Das ist unglaublich, wie in einem schlechten Hollywood-Film. Die müssen da Monate für gebraucht haben.«

Jetzt wissen wir, warum die Täter seit Stunden nicht mehr in Erscheinung getreten sind und warum zu ihnen kein Kontakt mehr hergestellt werden konnte. Sie sind durch einen Tunnel entkommen …

Nach einer letzten genauen Nachschau im gesamten Bankgebäude bestätigt sich unsere Vermutung schließlich. Die Täter sind verschwunden, und unser Einsatz ist damit beendet, allerdings völlig anders als erwartet.

Nachdem wir unsere Einsatzutensilien wieder verpackt haben, verabschieden wir uns schließlich herzlich von unseren Berliner Kollegen, wohl wissend, dass wir einen der spektakulärsten Banküberfälle der deutschen Kriminalgeschichte miterlebt und gemeinsam bewältigt haben. Der Rückflug in den BGS-Hubschraubern bietet uns dann noch ein wirkliches Highlight, denn wir überfliegen den durch den Gestaltungskünstler Christo verpackten Reichstag in vermutlich nicht ganz vorgeschriebener Höhe und haben von oben einen einmaligen Ausblick auf dieses Kunstwerk.

Die Haupttäter dieses Banküberfalls wurden erstaunlicherweise schnell ermittelt, denn im Gegensatz zu der sehr professionellen Planung des eigentlichen Überfalls war ihr Verhalten nach der Tat eher dilettantisch. Insgesamt geht man von elf Tatverdächtigen aus, die an der Vorbereitung und Durchführung der Aktion beteiligt waren. Nicht alle konnten allerdings ermittelt werden. Sie hatten von einer angemieteten Garage in der Matterhornstraße zunächst einen 20 Meter langen Tunnel in Richtung eines Abwasserkanals gegraben. Von dort ging es etwa 100 Meter durch diesen Kanal, dann gruben die Täter einen weiteren etwa 50 Meter langen Tunnel bis zum Keller der Commerzbank.

Auch die Höhe der Beute blieb im Unklaren, da die genauen Inhalte der aufgebrochenen Schließfächer nicht bekannt wurden. Insgesamt wurden etwa 5,3 Millionen DM aus der Beute sichergestellt. Man geht aber davon aus, dass es sich tatsächlich gut und gern um den dreifachen Betrag gehandelt haben dürfte. Die Restsumme ist immer noch verschwunden.

Die insgesamt sechs Hauptbeteiligten der Tat wurden zu Freiheitsstrafen zwischen sechs und zwölf Jahren verurteilt.

EIN BUS VOLLER GEISELN

»Mut ist, wenn man Todesangst hat,
aber sich trotzdem in den Sattel schwingt.«
John Wayne

Das eingebaute Martinshorn des zivilen BMW der 5er-Baureihe wimmert unaufhörlich und nervtötend. Doch auch zusammen mit dem auf dem Dach befindlichen abnehmbaren Blaulicht macht uns dieses akustische Alarmsignal so recht den Weg nicht frei. Es ist Freitag um die Mittagszeit, der Feierabendverkehr des kommenden Wochenendes beginnt bereits, und wir sind auf dem Weg zum Schauplatz eines Geiseldramas, das sich auf dem Messegelände einer großen Stadt abspielt. Wie immer am Anfang solcher Geschehnisse wissen wir nicht allzu viel, aber das Wenige, das wir wissen, klingt überhaupt nicht gut. Offensichtlich hat ein Geiselnehmer einen auf einer Stadtrundfahrt befindlichen vollbesetzten Reisebus in seine Gewalt gebracht, den Busfahrer erschossen und den Bus auf einem Parkplatz des Messegeländes abgestellt.

Die Lage scheint also mehr als ernst zu sein, und gerade deswegen nervt uns der starke Verkehr auf der Straße noch mehr als sonst. Als wir schließlich den weiträumig abgesperrten Bereich der Messe erreichen, wo der Bus seinen vorläufigen Halt gefunden hat, bekommen wir dann doch noch weitere, nicht eben bessere Informationen. Der Täter hat, nachdem er den Bus in seine Gewalt gebracht hat, auch auf eine Streifenwagenbesatzung geschossen, die den Sachverhalt, nach Bekanntwerden bei der Polizei, zunächst überprüfen wollte. Ein Kollege wurde dabei durch die Schüsse des Täters schwer verletzt. Zum Glück konnten sich die Kollegen dem Einflussbereich des Täters entziehen und zählten daher nicht zu den Geiseln.

Alle Kollegen meiner Einheit parken ihre Einsatzfahrzeuge nach Eintreffen zunächst auf einem Parkplatz in der Nähe des Tatortes. Dort erfahren wir über Funk von der gerade erst eingerichteten Befehlsstelle des SEK, dass wir zunächst nicht im näheren Tatortbereich eingesetzt werden, sondern uns auf eine Verfolgung des Busses vorbereiten sollen, falls der sich wieder in Bewegung setzen sollte. Das wäre dann eine sogenannte mobile Geiselnahme, bei der im Bedarfsfall jederzeit SEK-Kräfte eingreifen können müssten. Jack, der wie ich als Gruppenführer mit im Einsatz ist, übernimmt die entsprechende Aufteilung unserer Kollegen, während Wilhelm, unser Chef, Piet und ich uns auf den Weg in die SEK-Befehlsstelle machen.

Wir betreten eine der großen Messehallen durch einen Seiteneingang. Da hier derzeit kein Messebetrieb ist, sind die riesigen Hallen leer, und schließlich erreichen wir, nachdem wir einen Durchgang passiert haben, die Befehlsstelle. Hier herrscht, wen wundert es, hektische Aktivität. Die ortsansässigen SEK-Kollegen, die auch erst vor kurzem hier eingetroffen sind, haben alle Hände voll zu tun, die Befehlsstelle aufzubauen und gleichzeitig die extrem hektische Anfangsphase der Lage in den Griff zu bekommen. Gerade am Anfang einer Geiselnahme prasseln unglaublich viele Informationen auf die Führungskräfte des SEK ein, denn jeder, der auch nur im Entferntesten irgendwelche Informationen zur Lage hat, will diese natürlich sofort loswerden und hält gerade seine Informationen für die wichtigsten. Die Kunst bei der Führung eines SEK-Einsatzes ist daher grundsätzlich, die wichtigen von den unwichtigen Informationen zu trennen und ganz klar vorzugeben, welche Informationen als nächste benötigt werden. Da es in unserem Fall aber schon nach relativ kurzer Zeit einen Toten und einen schwer verletzten Polizeibeamten gegeben hat und der Täter durch sein unkontrolliertes, irrationales Verhalten Rätsel aufgibt, ist die Situation in der Befehlsstelle bei unserem Eintreten besonders prekär, was man an der hektischen Aktivität der dort eingesetzten Kollegen sofort erkennen kann.

Chef aller vor Ort eingesetzten SEK-Beamten ist Hans, ein Beamter des höheren Polizeivollzugsdienstes und Chef der ortsansässigen Spezialeinheiten. Er ist erst seit der Umstrukturierung der Spezialeinheiten in unserem Bundesland in dieser Funktion. Er verfügt über keine SEK-Ausbildung und ist daher auf die fachliche Beratung eines SEK-Gruppenführers angewiesen. Diese Aufgabe übernimmt Andreas, ein Gruppenführer des lokalen SEK, der neben Hans an einem Tisch der noch arg improvisiert aussehenden Befehlsstelle sitzt. Beide begrüßen uns bei unserem Eintreffen mit Handschlag, und während sich Wilhelm mit Hans unterhält, zeigt Andreas Piet und mir durch ein Fenster der Messehalle die aktuelle Situation. Zu Piets und meinem Erstaunen steht der Bus nur etwa 25 Meter von unserem Fenster entfernt und zwar parallel zu der Messehalle, in der wir uns jetzt befinden. Da die Hallenfenster durch eine außen angebrachte Beschichtung aber einen Blick nach innen nicht zulassen, können wir den Bus in aller Ruhe beobachten, ohne selbst gesehen zu werden. Wir erkennen, dass die Scheiben des Busses bis auf die Seitenscheibe des Fahrers und die Frontscheibe verhängt worden sind, was uns einen Blick in das Innere verwehrt. Der Streifenwagen der beiden Kollegen, die von dem Täter beschossen worden sind, steht mit geöffneten Türen und durch die Schüsse des Täters zerstörter Frontscheibe etwa zehn Meter hinter dem Bus. Alles in allem ein gespenstisches Szenario.

Während wir noch den Bus und die Umgebung genau in Augenschein nehmen, kommen Hans und Wilhelm zu uns herüber, und Andreas gibt uns weitere Einzelheiten bekannt: »In dem Bus befinden sich nach letzten Informationen über 20 Geiseln. Der Täter macht einen äußerst verwirrten und aggressiven Eindruck, eine Kontaktaufnahme mit ihm ist bisher nicht zustande gekommen. Eine Verständigung mit ihm dürfte auch äußerst schwierig sein, da er offensichtlich nur gebrochen oder gar nicht deutsch spricht, wie uns der unverletzt gebliebene Streifenpolizist berichtete. Bevor er die Fenster des Busses verhängt hat, konnten wir beobachten, wie er überall im Bus Kabel verlegt hat. Er hat auch mehrfach aus dem Bus herausgerufen: ›Sprengstoff!‹, sodass wir davon ausgehen müssen, dass er den ganzen Bus mit Sprengmitteln versehen hat. Ferner trägt er eine Weste, aus der ebenfalls Kabel herausgucken, und hält die ganze Zeit in seiner linken Hand so etwas wie einen Druckknopf, der an einem Kabel hängt, das aus seinem linken Ärmel hervorkommt. Möglicherweise eine Totmannschaltung.«

Piet pfeift leise durch die Zähne und sagt in seiner gewohnt trockenen Art: »Sonst nichts?«

Das ist alles in allem eine Situation, wie sie kaum bedrohlicher und gefährlicher sein könnte, zumal der Täter schwer einschätzbar ist und derzeit den Eindruck macht, hemmungslos gewaltbereit und vielleicht sogar geisteskrank zu sein. Vor allem wissen wir nicht im Geringsten, was er überhaupt will. Großartig.

»Weiß man schon etwas über die sonstige Bewaffnung?«, frage ich Andreas.

»Die Streifenkollegen, auf die er geschossen hat, sprechen von einer Pistole. Ob er noch mehr Waffen hat, wissen wir nicht.«

Und während wir uns noch mit sorgenvollen Gesichtern anschauen und über die äußerst prekär wirkende Lage nachdenken, sagt Piet, der gerade wieder aus dem Fenster schaut, plötzlich: »Da ist er ja.«

Und tatsächlich sehen wir den Oberkörper einer ganz in schwarz gekleideten Gestalt neben dem Fahrersitz im Mittelgang des Busses stehen. Die Person trägt eine schwarze Sturmhaube, und auch die Weste mit den Kabeln kann man ansatzweise erkennen. Wir sehen, wie der Täter sich nach allen Seiten umschaut und auch in unsere Richtung blickt, ohne uns allerdings, bedingt durch die bedampften Scheiben des Messegebäudes, erkennen zu können. Plötzlich beugt sich der Täter nach vorn und hält sich dabei mit *beiden* Händen am Lenkrad des Busses fest. Danach verschwindet er wieder in dem hinteren Teil des Busses, der uns durch die abgehängten Scheiben keinen Einblick mehr gewährt.

Piet und ich sagen beinahe gleichzeitig: »Keine Totmannschaltung …«

»Wir sollten einen finalen Rettungsschuss auf den Täter versuchen, wenn er das nächste Mal vorne im Cockpitbereich zu sehen ist«, schlägt Piet vor.

»Ist der finale Rettungsschuss schon freigegeben?«, wendet sich Wilhelm an Hans, denn ohne diese Freigabe wird bei einem solchen Täterverhalten jedwede Zugriffsplanung so gut wie unmöglich sein. Derzeit kann sich in unserem Kreis niemand eine Lösung vorstellen, die nicht mit dem Tod des Täters enden wird, es sei denn, er gäbe von selbst auf, was derzeit aber ausgeschlossen zu sein scheint.

»Der finale Rettungsschuss ist durch den Polizeiführer bereits freigegeben, aber soviel ich weiß, gibt es für die Präzisionsschützen Probleme mit einer möglichen Abweichung des Geschosses, sollte der Täter zu weit hinter der Scheibe stehen, und außerdem war der Schusswaffengebrauch bisher wegen der vermuteten Totmannschaltung ausgeschlossen.«

Die Antwort von Hans klingt nicht sehr vielversprechend, und tatsächlich stellt sich den Präzisionsschützen das Problem, dass ihre Schüsse auf dem Weg zum Täter die Front- oder eine Seitenscheibe des Busses durchschlagen müssen und dadurch abgelenkt werden können. Man kann sich das in etwa so vorstellen wie einen Stein, der auf eine Wasseroberfläche aufschlägt und hüpft, wenn man ihn in einem bestimmten Winkel auf das Wasser wirft. Wird also das Geschoss in einem bestimmten Winkel auf eine Glasscheibe abgefeuert, so kann es zu Abweichungen der ursprünglichen Flugbahn kommen, was sich natürlich, je weiter sich das eigentliche Ziel dahinter befindet, umso gravierender auswirkt.[9] Jetzt, wo wir es augenscheinlich mit einem sprengstoffgespickten Bus zu tun haben, wollen wir uns gar nicht ausmalen, was alles passieren könnte, wenn einer unserer Schützen auf den Kopf des Täters feuert, den aber wegen der Abfälschung verfehlt … Ein Schuss, der beispielsweise auf den Kopf des Geiselnehmers abgefeuert wird, kann im ungünstigsten Fall sein Ziel durch die Abweichung des Geschosses verfehlen. In unserem Fall, bedingt durch die Bedrohung mit Sprengstoff, möglicherweise mit gravierenden Folgen.

Andererseits stehen wir durch das irrationale Verhalten des Täters und wegen der Bedrohung von über zwanzig Geiseln auch unter einem enormen Handlungsdruck, von unserem persönlichen Handlungsdruck, den Menschen in dem Bus helfen zu wollen, einmal ganz abgesehen. Aber immerhin hat der Täter ja durch seinen beidhändigen Griff an das Lenkrad gerade unfreiwillig offenbart, dass er nicht über eine Totmannschaltung verfügt – zumindest ein positiver Aspekt in dieser sehr gefährlichen Situation.

»Warum belegen wir den vorderen Teil des Busses nicht mit einem Feuerschlag aus mehreren Gewehren, wenn der Täter sich wieder vorn befindet?« Piet spricht mehr zu mir als in den Raum hinein, aber alle Anwesenden spitzen sofort die Ohren. Wir beide führen sowohl im Einsatz als auch während der Ausbildung häufig taktische Diskussionen; und wir haben auch beide den Hang, unkonventionelle Ideen voranzutreiben – beileibe nicht immer zur Freude unserer jeweiligen Vorgesetzten. Jetzt ergänze ich Piets Idee: »Nach dem Feuerschlag muss ein kleines Team in den Bus, um sicherzustellen, dass der Täter ausgeschaltet ist, und um

9 Heutzutage wird von Spezialeinheiten eine Munitionsart eingesetzt, bei der diese Problematik der möglichen Abweichung weitgehend behoben ist.

zu checken, ob dort tatsächlich Sprengladungen angebracht wurden. In keinem Fall darf dort eine ganze Gruppe eingesetzt werden, denn wenn das Ding hochgeht, ist die ganze Gruppe weg ...«

Piet schaut mich an und nickt langsam mit dem Kopf, als plötzlich Hans, als verantwortlicher Einsatzleiter der Spezialeinheiten vor Ort, zu uns beiden sagt: »Hört sich gut an. Wir stehen unter Zeitdruck, da der Täter nicht berechenbar ist und sich äußerst aggressiv und irrational verhält. Ich möchte, dass ihr diese Zugriffsvariante weiter plant und dass eure ursprünglich vorgesehene Aufgabe so schnell wie möglich jemand anders übernimmt!«

Piet und ich sind nicht weiter überrascht, denn Änderungen während einer laufenden Lage sind für uns nichts Ungewöhnliches. Inzwischen ist auch Jack in der Befehlsstelle eingetroffen und erhält ebenfalls einen völlig neuen Auftrag. Er soll sich in Zusammenarbeit mit Werner, unserem Polizeiarzt, um die Evakuierung und Versorgung der möglicherweise verletzten Geiseln kümmern. Wir müssen darauf vorbereitet sein, dass der Täter welche freilässt oder andere fliehen können. Hierzu braucht Jack ein Team, das gegebenenfalls Feuerschutz und mittels eines ballistischen Schutzschildes auch Deckung geben kann, wenn zum Beispiel eine geflüchtete Geisel verletzt am Boden liegt und in Sicherheit gebracht werden muss. Und er braucht ein Fahrzeug, am besten ein gepanzertes, da sich seine Leute im Schussbereich des Täters bewegen müssen. Derzeit steht aber noch kein gepanzertes Fahrzeug zur Verfügung, sodass Jack zunächst mit einem normalen Pkw vorlieb nehmen muss. Wir können im Moment nicht ahnen, wie wichtig und lebensrettend seine Aufgabe noch werden wird ...

Piet und ich fahren mit unserem kleinen Planspiel fort, und auch Wilhelm, unser Chef, gesellt sich dazu. Piet nimmt den Faden wieder auf und sagt: »Ich würde vorschlagen, nach dem ersten Feuerschlag auf den Täter im Cockpit schießen die Gewehrschützen weiter Sperrfeuer. Hierdurch wird die Annäherung der Eindringkräfte abgesichert und verhindert, dass der Täter, falls er noch handlungsfähig sein sollte, zurück in den Passagierraum kommt.«

»Das verhindert aber nicht, dass der Täter den Bus in die Luft jagt, wenn er noch handlungsfähig ist«, überlege ich laut.

Piet schaut mich ungewohnt ernst an und sagt nur nachdenklich: »Nein …«

»Was schlägst du vor, wie viele Leute in den Bus reingehen sollen?«, fragt Piet mich weiter.

Seltsamerweise ist es für mich und auch für Piet völlig klar, dass ich auf jeden Fall einer derjenigen bin, die in den Bus eindringen werden, und noch viel seltsamer ist im Nachhinein, dass ich mir des Risikos zwar voll bewusst bin, ich allerdings keinen Moment am Gelingen unseres Vorhabens zweifle.

»Wir machen das zu zweit, rein in den Bus, alles ruhigstellen und dann schauen, ob dort Sprengfallen sind. Danach erst evakuieren wir, und vorher kommt niemand an den Bus heran …«

»Könnte klappen«, meint Piet, und schon wieder ist der Ansatz eines Grinsens zu erkennen. Piet ist einfach unerschütterlich. Wilhelm, der unser Gespräch aufmerksam verfolgt hat, packt mich plötzlich am Arm und zieht mich ein Stück zur Seite. »Hör mal Peter, das ist doch gar nicht notwendig, dass du da mitgehst …«

Ich unterbreche ihn, bevor er den Satz zu Ende bringen kann: »Sorry, aber du glaubt doch nicht im Ernst, dass ich jemanden von den Jungs da reinschicke und selber nicht mitmache … Das ist völlig indiskutabel!«

Ich bin tatsächlich ehrlich empört, obwohl ich ja weiß, dass Wilhelm es eigentlich nur gut mit mir meint, und ich erkenne auch sofort an seiner Reaktion, dass er mich versteht. Schließlich war er lange genug selbst in einer vergleichbaren Position beim SEK.

»Und außerdem wird das klappen, da bin ich mir sicher«, sage ich im Brustton der Überzeugtheit. Wilhelm nickt und sagt nichts weiter. Ich wende mich an Andreas, der die SEK-Befehlsstelle leitet, und frage ihn, ob es einen Sachverständigen gibt, der sich mit der Technik dieses Busses auskennt und uns vor allem sagen kann, wie sich von außen die Türen öffnen lassen. »Ist schon angefordert, müsste bald hier sein«, ist seine Antwort.

Aber bevor ich mich mit diesen Problemen beschäftige, müssen wir die Kollegen aussuchen, die diesen Einsatz zusammen bestreiten sollen. Ich komme mit Piet überein, dass er sich um die Gewehrschützen kümmern soll, die den Zugriff beginnen werden. Ich wähle mir einen Kollegen aus, der mit mir zusammen in den Bus eindringen soll – der sicherlich heikelste Teil des ganzen Zugriffsplans, so heikel, dass ich natürlich nur einen Kollegen haben will, der freiwillig mitmacht.

Ich überlege kurz und betätige mein Funkgerät: »Otto für Peter. Kommen!«

Otto meldet sich sofort: »Komm ...«

»Lust auf ein Himmelfahrtskommando ...?«

Es bleibt einen Moment ruhig im Funk, dann aber kommt wie selbstverständlich die Antwort: »Ja, klar.«

Auch nach den vielen Jahren, die diese Ereignisse nunmehr zurückliegen, empfinde ich immer noch Stolz und Hochachtung für meine Kollegen, die ohne zu zögern bereit waren, ihr Leben für andere in die Waagschale zu werfen. Ein deutlicheres Zeichen für diese Einstellung als diese simple Funkdurchsage gibt es meiner Ansicht nach nicht.

»Alles klar, Mann, komm bitte zur Befehlsstelle, ich erklär dir, worum es geht ...«

Otto ist ein Kollege, der auch in komplexen Einsatzsituationen äußerst ruhig und besonnen arbeitet, und genau wegen dieser Eigenschaften ist er für mich die erste Wahl. Darüber hinaus verbindet mich mit Otto bis zum heutigen

Tag, nicht zuletzt wegen der nun folgenden Ereignisse, ein enges und freundschaftliches Verhältnis.

Als Otto die Befehlsstelle erreicht und ich ihm den Plan schildere, gibt es kein Stirnrunzeln oder Zaudern. Ihm ist – wie uns allen gleichermaßen – klar, dass wir schnellstmöglich handeln müssen, um eine drohende Katastrophe zu verhindern.

Piet hat inzwischen Max und Josef als Gewehrschützen ausgesucht und ebenfalls mit den beiden die erste Einweisung in den geplanten Einsatz durchgeführt. Max ist ein Kollege aus meiner Gruppe mit einem unglaublich trockenen Humor. Seine morgendlichen »Lesungen« aus der Tageszeitung beim gemeinsamen Frühstück sorgen oft für heftigste Lachanfälle bei allen Anwesenden. Er ist ferner als ehemaliger Boxer ein ausgezeichneter Nahkämpfer und als Präzisionsschütze ausgebildet. Dies trifft auch auf Josef zu, der zu Heiners Gruppe gehört und ebenfalls zu den eher ruhigen und sehr besonnenen Kollegen der Einheit zählt. Schließlich treffen wir, die wir an diesem geplanten Einsatz beteiligt sind, uns alle gemeinsam an dem Fenster der Messehalle, aus dem man den Bus und die Umgebung gut sehen kann. Rechts von diesem Fenster befindet sich eine Zugangstür vom Parkplatz in die Messehalle, die wir für unsere Zwecke zu nutzen gedenken.

Wir blicken von unserer Position aus auf einen Baucontainer, etwa zehn Meter entfernt. Die Entfernung von dem Container zu dem dahinter befindlichen Bus beträgt dann noch einmal etwa 15 Meter. Ich eröffne das Briefing: »Also, wenn der Täter sich im hinteren Bereich des Busses befindet, verlassen wir einzeln nacheinander das Gebäude durch die Tür und postieren uns hinter dem Baucontainer. Der Baucontainer ist unsere Sturmausgangsstellung.«

Piet ergänzt meinen Vortrag: »Ich werde für euch die Lage am Funk sprechen. Wenn der Täter sich wieder im vorderen Bereich des Fahrersitzes zeigt und klar zu erkennen ist, tretet ihr, Max und Josef, auf mein Stichwort aus der Deckung und beschießt ihn. Anschließend schießt ihr Sperrfeuer auf den Bereich hinter dem Fahrersitz, um zu verhindern, dass er möglicherweise noch einmal in den Passagierraum kommt, und um ihn in Deckung zu zwingen, falls er noch nicht handlungsunfähig sein sollte. Für euch Gewehrschützen kommt es darauf an, dass ihr euren zugewiesenen Feuerbereich während des Schießens insbesondere in Richtung Passagierraum keinesfalls verlasst. Denkt dran, hinter dieser Grenze sitzen die Geiseln …«

Und dann wieder ich: »Unter Schutz des Sperrfeuers laufen Otto und ich an den Bus heran. Sobald wir den Bus erreicht haben, stellt ihr das Feuer mit den Gewehren ein. Wir sind ziemlich nah an eurer Schusslinie, also passt bitte auf, wo ihr hinschießt, ok? Oder hab ich euch in letzter Zeit über Gebühr auf die Füße getreten, dass ich mir Sorgen machen müsste? …«

Ich grinse die beiden Gewehrschützen an, und Max und Josef grinsen breit zurück, während Max nur antwortet: »Nichts, was man mit Geld nicht aus der Welt schaffen könnte …«

Typisch Max eben! Ich fahre fort: »Wir werden durch die Fahrertür in den Bus eindringen, sicherstellen, dass der Täter handlungsunfähig ist und, was das Wichtigste ist, stellen in dem Bus einen kompletten Bewegungsstillstand her. Das heißt, alle Passagiere bleiben auf ihren Sitzen, bis Otto und ich den Bus so weit untersucht und sichergestellt haben, wie wir die Passagiere langsam und geordnet da herausbekommen, ohne etwa noch irgendeine Sprengladung auszulösen, wenn der Täter schon längst ausgeschaltet ist. Das wäre ziemlich dämlich …«

Ich blicke zu Gunnar, Heiners Stellvertreter als Gruppenführer, der die SEK-Kräfte anführen soll, die als Evakuierungskräfte eingeplant sind und bei plangemäßem Verlauf die von Otto und mir nach draußen dirigierten Geiseln in Empfang nehmen sollen. »Gunnar, deine Kräfte dürfen erst dann an den Bus herankommen, wenn wir dir von innen das Go dafür geben. Kein Risiko, ok?«

Ich schaue Gunnar lange in die Augen, und er nickt: »Alles klar, Peter, wir warten, bis wir das Ok bekommen.«

Nach diesen Worten blicken wir uns alle an, bereit, noch weitere, offene Punkte zu diskutieren. Aber alle scheinen den Plan, so riskant er auch sein mag, verstanden und akzeptiert zu haben.

»Sobald der Techniker da ist, bespreche ich mit Otto haargenau, wie wir am besten in den Bus hineinkommen. Am kürzesten ist es von hier aus natürlich durch die Fahrertür. Wir müssen bloß sicherstellen, dass wir da auch reinkommen, eventuell brauchen wir einen Zweitschlüssel, falls die Tür verschlossen ist. Aber das kann der Typ uns ja hoffentlich sagen.«

Hans, der die ganze Diskussion bisher schweigend verfolgt hat, wirft ein: »Der Techniker müsste eigentlich schon längst hier sein, wir erwarten ihn jede Minute. Ich stelle unseren Plan jetzt dem Polizeiführer vor, aber ich kann mir nicht vorstellen, dass der ihn, in Anbetracht des Fehlens anderer Alternativen, ablehnen wird. Geht also davon aus, dass wir so verfahren werden, wie gerade besprochen.«

Jetzt fehlt also nur noch der Techniker, und wir könnten starten …

Der taucht tatsächlich wenige Minuten nach diesem Briefing auf und wird von Otto und mir sofort in Beschlag genommen. Bei dem Techniker handelt es sich um einen Mitarbeiter der Firma, die den Bus für die Stadtrundfahrt gestellt hat. Der Mann wirkt etwas aufgeregt.

Otto fragt ihn eindringlich, wie die Beifahrertür zu öffnen ist, ob diese von innen verschlossen werden kann, ob wir dafür eventuell einen Zweitschlüssel brauchen. Dies wird von dem Experten vehement verneint. Er sagt auch auf mehrfache Nachfrage, dass es nicht möglich sei, die Tür von innen zu verschließen, dass dies sogar gar nicht erlaubt sei, weil man angeblich durch diese Tür immer in das Innere des Busses gelangen müsse, wenn sich dort Personen aufhalten würden. Otto und mir ist eine solche Vorschrift zwar nicht bekannt, da wir aber in unserem Dienst auch nicht wirklich etwas mit Verkehrsvorschriften zu tun haben, glauben wir den Angaben des Experten. Er versichert uns überdies, einen Vergleichsbus angefordert zu haben, der auch in kurzer Zeit zur Verfügung stünde und an dem wir dann selber den Türöffnungsmechanismus ausprobieren könnten.

Allerdings wird die Lage von Minute zu Minute prekärer. Unsere Verhandlungsgruppe hat kaum eine Möglichkeit, mit dem Täter in Kontakt zu treten, da natürlich in dem Bus kein Telefon vorhanden und eine Ansprache von außen überaus schwierig ist. Die Kollegen müssen aufgrund des Täterverhaltens einen derart weiträumigen Sicherheitsabstand wahren, dass allein dadurch das Geschrei des Täters kaum zu verstehen ist. Der Geiselnehmer vermittelt einen völlig unkontrollierten, aggressiven Eindruck – ein Eindruck, der sich mit jeder Minute weiter verschärft. Es muss also dringend etwas geschehen.

Endlich trifft nun auch der Vergleichsbus ein, aber wir haben nur sehr wenig Zeit, uns intensiv damit auseinanderzusetzen. Otto und ich beschränken uns auf den Türöffnungsmechanismus und verlassen uns ansonsten auf die Angaben des Experten. Als wir schließlich sicher sind, dass wir in das Innere des Busses gelangen werden, wollen wir nicht länger warten, denn nur das zählt für uns. Über Funk informiere ich die Befehlsstelle, dass wir unsere Vorbereitungen abgeschlossen haben und bereit zum Einsatz sind.

Wir stehen aufgerödelt[10] an der bewussten Ausgangstür der Messehalle. Kurz zuvor hat uns Hans darüber infor-

10 Das ist in unserem SEK-Jargon die Bezeichnung für »voll ausgerüstet«, d.h. mit der kompletten Einsatzausstattung und Bewaffnung versehen.

miert, dass unser Zugriffsplan vom Polizeiführer genehmigt worden ist, und uns zusammen mit Wilhelm viel Glück gewünscht. Otto und ich haben uns neben unserer schusssicheren Weste für den TIG-Helm ohne beschusshemmendes Visier entschieden, da dieses erstens sehr schwer ist und zweitens die Sicht einschränkt, also eine mögliche Schussabgabe, gerade im Inneren des Busses bei möglicherweise schlechten Lichtverhältnissen, sehr erschweren würde. Wir verzichten dabei ganz bewusst auf den Schutz, den dieses Visier gegen einen Treffer im Kopfbereich bietet. Nach unserer Einschätzung ist das aber die vergleichsweise geringste Gefahr, die uns bei dem nun kommenden Einsatz droht. Wenn der Täter den Sprengstoff in dem Bus zündet, den wir dort vermuten, dann hilft uns auch kein Helm mit Visier.

Wir warten auf Piets Zeichen zum Aussickern[11] aus dem Gebäude. Piet hat eine Beobachtungsposition an den Fenstern der Messehalle eingenommen, die es ihm ermöglicht, den vorderen Bereich des Busses genau einzusehen. Derzeit blickt er durch ein Fernglas und beobachtet den Fahrersitz des Busses. Schließlich meldet er sich über Funk: »Vorne nichts zu erkennen, keine Bewegung, Peter go …«

Das ist das Signal für mich. Otto öffnet die Tür der Messehalle so weit, dass ich, als erster Mann des Zugriffsteams, auf dem Bauch hindurchkriechen kann. Ich bin draußen! In größter Eile bewege ich mich die wenigen Meter bis zu dem als Warteposition auserkorenen Baucontainer, der uns vor den Blicken des Geiselnehmers schützen soll. Ich erreiche die Position problemlos und lehne mich mit dem Rücken gegen den Container, um zu sehen, wie Otto als Nächster das Gebäude verlässt. Ich schaue auf die Fensterfläche der Messehalle und muss erkennen, dass diese wie ein großer

11 Abermals SEK-Jargon. »Aussickern« ist die Bezeichnung für ein vom Täter unbemerktes Verlassen eines bestimmten Ortes.

Spiegel wirkt, das heißt, wenn ich mich hinter dem Container aufrichte, spiegelt sich mein Abbild in der Scheibe und kann gewiss auch vom Täter wahrgenommen werden.

»Verdammt«, denke ich und greife zum Sprechknopf des Funkgeräts: »Hier Peter. Ich bin am Container. Achtung! Die Scheiben der Messehalle sind verspiegelt, und der Täter kann uns möglicherweise sehen, sobald wir uns hinter dem Container aufrichten. Wir müssen also auf dem Boden liegen bleiben, dann besteht keine Gefahr.«

Piet bestätigt mir diese Durchsage. Kurz darauf öffnet sich die Tür der Messehalle erneut, und Otto kriecht auf gleichem Wege wie ich zu unserem Container. Während er unterwegs ist, sieht Otto plötzlich, wie eine Frau in dem Bus plötzlich kurz den Sichtschutz am Fenster zur Seite schiebt, ihm ihre gefesselten Hände zeigt und dann sofort wieder hinter dem Sichtschutz verschwindet. Als er neben mir mit dem Rücken gegen den Container lehnt, blickt er zunächst in Richtung der spiegelnden Fensterfront der Messehalle, wendet sich dann mir zu und sagt bloß: »Scheiße.«

»Kann man wohl sagen«, bestätige ich seine Einschätzung, während wir beide versuchen, eine einigermaßen bequeme Hockposition zu finden, ohne dass unsere Silhouetten sich in den Scheiben spiegeln. Schließlich wissen wir ja noch nicht, wie lange wir hier noch auf eine günstige Zugriffssituation warten müssen, obschon wir hoffen, dass es nicht allzu lange dauern wird. Otto meldet seine Beobachtung mit der Frau mit den gefesselten Händen an die Befehlsstelle. Inzwischen sind auch die beiden Gewehrschützen Max und Josef zu uns gestoßen und haben sich jeweils auf der rechten und linken Seite des Containers hingehockt. Von dort sollen sie, bei Beginn des Zugriffs, kurz hervortreten und das Feuer eröffnen. Ich schaue noch einmal jedem Einzelnen kurz in die Augen und frage, ob alles klar ist. Meine Kollegen nicken mir zu, und ich betätige wiederum mein Funkgerät: »Hier Peter. Wir sind in Position und einsatzklar. Es kann losgehen.«

Ich höre Piets ruhige Stimme aus meinem Helmlautsprecher, als er antwortet: »Alles klar, Jungs, jetzt muss er sich nur noch zeigen ...«

Und wieder beginnt eine jener Wartezeiten, die wir nur allzu gut kennen und die wir hassen wie die Pest. Wie oft schon haben wir in mehr oder minder unbequemen Positionen auf das erlösende Zugriffszeichen gewartet, teils stunden- oder gar nächtelang! Allein die Fähigkeit, innerhalb von Sekunden aus dem dösenden Wartestand in einen Zustand höchster Einsatzbereitschaft umzuschalten, ist eine Kunst für sich, die beileibe nicht jeder Bewerber für das SEK mit sich bringt, und sei er auch noch so sportlich.

Ich weiß nicht, wie lange wir in unserer unbequemen Position bereits zugebracht haben, als plötzlich wieder Piets Stimme im Funk zu hören ist: »Achtung! Bewegung im Cockpitbereich, der Täter ist vorne, Schützen raustreten!«

Bei den ersten Worten im Funk haben wir uns alle in eine geduckte Haltung aufgerichtet, und ich sehe, während ich meine Pistole aus dem Holster ziehe, wie Max auf der einen Seite des Containers und Josef auf der anderen jeweils einen Schritt aus der Deckung machen und ihre HK G3 K in Anschlag bringen. Doch sofort hören wir wieder Piets Stimme: »Der Typ ist wieder nach hinten gegangen, Kommando zurück, in Deckung, schnell!«

Fluchend springen Max und Josef wieder hinter den Sichtschutz des Containers, und wir hocken uns alle erneut auf den Boden. »Verdammter Mist«, flucht Max leise, aber vernehmlich vor sich hin, »der Typ will uns wohl verarschen.« Ich kann Max gut verstehen, denn schließlich geht es mir ja nicht anders. Wir stehen alle unter einer nicht unerheblichen Anspannung, da ist so ein Abbruch in letzter Sekunde nicht gerade förderlich für das Nervenkostüm und die eigene Stimmung. Trotzdem können wir froh sein, dass der Täter unseren Versuch offensichtlich nicht bemerkt hat, denn es gibt keine Reaktionen im Bus.

Und wieder heißt es warten …

Da die Heckscheibe des Busses, welche im Notfall auch als Notausstieg dienen soll, aus uns derzeit noch nicht bekannten Gründen bereits zerstört ist, können wir außergewöhnliche Geräusche innerhalb des Fahrzeuges von unserer Position aus recht gut hören. Insbesondere auffällig bis zu diesem Zeitpunkt ist das immer wieder einmal aufkommende, zum Teil recht hysterisch klingende Geschrei des Täters. Warum er so schreit, wissen wir nicht. Allerdings ist jeder in unserem kleinen Zugriffsteam davon überzeugt, dass es für uns höchste Zeit wird einzugreifen. Doch ohne dass der Täter sich im vorderen Bereich des Busses sehen lässt, sind uns die Hände gebunden und wir können nichts tun.

Auf einmal schwillt das Geschrei des Täters im Bus wieder an, und wir hören deutlich, wie auch einige Geiseln plötzlich in Panik zu schreien anfangen. Ich richte mich ein wenig auf und blicke vorsichtig um die Ecke unseres Baucontainers, während ich gleichzeitig mein Funkgerät betätige: »Hier Peter. Geschrei im Bus, da geht irgendwas ab …«

Dann fällt ein Schuss im Inneren des Busses. Kurz darauf sehe ich, wie eine Person aus dem Heckfenster springt und schnell davonläuft. Kurz darauf stürzt ein zweiter Mann aus dem Heckfenster und versucht dann, sich aufzurichten, was ihm, offensichtlich bedingt durch eine Verletzung, aber nicht gelingt. Da ich aus meiner Position keine Sicht auf das Heckfenster habe, kann ich auch nicht erkennen, ob der Täter sich dort aufhält.

Piet, der die ganze Szenerie hinter dem Fenster der Messehalle ebenfalls beobachtet hat, meldet sich sofort über Funk: »Achtung, hier Piet. Zwei Personen haben den Bus durch das Heckfenster verlassen und flüchten nach rückwärts. Jack, go!«

Das ist das Zeichen für Jack und seine Evakuierungskräfte, die geflohenen Geiseln in Sicherheit zu bringen. »Sind unterwegs«, höre ich Jacks knappe Antwort.

Die erste geflüchtete Person ist aber bereits außer Sichtweite des Busses und läuft den im weiteren Umkreis postierten Absperrkräften in die Arme, sodass Jack und seine Männer sich nur noch um die zweite entkommene Geisel kümmern müssen, die wenige Meter vom Heckfenster des Busses entfernt am Boden liegt und versucht, sich kriechend weiter von diesem zu entfernen.

Ich betätige wiederum den Sprechknopf meines Funkgerätes: »Jack, die zu evakuierende Person liegt ein paar Meter hinter dem Heckfenster und versucht weiter wegzukriechen, offensichtlich schwerer verletzt …«

Während Jack in seinem Wagen mit hoher Geschwindigkeit herankommt, betätigt er zweimal die Sprechtaste seines Funkgeräts zum Zeichen, dass er verstanden hat. Der Fahrer bringt das Fahrzeug genau zwischen dem Bus und der am Boden liegenden Geisel zum Halten, sodass sie vor möglichen Schüssen des Täters gedeckt ist. Die Beifahrertür öffnet sich, und ich sehe einen meiner Kollegen ein Gewehr in Richtung Heckfenster des Busses in Stellung bringen. Unter dessen Schutz ziehen Jack und ein weiterer Kollege nun den verletzten Mann in den Wagen hinein, der Gewehrschütze verschwindet ebenfalls wieder im Innenraum, und erneut fährt Jacks Team mit quietschenden Reifen los und entfernt sich mit hoher Geschwindigkeit aus dem Sicht- und Schussbereich des Busses. Jack meldet: »Geisel an Bord, Person hat Schussverletzung im Oberkörper, Arzt ist dran, wahrscheinlich nicht lebensbedrohlich.«

Ich blicke den Mitgliedern meines kleinen Zugriffsteams in die Augen. Wenn es für uns noch eines Beweises für den Ernst der Lage bedurft hätte, so war dieser jetzt in jedem Fall erbracht. Der Täter macht offenbar rücksichtslos von seiner Schusswaffe Gebrauch, und was das für die möglicherweise an Bord befindlichen Explosivmittel bedeutet, malen wir uns gar nicht erst aus.

Erst ein paar Tage später sollten wir erfahren, was wirklich im Inneren des Busses passiert war. Ein Jugendlicher sprang in einem unbeobachtet geglaubten Moment auf und versuchte, mit einem Sprung durch das zwar vom Täter mit einem Tuch verhängte, aber zerstörte Heckfenster des Busses zu entkommen. Der Geiselnehmer bemerkte diesen Fluchtversuch jedoch und schoss auf ihn. Ein Passagier aus Österreich warf sich dabei in die Schusslinie und rettete so vermutlich dem Jugendlichen das Leben. Er selbst wurde dadurch getroffen und zog sich eine schwere, wenn auch nicht lebensgefährliche Oberkörperverletzung zu. Daraufhin erlaubte ihm der Geiselnehmer, den Bus ebenfalls durch das Heckfenster zu verlassen. Durch Jacks Einsatz konnte der verletzte Österreicher schnell geborgen und noch im Evakuierungsfahrzeug notärztlich versorgt werden. Beide Geiseln haben so die Ereignisse überlebt.

Und wieder hocken und warten wir eine uns schier endlos vorkommende Zeit, in der der Täter sich nicht im vorderen Bereich des Busses sehen lässt. Inzwischen haben die Kollegen der Verhandlungsgruppe versucht, ihm klarzumachen, dass man auf dem bisherigen Weg – der Täter brüllt irgendwas nach draußen, dort versteht ihn niemand – nicht weiterkommt und man auch seine Forderungen, wie auch immer sie beschaffen sein mögen, nicht erfüllen kann, da man sie nicht versteht. Nun soll eine einfache Kabelverbindung zum Bus gelegt werden, um mit dem Täter telefonieren zu können. Allerdings müssen das Kabelende und das Telefon von einem Kollegen an den Bus gebracht werden – ein angesichts des bisherigen Täterverhaltens, das bereits einen Toten und zwei Schwerverletzte zur Folge hatte, risikoreiches Unternehmen, welches genau geplant werden muss.

Mitten in dieser Planungsphase erhebt sich auf einmal

erneut lautes Geschrei im Bus, zunächst vom Täter, dann auch wieder von einigen Geiseln. Ich blicke abermals um die Ecke des Baucontainers, kann aber nichts erkennen. Wir hören wieder die sich überschlagende Stimme des Täters, dann das weinerliche Rufen einer Frauenstimme, bis diese durch einen weiteren Schuss abrupt abbricht. Wir schauen uns an und wissen sofort, dass sich im Inneren des Busses ein weiteres Drama abgespielt hat, und wir können nach wie vor nicht eingreifen, weil der Täter immer noch nicht zu sehen ist.

Ich melde über Funk: »Hier Peter. Im Bus ist wieder ein Schuss gefallen.«

Sofort ergänzt einer unserer Beobachter, welcher von vorne durch die Frontscheibe ein wenig in die Tiefe des Busses hineinschauen kann: »Der Täter hat soeben eine Frau erschossen.«

Zunächst herrscht daraufhin absolute Stille, dann meldet sich Fritz, der Führer der Notangriffskräfte: »Ich kann das bestätigen, wir haben das hier auch gehört.«

Fritz liegt mit seiner Gruppe etwa 25 Meter vom Heckfenster des Busses im Sichtschutz eines großen Gebüschs und hat die ebenfalls wenig beneidenswerte Aufgabe, im Falle seines Einsatzes durch dieses Fenster in den Bus einzudringen und zu retten, was zu retten ist. Aber da der Täter ja vermutlich über Sprengmittel verfügt, halten wir diesen Einsatz für ziemlich unwahrscheinlich. Wir sollten uns alle irren …

Die letzten, uns alle in ohnmächtige Wut versetzenden Ereignisse im Bus sind gerade mal zehn Minuten her, wir haben uns wieder in unsere Warteposition gehockt, als wir plötzlich Piets trotz allem ruhige Stimme im Funk hören: »Achtung, Täter vorne im Sichtbereich, Schützen raustreten – und Feuer!«

Wie der Blitz sind die beiden Gewehrschützen aus ihrer Deckung heraus, diesmal ist der Täter noch vorne im Führerstand des Busses zu erkennen, ich sehe ihn ebenfalls, als ich um die Ecke des Containers blicke. Schemenhaft kann ich durch die Seitenscheibe des Busses einen schwarz gekleideten Oberkörper erkennen und einen Kopf, der von einer schwarzen Sturmhaube verdeckt wird.

Max und Josef eröffnen beinahe gleichzeitig das Feuer, und ich wundere mich fast, dass mir das Schussgeräusch der beiden HK G3 K überhaupt nicht so laut vorkommt, wie es sonst, beispielsweise auf dem Schießstand, der Fall ist – und das, obwohl Otto und ich keinen Gehörschutz tragen. Seltsamerweise erfasst mich trotz des Wissens um die Endgültigkeit der nun kommenden Ereignisse eine große Ruhe, obwohl ja eigentlich das Gegenteil der Fall sein müsste. Ich registriere, wie nach den ersten Schüssen der Täter aus meinem Sichtfeld verschwindet, vermutlich weil er zu Boden gefallen ist. Die beiden Schützen verlagern ihr Feuer sofort auf den Bereich hinter dem Fahrersitz und schießen wie vereinbart auf diese Position Sperrfeuer. Ich nicke Otto kurz zu, und wir verlassen beide unsere Deckung im Laufschritt. Wir laufen im Rücken des schießenden Max vorbei und dann in einer geraden Linie direkt auf die Fahrertür des Busses zu, um nicht aus Versehen seine Feuerlinie zu kreuzen. Jetzt zahlen sich unsere vielen Stunden intensiven Trainings mit scharfem Schuss aus, denn obwohl Max' und Josefs Geschosse nur knapp einen Meter von uns ihren Weg in Richtung Bus finden, irritiert das Otto und mich in keiner Weise. Wir erreichen die Fahrertür unangefochten und nehmen gar nicht wahr, dass Max und Josef das Feuer einstellen. Ich betätige den Türöffner der Fahrertür mit meiner linken Hand, während ich mit der Rechten bereits mit der Pistole durch das Seitenfenster in den Bus hinein sichere. Und leider bestätigt sich in diesem durchaus entscheidenden Moment einmal mehr unsere altbekannte These, dass das, was man nicht selbst ausprobiert und gesehen hat, nicht als tatsächlich gegeben hingenommen werden kann. Dies gilt bedauerlicherweise insbesondere auch für die Aussagen von sogenannten »Experten«. Während ich nämlich den Türöffner betätige, stelle ich fest, dass die Tür, was ja eigentlich laut Aussage unseres zu Rate gezogenen Spezialisten nicht sein kann, von innen verriegelt ist.

Ich rufe dem neben mir stehenden Otto zu: »Verschlossen!« Otto greift sofort zu dem Schlagstock, den er in seiner Schutzweste mitführt. Entschlossen schlägt er mit dem Griff dieses PR-24 in die Seitenscheibe. Während das Glas zersplittert, sehe ich, wie an der hinter dem Fahrersitz befindlichen, durch die Schüsse zerstörten Scheibe der Oberkörper einer Frau erscheint, die sich offensichtlich in totaler Panik kopfüber aus dem Bus stürzen will. Um das zu verhindern, schreie ich sie an: »Wir sind von der Polizei, der Täter ist tot, bleiben Sie drin, wir kommen rein.« Obwohl ich natürlich gar nicht weiß, ob der Täter tatsächlich tot ist, scheinen meine Worte doch die gewünschte Wirkung zu haben, die Frau gibt ihr Vorhaben auf und verbleibt im Inneren des Busses.

Otto hat nach zwei schnellen Schlägen gegen die Seitenscheibe ein so großes Loch geschlagen, dass ich mit meiner linken Hand hindurchgreifen kann. Und obwohl ich den Mechanismus nicht kenne, da ich ihn nicht vorher ausreichend erproben konnte und die Gesamtsituation alles andere als förderlich für feinmotorische Bewegungen ist, gelingt es mir, die Türverriegelung zu öffnen. Was Otto und ich in diesem ganzen Chaos aber nicht mitbekommen haben, ist die Tatsache, dass Wilhelm, der neben Piet am Fenster der Messehalle den Verlauf des Zugriffs beobachtet, den Notangriff auslöst, als er unsere Verzögerung an der Tür wahrnimmt. Und so laufen von hinten Fritz' Männer aus ihrer Deckung an das zerstörte Heckfenster des Busses heran, allerdings ohne dass wir dies von unserer Position aus sehen können.

Ich klettere die Einstiegsstufe an der Fahrertür empor und fühle Ottos Hand auf meiner Schulter, zum Zeichen, dass er sich unmittelbar hinter mir befindet. Der tote Busfahrer ist von seinem Sitz nach rechts in den Mittelgang gerutscht, und während ich vorsichtig über ihn hinwegklettere und gleichzeitig sowohl nach dem Täter als auch nach versteckten Drähten, die als Auslöser für den im Bus verbauten Sprengstoff dienen könnten, Ausschau halte, sehe ich den Täter bereits etwa einen Meter von mir entfernt im Mittelgang liegen. Er bewegt sich nicht, und eine Faustfeuerwaffe liegt unmittelbar neben ihm am Boden, in Griffweite seiner geöffneten rechten Hand. Im Bus herrscht unglaublicher Lärm, alle Passagiere schreien in Panik durcheinander, während es uns kaum gelingt, mit unseren eigenen Stimmen gegen den Lärm anzukämpfen: »Polizei! Die Situation ist unter Kontrolle! Bleiben Sie sitzen! Köpfe runter!«

Da ich am Boden keine gespannten Drähte bemerkt habe, bewege ich mich auf den am Boden liegenden Täter zu. Meine Pistole bleibt auf seinen Kopf gerichtet, und ich bin bereit, sofort abzudrücken, falls er sich auch nur ein bisschen regen sollte. Während Otto hinter mir die übrigen Insassen des Busses im Auge behält, schiebe ich zunächst die Waffe des Täters aus dessen Reichweite und trete dann mit dem Fuß darauf. Ich sehe, wie sich ein Blutstrom von seiner Kopfseite durch die Sturmhaube einen Weg auf den Mittelgang bahnt und dort eine immer größer werdende Lache bildet. Ich gehe in die Knie, ziehe die Sturmhaube nach oben und blicke in starre Pupillen – alles klar, der Täter ist tot.

Während ich in der Hocke bin, springt der erste Mann von Fritz' Notangriffsteam durch das zerstörte Heckfenster in das Innere des Busses. Jetzt entsteht für Otto und mich eine äußerst brenzlige Situation. Die Kollegen gehen mit Sicherheit davon aus, dass unser Zugriffsplan nicht funktioniert hat, denn sonst wäre der Notangriff nicht ausgelöst worden. Sie wissen vermutlich nicht, dass Otto und ich uns bereits im Bus befinden, und da der Täter und wir gleichermaßen dunkel gekleidet sind, ist in dieser hochgradig hektischen Situation eine Fehleinschätzung mit gegebenenfalls fatalen Folgen möglich. Da helfen auch unsere TIG-Helme nicht, durch die wir uns ja eindeutig von dem Täter unterscheiden. Immer mehr Kollegen des Notangriffsteams springen durch das Fenster in das Innere des Busses, und der vorderste nimmt mich mit seiner Maschinenpistole ins Visier und brüllt laut: »Polizei, nicht bewegen!« Vermutlich hat er Otto, der hinter mir steht, und den toten Täter zu meinen Füßen noch gar nicht registriert. Ich bewege mich tatsächlich nicht und rufe nur mit betont gleichgültig klingender Stimme: »Alles klar, Kollege, der Täter ist tot und liegt hier.«

Offensichtlich registriert der Kollege meine Worte trotz des großen Stresses, in dem er sich befindet, denn die bedrohlich auf mich gerichtete Maschinenpistole senkt sich nun auf den am Boden liegenden Täter, und während die Mitglieder des Notangriffsteams sich langsam nach vorn zu Ottos und meiner Position vorarbeiten, blicke ich erneut auf den Toten, der eine sogenannte Geräteweste über seiner schwarzen Kleidung trägt. Aus den Taschen dieser Weste schauen rote, mit Kabeln versehene zylinderförmige Gegenstände heraus, die auf den ersten Blick wie Dynamitstangen aussehen. Wir erkennen, dass es sich dabei wohl um Holzattrappen handelt. Wir sehen ferner, dass der Täter überall in den Gepäcknetzen über den Köpfen der Passagiere ähnliche Zylinder verstaut und mit Kabeln untereinander verbunden hat. Eine perfekte Täuschung.

Ich betätige den Sprechknopf meines Funkgeräts: »Hier Peter. Bus unter Kontrolle, Täter ex, Sprengstoff vermutlich Attrappe. Evakuierungskräfte und Entschärfer zum Bus.«

»Verstanden, Kräfte sind unterwegs«, antwortet mir die Befehlsstelle.

Die Evakuierung der völlig verängstigten Insassen des Busses erfolgt dann schnell und reibungslos, und auch die Entschärfer geben nach kurzem Blick auf den vom Täter verwendeten »Sprengstoff« Entwarnung. Es handelt sich hierbei tatsächlich um Attrappen. Ich gehe danach mit Otto noch einmal durch den leeren Bus – ein nunmehr verlassener sogenannter »Tatort«, den sich alsbald die Kollegen der Spurensicherung vorknöpfen werden. Im hinteren Bereich des Busses sehe ich den toten Körper einer Frau mittleren Alters zusammengesunken auf einer Sitzbank liegen: das letzte Opfer des Täters, nur zehn Minuten, bevor wir den Bus gestürmt haben. Natürlich bin ich froh und erleichtert, dass es vorbei ist, aber ich kann überhaupt nicht sagen, wie ich mich jetzt genau fühle. Als ich den toten Körper der Frau betrachte, weiß ich aber, dass es kein Gefühl des Erfolges ist …

Was nun folgt, ist Routine. Alle am Einsatz beteiligten Kollegen müssen zu Untersuchungszwecken ihre Waffen abgeben. Dies ist notwendig, um festzustellen, wie genau der Täter ums Leben gekommen ist. Zu diesem Zweck versammeln wir uns alle in einem separaten Teil der Messehalle und übergeben den zuständigen Beamten der Kriminalpolizei unsere verwendeten Gewehre und unsere anderen mitgeführten Waffen. Hans und Wilhelm müssen dem Polizeiführer ausführlich Rede und Antwort stehen und ihn über den genauen Ablauf des Zugriffs in Kenntnis setzen, schließlich muss das Innenministerium en détail über den Ablauf des Einsatzes informiert werden, und nicht zuletzt verlangt auch die Presse eine erschöpfende Erklärung zu diesem spektakulären und folgenschweren Kriminalfall.

Wir aber, die unmittelbar beteiligten SEK-Beamten, packen unser Einsatzequipment zusammen und fahren zurück zu unserer Dienststelle. Dort erfolgen natürlich umfangreiche Nachbesprechungen. Wir beleuchten noch einmal schonungslos Zug um Zug unseres Vorgehens, unsere Fehler und auch die Dinge, die gut gelaufen sind. Grobe Versäumnisse haben wir uns nicht vorzuwerfen. Letztlich kommen wir bei unseren Betrachtungen zu dem Schluss, dass durch unser Eingreifen 22 Menschen aus höchster Lebensgefahr gerettet wurden, und nicht, dass zwei Menschen ihr Leben verloren haben. Es hätten weitaus mehr sein können.

***

Das Motiv des Täters liegt bis heute im Dunkeln. Er stammte aus der ehemaligen Sowjetunion und war jüdischen Glaubens. Um was es ihm ging, ob er vielleicht durch die von ihm heraufbeschworenen Ereignisse nur seinen eigenen Tod provozieren wollte – wir werden es nie erfahren.

Jedenfalls war dieser Einsatz einer der heikelsten und risikoreichsten in meiner an derartigen Situationen bestimmt nicht armen Laufbahn. Alle Kollegen, die den Bus in der damals bekannten Situation betreten haben, taten dies in der Gewissheit, dass der Täter den Bus und alle Insassen durch Zündung des vermuteten Sprengstoffs zur Explosion hätte bringen können. Dass sich diese Gewissheit im Nachhinein als unbegründet herausgestellt hat, ändert nichts an den Voraussetzungen, unter denen wir handelten.

Dies gilt vor allem auch für die Angehörigen des Notangriffsteams, die, obwohl mit noch weniger Informationen versorgt als Otto und ich, doch keine Sekunde gezögert haben, um das Allerschlimmste unter Einsatz ihres Lebens zu verhindern. Ihnen allen gilt mein allergrößter Respekt.

Leider hat es von offizieller Seite niemand für nötig befunden, sich bei den beteiligten Beamten auch nur zu bedanken. Nicht, dass wir so etwas in irgendeiner Weise erwarten würden, aber ich glaube, dass es generell nach Einsätzen, in denen die beteiligten Beamten Leib und Leben über Gebühr riskiert haben, eigentlich eine moralische Verpflichtung für das verantwortliche Ministerium sein sollte, in irgendeiner Weise Anerkennung zu bezeugen. Dass es auch anders geht, machte uns ein Schreiben der japanischen Botschaft deutlich, die sich offiziell für die Rettung von zwei im Bus befindlichen japanischen Staatsangehörigen bei uns bedankt hat. Des Weiteren fanden wir auf den Tag genau ein Jahr nach den hier beschriebenen Ereignissen eine kleine Anzeige in einer großen Tageszeitung:

28. Juli 1995
Geiselnahme auf dem Messegelände

An das **SEK** und alle, die an dem Tag im Einsatz waren.

DANKE

für die Rettung von 22 Menschen,
für die Bereitschaft, das eigene Leben zu riskieren,
für die selbstlose Hilfe.

C. S. **L. K.**

Ich glaube, nichts macht die Gründe für den Entschluss deutlicher, SEK-Beamter zu werden und möglicherweise sein Leben zu riskieren.

Das ist es allemal wert!

EIN VERHÄNGNISVOLLER TAG IM JUNI

»Was wir brauchen, sind ein paar verrückte Leute,
seht euch an, wohin uns die Normalen gebracht haben.«
George Bernhard Shaw

Wieder einmal sind wir unterwegs zu einem unserer regelmäßigen Schießtrainings, diesmal zu einem Schießstand der Bundeswehr. Auf dem Programm steht das Schießen mit »Langwaffen«, also mit Gewehren. Aufgrund der hohen Durchschlagskraft dieser Waffen ist das Schießen mit ihnen auf normalen Polizeischießständen nicht erlaubt, und wir müssen für unser Training mitunter sehr weite Fahrstrecken absolvieren, um geeignete Übungsstätten zu finden. Keiner von uns ahnt auch nur im Entferntesten, dass dieser Tag das Leben unseres Ausbildungsleiters und meines engen Freundes Piet entscheidend verändern wird. Und nicht nur seines, sondern auch das jedes einzelnen Mannes unserer Einheit.

Piet ist für unser Kommando und auch weit darüber hinaus so etwas wie der einsatztaktische Vordenker. Schon früh hat er, insbesondere nach einem Besuch in den USA Ende der 80er Jahre, dort entwickelte, für die damalige Zeit sehr fortschrittliche Einsatztaktiken in unserer Einheit vorgestellt und gegen allerlei Widerstände auch durchgesetzt. Piet ist von scharfem Verstand, dabei unerschütterlich gutmütig, im Einsatz absolut gelassen, kaltblütig und von großem persönlichem Mut. Und mit seinem unglaublichen (schwarzen) Humor hat er mehr als einmal mein Zwerchfell überbeansprucht. Darüber hinaus hat er keinerlei Respekt vor höheren und höchsten Vorgesetzten, was ihm mehr als einmal entsprechende Konflikte eingebrockt hat. Das ist ihm aber herzlich egal, sein einziges Interesse gilt »seinen Jungs«, sprich: uns, und dass wir durch seine Arbeit auf die schwierigen Einsatzsituationen bestmöglich vorbereitet werden.

Wir beginnen unsere Ausbildung, und Piet erläutert das heutige Trainingsziel: mit der Zielfernrohrvariante des Gewehrs HK G3[12] auf bewegliche Ziele zu schießen. Zu diesem Zweck hat Piet extra einen Karren konstruiert, der eine Zielscheibe aufnehmen und dann mit einem Seilzug manuell hin und her bewegt werden kann. Auf der Schießbahn liegen in einer Entfernung von 75 Metern zum Ziel immer zwei Schützen nebeneinander, die gleichzeitig feuern. Die ersten Durchgänge verlaufen störungsfrei und erfolgreich. Dann ist die Reihe auch an mir, und ich lege mich auf die braune Schießmatte aus bastähnlichem Material. Mein Vorgänger hat mich darüber informiert, dass sich noch fünf Schuss im Magazin befinden und die Waffe »geladen und gesichert« ist. Das bedeutet, dass auch noch ein Schuss im Patronenlager des Gewehres steckt und die Waffe somit feuerbereit ist, sobald der Sicherungshebel umgelegt wird. Ein kurzer Blick auf die Stellung des Sicherungshebels bestätigt mir seine Angabe, und so lege ich mich auf den Bauch, nehme das Gewehr auf, ziehe die Schulterstütze in die Schulter ein und blicke zunächst probeweise durch das Zielfernrohr.

Für jemanden, der noch nie durch ein Zielfernrohr geblickt hat, mag es einfach erscheinen, ein Ziel mittels dieser Zielhilfe anzuvisieren. Dies ist jedoch nicht der Fall. Es bedarf zunächst einiger Übung, überhaupt den korrekten Blick durch das Zielfernrohr zu entwickeln. Schaut man

12 Damals existierte das HK G3 auch noch in einer Version mit Zielfernrohr. Bis zur Ablösung durch das reine Präzisionsschützengewehr HK PSG1 wurde diese G3-Version auch für Präzisionsschützeneinsätze verwendet. Danach diente es im Wesentlichen zur Absicherung von eigenen Kräften, etwa wenn damit gerechnet werden musste, dass auf die sich einem Zielgebäude nähernden SEK-Kräfte aus dem Haus heraus geschossen werden würde. Da das G3 kleiner war als das PSG 1, war es in einer solchen Situation für den Schützen einfacher mitzuführen.

beispielsweise nicht in geradem Winkel durch die Optik, so können sehr schnell (und meistens leider unbemerkt) Zielfehler entstehen, die im Einsatzfall möglicherweise zu einem Fehlschuss mit fatalen Auswirkungen führen können. Gleiches gilt natürlich auch für falsche Entfernungseinstellungen zum Ziel, welche üblicherweise nach einer Messung mit einem Entfernungsmesser am Zielfernrohr eingestellt werden müssen. Ein weiterer Nachteil des Zielfernrohrs ist, man glaubt es kaum, die starke Vergrößerung des Ziels. Visiert ein Schütze beispielsweise den Kopf eines Täters an, so kann er häufig dessen gesamten Körper und vor allem die unmittelbare Umgebung gar nicht sehen. Aus diesem Grunde arbeiten Präzisionsschützen nicht allein, sondern sind in aller Regel als Zwei-Mann-Teams unterwegs. Neben dem eigentlichen Schützen ist es der sogenannte Spotter, der mit einem Fernglas die Umgebung beobachtet und den Schützen bei der Zielfindung und Beobachtung unterstützt. Wie schwierig es ist, das korrekte Ziel anzuvisieren, zeigt sich auch auf dem Schießstand das ein oder andere Mal, nämlich dann, wenn der eifrige Schütze mit Begeisterung die Zielscheibe seines neben ihm liegenden Kollegen durchlöchert, ohne dies zu bemerken.

Heute allerdings sollte dieser Umstand zu einem viel tragischeren Ergebnis führen, doch noch gilt für uns alle die übliche Trainingsroutine.

Piet steht am äußersten linken Rand des großen Sandhügels, der als Kugelfang für die Geschosse dient. Er hält den Seilzug in Händen, mit dem er den Karren, auf dem die Zielscheibe befestigt ist, quer zu unserer Schießrichtung bewegt.

Bei einer »normalen« Schießausbildung, wie sie bei der Polizei oder auch der Bundeswehr durchgeführt wird, ist es undenkbar, dass sich eine Person überhaupt nur in der Nähe der einschlagenden Geschosse aufhalten darf. Bei dem Training von Spezialeinheiten ist dies aber nicht nur unvermeidlich, sondern darüber hinaus auch überaus wichtig. Bei jedem Einsatzfall kann es sich als notwendig erweisen, dass Kollegen, die sich unmittelbar hinter- oder nebeneinander befinden, gleichzeitig das Feuer auf erkannte Ziele eröffnen müssen. Daher muss jeder Beamte im Training auch das Gefühl kennenlernen, wie es ist, wenn Waffen in seiner unmittelbaren Nähe abgefeuert werden oder die Geschosse aus den eigenen Reihen dicht an ihm vorbeifliegen. Nur so kann er eigene Sicherheit und das Vertrauen in die Fähigkeiten seiner Kollegen gewinnen und wird nicht von seiner Aufgabe abgelenkt. Dass dies mit einem erhöhten Risiko für die Gesundheit oder sogar das Leben der Trainierenden verbunden sein kann, versteht sich von selbst, jedoch ist jedem SEK-Beamten bewusst, wie gefährlich sein Job ist – auch und gerade wegen des anspruchsvollen Trainings. Es sei hier ergänzt, dass die meisten schweren Verletzungen von Beamten der Spezialeinheiten beim Training und nicht im Einsatz vorkommen. Ohne ein solches praxisorientiertes Training jedoch sind die Selbstgefährdungen in einem potenziellen Einsatzfall noch weitaus gravierender. Durch mangelndes Training können Situationen entstehen, in denen sowohl die eigenen Leute als auch unbeteiligte Dritte (Geiseln) unnötig in Lebensgefahr geraten, vom Täter ganz zu schweigen.[13]

Daran denke ich natürlich jetzt nicht, während ich durch das Zielfernrohr blicke und die noch in der äußersten rechten Ecke des Schießstandes stehende Schießscheibe ins Visier nehme. Bei der Scheibe handelt es sich um die Umrisslinie eines menschlichen Oberkörpers mit Kopf. Das Ziel

---

13 Auf die zunehmende »Bürokratisierung« innerhalb der Polizei und damit auch der Spezialeinheiten, insbesondere in den letzten zehn Jahren, gehe ich noch im letzten Kapitel ein, jedoch sei an dieser Stelle schon einmal gesagt, dass heutzutage ein realistisches Einsatztraining, wie es von meiner Einheit bis etwa Ende der neunziger Jahre praktiziert wurde, aufgrund der politischen Vorgaben und der Angst vor medienwirksamen schweren »Unfällen« bei eben diesem Training mittlerweile kaum noch durchführbar ist.

für die Übung ist, die in Bewegung befindliche Scheibe möglichst in den Kopfbereich zu treffen. Laut Vorgabe von Piet ist der Beginn der Bewegung des Karrens mit der Zielscheibe gleichzeitig das Kommando »Feuer frei«.

Ich ziehe die Schulterstütze des HK G3 fest in meine Schulter ein, da ich weiß, dass das Gewehr wegen seines im Vergleich zu der brisanten Munition eher geringen Gewichts einen äußerst unangenehmen und heftigen Rückschlag hat, wodurch ein zu dicht an die Optik des Zielfernrohrs gehaltenes Auge des Schützen sich schnell in das schönste Veilchen verwandeln kann. Ich lege den Sicherungshebel um und warte darauf, dass der Karren sich in Bewegung setzt. Durch das Fadenkreuz des Zielfernrohrs halte ich auf die Mitte der Kopfsilhouette an. Als sich das Gefährt mit der Zielscheibe plötzlich in Bewegung setzt, folge ich dieser Bewegung mit dem Gewehr und halte die Luft an, um zu verhindern, dass durch die Atembewegung des Körpers die Schussabgabe beeinflusst wird. Ich ziehe den Abzug ruhig und ohne Ruck nach hinten, der sehr laute Knall des Gewehrschusses wird durch meine Gehörschützer gedämpft, ist aber im Vergleich zu einem Schuss aus der Pistole immer noch viel lauter. Neben mir liegt Jack hinter dem zweiten Gewehr und schießt fast zeitgleich mit mir. Ich sichere mein Gewehr und schaue nach vorne in Richtung Kugelfang. Jack und ich stehen auf und gehen die 75 Meter nach vorn zu der eben von uns beschossenen Scheibe, an der Piet bereits die Trefferwirkung begutachtet. Mit seinem unnachahmlichen breiten Grinsen schaut er uns beide an und sagt: »Schlechter Tag für den Typen da …« Dabei deutet er mit dem Daumen auf zwei Einschusslöcher, die sich kaum einen Zentimeter voneinander entfernt in der Mitte der Kopfsilhouette befinden.

Auch Jack und ich grinsen uns an, wohl wissend, dass wir jetzt eigentlich aufhören sollten, weil uns ein besserer Schuss bestimmt nicht mehr gelingen wird. Wir schlendern zurück und entfernen uns ein wenig von der Schießbahn, um mit den Kollegen, die gerade nicht an der Reihe sind, ein Schwätzchen zu halten. Und so geht es weiter, immer zwei Kollegen gehen nach vorn, legen sich hinter die Gewehre und beschießen die sich auf dem Karren bewegende Scheibe.

Und während wir dort beisammenstehen und uns unterhalten, ertönt plötzlich von der Stelle, wo die Schützen liegen, ein Warnruf: »Nicht schießen, der Piet ist …«

Während ich mich umdrehe, ertönt ein weiterer Gewehrschuss. Was nun folgt, spielt sich für mich alles ab wie in einem Film.

Sehr viel später, nach der offiziellen Untersuchung, steht dann folgender Geschehensablauf fest.

Piet wollte offenbar die alte, durchlöcherte Schießscheibe auf dem Karren gegen eine neue austauschen und schob den Karren daher auf die Seite des Schießplatzes, wo sich die Scheiben befanden. Die Scheibe verdeckte aber seinen gesamten Körper vom Kopf bis hin zu den Knien. Der derzeit hinter dem Gewehr liegende Schütze unserer Einheit bemerkte deshalb und aufgrund der bereits beschriebenen Sichteinschränkung durch das Zielfernrohr nicht, dass sich Piet hinter der Scheibe befand und es sich nicht um den normalen Übungsablauf handelte. Der Warnruf eines Kollegen, der hinter dem Unglücksschützen postiert war, konnte die Schussabgabe nicht mehr verhindern …

Ich sehe, wie Piet rückwärts zu Boden fällt und liegen bleibt. Aber auch in diesem für uns alle schockierenden Moment »funktioniert« mein antrainiertes Verhalten, das es mir ermöglicht, nicht kopflos zu reagieren.

Während alle noch ungläubig in Richtung des auf dem Boden liegenden Piet starren, rufe ich: »Sani, komm mit! Ein Mann bleibt beim Schützen, der geht nicht mit nach vorn …« Ich will auf jeden Fall verhindern, dass der Unglücksschütze die Verletzungen, die er verursacht hat, zu Gesicht bekommt.

Unsere Einheit verfügt über mehrere Rettungssanitäter, deren Hauptaufgabe es ist, bei Verletzungen, die im Einsatz oder eben auch während der Ausbildung entstehen können, eine qualifizierte Erstversorgung des Verletzten sicherzustellen, bis der Notarzt übernehmen kann. Diese Beamten sind natürlich in erster Linie SEK-Beamte mit einer mehrwöchigen Zusatzausbildung, die im Übrigen auf einer freiwilligen Meldung hierzu beruht. Über ihren Grundkurs hinaus müssen sie jährlich ein Praktikum auf einem Rettungswagen oder in der Unfallaufnahme eines Krankenhauses absolvieren, um auf dem neuesten Stand zu bleiben.

Bert, der für das heutige Schießen als Sani eingeteilt ist, greift sich seinen Erste-Hilfe-Rucksack und rennt mit mir und den meisten anderen Männern nach vorn zur Unglücksstelle. Zwei Kollegen kümmern sich derweil um den Schützen und führen ihn hinter den Begrenzungswall der Schießbahn, sodass er keine direkte Sicht mehr auf die Unglücksstelle hat.

Als ich Piet erreiche, liegt er auf dem Rücken, und ich erkenne Blut an seinem Arm und, was viel schlimmer ist, an seiner linken Bauchseite, welches bereits das Grau des Einsatzoveralls durchtränkt hat. Der Anblick genügt mir völlig. Ich greife zu meinem Diensthandy und wähle den Notruf. Da unser Schießstand etwas abgelegen ist, verlange ich, nach kurzer Schilderung des Geschehenen, bei der Rettungsleitstelle explizit einen Rettungshubschrauber, da nur der in kürzestmöglicher Zeit eintreffen kann. Ich winke Erwin, einen jüngeren Kollegen aus meiner Gruppe, zu mir. Erwin war wie ich vor seinem Wechsel zur Landespolizei Angehöriger des Bundesgrenzschutzes. Dort ist, wie ich aus eigener Erfahrung weiß, der Transport mit Hubschraubern und auch deren Landeeinweisung im Gelände, also außerhalb von Flughäfen, Teil der Ausbildung. Das Letzte, was ich in dieser Situation jetzt möchte, ist, dass der angeforderte

Hubschrauber noch unnötig lange nach einem geeigneten Landeplatz suchen muss. Ich wende mich an den ziemlich geschockt wirkenden Erwin: »Schnapp dir einen GruKw und such dir eine geeignete Stelle aus, wo der Rettungshubschrauber landen kann. Schalte das Blaulicht ein, damit der Pilot das Ding aus der Luft erkennt, und weise ihn dann zur Landung ein, alles klar?«

Erwin ist sichtbar froh darüber, dass er nun in dieser für uns alle bescheidenen Situation eine Aufgabe hat, die er erledigen kann, und bestätigt knapp: »Alles klar.« Dann läuft er in Richtung unserer abgestellten Fahrzeuge davon.

Ich wende mich nun wieder Piet zu, der bereits von Bert, unserem Sani, untersucht wird. Piet ist ansprechbar, und mit seltsam anmutender Klarheit fragt er uns beide: »Jungs, wieso habt ihr denn auf mich geschossen?«

Bert und mir versagt zunächst die Stimme, danach höre ich mich sagen: »Piet, das war ein Unfall, die haben dich hinter der Scheibe nicht gesehen.«

Piet zeigt darauf keine erkennbare Reaktion und doziert, fast wie ein völlig unbeteiligter Beobachter, über das, was er gerade fühlt: »Ich habe einen Bauchschuss, wahrscheinlich ist meine Wirbelsäule verletzt, ich spüre meine Beine nicht mehr, und mir läuft das Blut in den Bauchraum, seltsam, ich spüre überhaupt keinen Schmerz ...«

Ich knie mich neben den Kopf meines Freundes und versuche, mit ihm zu sprechen. Um uns herum stehen alle Kollegen mit bleichen, fassungslosen Gesichtern und blicken auf den am Boden liegenden Piet. Männer, die, wie ich weiß, ohne zu zögern und freiwillig in eine Örtlichkeit hineinlaufen würden, in der ein schwer bewaffneter Straftäter auf sie wartet, sind nun den Tränen nahe.

Ich flehe Piet an: »Halt durch, Alter, der Hubschrauber ist schon unterwegs.«

Bert, der Sani, hat mittlerweile die Einschussstelle an Piets Bauch mit einem Verbandspäckchen abgedeckt und drückt die Wundauflage nun so fest auf die Wunde, wie es eben geht, um weiteren Blutverlust zu stoppen.

Piet sagt nun wieder in seiner unheimlich, wie unbeteiligt wirkenden Art und mit mittlerweile schon sehr leiser Stimme: »Jungs, das liegt nicht mehr in unseren Händen …«

Ich weiß, dass er während der letzten Jahre zum christlichen Glauben gefunden hat und sich in einer freichristlichen Gemeinde sehr engagiert. Ich habe in der Vergangenheit oft mit ihm über Glaubensfragen diskutiert, da ich selbst, wie viele Kollegen meiner Einheit, eher zu den religiösen Skeptikern gehöre, und Piet es sich offensichtlich zu seiner Aufgabe gemacht hat, gerade die skeptischen Leute von der Notwendigkeit des Glaubens, besonders in unserem Extremberuf, zu überzeugen. Doch das ist jetzt alles völlig nebensächlich. Solange Piet aus diesem Glauben die Kraft bezieht, um weiterzuleben, ist dies das Entscheidende. Denn dass die Verletzung absolut lebensbedrohlich ist, das können wir alle sehen.

Während so das Warten auf den Rettungshubschrauber ewig zu währen scheint und unsere eigene Hilflosigkeit dabei schwer zu ertragen ist, erkenne ich, dass Piets Gesicht plötzlich jene wächserne Farbe annimmt, die für Sterbende charakteristisch ist. Seine Pupillen fangen an, starr zu werden. Ich wechsele mit Bert einen schnellen Blick, wohl wissend, dass auch er nichts mehr für Piet tun kann. Das Dröhnen des im Anflug befindlichen Hubschraubers nehme ich schon gar nicht mehr wahr, als ich mich zu Piets bleichem Gesicht herunterbeuge und ihn laut anschreie. In einem Bericht über Nahtoderfahrungen habe ich einmal gelesen, dass die Betroffenen durch ihnen bekannte oder vertraute Stimmen wieder »zurück«geholt worden wären. Vielleicht ist es diese halbgare Information, vielleicht auch nur eine irrwitzige Hoffnung, die mich jetzt dazu veranlasst, Piet laut anzuschreien, ich weiß es nicht. Jedenfalls wird mir Piet sehr viel später, als ich ihn im Krankenhaus besuche, bestätigen, dass er zu diesem Zeitpunkt seine »Reise«, so wie er es ausdrückt, schon angetreten hatte. Ihn umfing, nach seiner Beschreibung, ein allgemeines Glücksgefühl, eine große Gelassenheit und keinerlei Angst vor dem Kommenden. Meine Stimme nahm er jedoch wahr, wenn auch nur aus weiter Ferne, und er sagte mir, dass diese meine Stimme ihm sogar »störend« vorkam, sie ihn aber doch auch dazu veranlasst habe, sich seiner »Reise« nicht hinzugeben ...

Der soeben eingetroffene Notarzt, der ihm assistierende Rettungssanitäter und Bert versorgen Piet noch auf dem Schießstand. Die Behandlungszeit kommt uns endlos vor. Dann wird Piet in den Hubschrauber verladen und in eine Spezialklinik geflogen.

* * *

Piet hat überlebt. Doch sein eigentlicher Leidensweg begann damit erst – und sollte sich noch über fast zehn Jahre hinziehen. Das Geschoss hatte schwerste innere Verletzungen hervorgerufen. Piet verlor eine Niere und war durch die Verletzung der Wirbelsäule von der Hüfte an querschnittgelähmt. Die schlimmste Folge aber waren die permanenten Schmerzen, die er durch die Verletzung zu erleiden hatte und die auch die hochdosierten Schmerzmittel, die er ständig einnahm, nur zeitweise lindern konnten. Medizinisch konnte Piet niemand helfen. Die Schmerzen blieben ein Teil seines restlichen Lebens. Nur sein unglaublicher Wille, sein Humor und seine einzigartige Persönlichkeit, gepaart mit seinem auch in der Verzweiflung nicht endenden Glauben an Gott, erlaubten ihm, mithilfe seiner ihn aufopferungsvoll pflegenden Frau, noch so lange am Leben zu bleiben. Ich habe mich aufgrund des grausamen Schicksals meines Freundes oft gefragt, ob es nicht besser gewesen wäre, wenn wir ihn auf der Schießbahn hätten »gehen lassen«. Piet hätte dies mit Sicherheit energisch bestritten und vermutlich behauptet, es hätte sowieso nicht in unserer Hand gelegen. Damit hat er vermutlich recht.

Für den Unglücksschützen war das Geschehen natürlich ebenfalls ein menschliches Desaster. Es gelang ihm allerdings glücklicherweise, den schrecklichen Unfall nachträglich zu verarbeiten, ohne dass er einen dauerhaften psychischen Schaden davontrug. Was ihm dabei wesentlich half, war der Umstand, dass ihn als Verursacher keine Schuld traf. Es handelte sich um eine Verkettung unglücklicher Umstände. Natürlich hatte der Kollege an seinen moralischen Selbstvorwürfen schwer zu tragen, aber seine Familie fing ihn ebenso auf wie die Gemeinschaft in unserer Einheit. Am wichtigsten war sicherlich das direkte Gespräch zwischen dem Schützen und dem Opfer im Krankenhaus, unmittelbar nachdem Piet wieder aufgewacht war. Piet hat den Schützen auch aus seiner Sicht von jeder Schuld an dem Unglück freigesprochen, und das Verhältnis der beiden zueinander war bis zum Ende ungetrübt.

Piet starb am 18. Januar 2009 an den Spätfolgen seiner schweren Verletzungen.

Ruhe in Frieden, mein Freund!

SCHWERVERBRECHER

»Viele Menschen würden eher sterben als denken,
und in der Tat: Sie tun es.«
Bertrand Russell

Und wieder das nervtötende Piepsen des Alarmierungsgerätes mitten in der Nacht. Ich blicke schlaftrunken auf den Wecker neben meinem Bett, die Leuchtziffern zeigen 1:00 Uhr, die beliebteste Zeit für Einsätze ...

Meine Lebensgefährtin neben mir regt sich gar nicht erst, für sie sind meine nächtlichen Ausflüge schon zur Routine geworden. Leise, um sie nicht weiter zu stören, greife ich nach dem kleinen blauen Kasten mit Display, der Alarm geschlagen hat. Mittlerweile ist meine Einheit zu Alarmierungszwecken mit dem Primo-System der Telekom ausgerüstet worden, welche unsere alten Eurosignalempfänger abgelöst haben. Der Vorteil dieses Alarmierungssystems ist, dass über das Display des Geräts mit der Alarmierung eine Nachricht versandt werden kann, was bei den vorherigen Modellen noch nicht möglich war. Im Wohnzimmer blicke ich auf das Display. »Leitstelle anrufen, Einsatz«, steht dort geschrieben – um diese Uhrzeit wirklich keine sensationelle Neuigkeit.

Nachts sind stets SEK-Kräfte aus verschiedenen Regionen des Landes in Rufbereitschaft. Und so ist jeder von uns in schöner Regelmäßigkeit und manchmal sehr kurzen Intervallen dran. Die Rufbereitschaft dauert jeweils eine Woche, und man kann davon ausgehen, dass einen in dieser Woche mindestens eine Alarmierung ereilt – und dann eben häufig in der Nacht. Natürlich steht uns dafür keine normale Schichtdienstzulage zu, da wir ja keinen »regelmäßigen« Schichtdienst versehen. Dass aber gerade diese unregelmäßigen und unvorhergesehenen Wechsel in der Arbeitszeit unsere Gesundheit und unseren Biorhythmus besonders beanspruchen, hat sich offensichtlich bei den Verantwortlichen bis heute noch nicht herumgesprochen …

Ich wähle die Nummer der Leitstelle und habe nach kurzer Zeit den Dienstgruppenleiter an der Strippe, einen Kollegen, den ich schon von zahlreichen Alarmierungen her kenne: »Guten Morgen, tut mir leid, dich zu wecken, aber wir haben einen Einsatz für euch.« In seiner Stimme schwingt ehrliches Bedauern mit, weil er weiß, wie häufig wir in der Nacht aus dem Schlaf geholt werden.

»Kein Problem«, antworte ich und krame nach meiner auf dem Wohnzimmertisch bereitgelegten Einsatzmappe, um mir Notizen machen zu können.

»Vor etwa einer halben Stunde kam eine Frau, vermutlich serbischer Nationalität, auf die Polizeiwache in E. und gab an, dass ihr Cousin, ein in Exjugoslawien wegen Mordes gesuchter Straftäter, sich in ihrer Wohnung aufhalten würde.«

»Ok«, sage ich abwartend, wohl wissend, dass dies noch nicht alles sein kann. Grundsätzlich müssen ja des Mordes verdächtige Personen nicht durch ein SEK festgenommen werden. Nur dann, wenn sie über Schusswaffen verfügen oder als besonders gewalttätig gelten, ist unser Einsatz unumgänglich.

Der Leitstellenbeamte ergänzt auch prompt: »Laut Aussage der Frau hat die betreffende Person im ehemaligen Jugoslawien mehrere Morde begangen, ist Kriegsteilnehmer im Bürgerkrieg gewesen und hat bei einem Aufenthalt in Frankreich einem Polizeibeamten bei einem Festnahmeversuch die Waffe abgenommen. Ob er auf den französischen Kollegen auch geschossen hat, wissen wir noch nicht. Anfrage beim BKA über die Person läuft.«

Ich pfeife leise durch die Zähne: »Na, das scheint mir ja ein sehr sympathischer Zeitgenosse zu sein.«

»Das Schlimmste kommt ja erst noch«, beeilt sich der Kollege der Leitstelle zu ergänzen, »der Typ hat laut Aussage seiner Cousine die Schusswaffe des französischen Gendarmen dabei. Und eine Handgranate ...«

»Verdammt«, denke ich bei mir, »wieso immer ich?«

Ich war mir der Tatsache irgendwie nie besonders bewusst, aber plötzlich wird mir klar, dass offensichtlich ich bei jeder Lage in unserem Bundesland und darüber hinaus, wo der oder die Täter in irgendeiner Weise mit Handgranaten oder Sprengmitteln drohen, mit meiner Anwesenheit glänzen darf. Eine mehr als zweifelhafte Ehre ...

»Und«, als wäre dies noch nicht genug, spricht der Kollege weiter, »der kleine Sohn der Frau, drei Jahre alt, befindet sich noch in der Wohnung.«

»Na, toll«, antworte ich ironisch, »ist das jetzt alles?«

»Ja, leider«, antwortet mein Gesprächspartner, »tut mir leid, dass ich keine besseren Infos für euch habe.«

»Alles klar«, antworte ich ihm, während durch meinen Kopf bereits die ersten wichtigen Entscheidungen schwirren, die jetzt zu treffen sind.

»Wartet die Zielperson darauf, dass die Frau zurückkehrt?« Meine Frage zielt darauf ab, abzuschätzen, ob der Täter durch ein längeres Fernbleiben seiner Cousine misstrauisch werden könnte, denn natürlich können wir sie in dieser Lage schwerlich wieder zurück in die Wohnung lassen.

»Die Frau sagt nein«, antwortet mir der Kollege der Leitstelle, »sie hat ihren Cousin gebeten, wo er schon mal da wäre, auf ihren Sohn aufzupassen, da sie sehr früh zur Arbeit müsse. Er hat sie oder ihren Sohn auch in keiner Weise bedroht. Sie hat den Eindruck, dass ihr Cousin einfach nur bei ihr untertauchen will. Daher habe sie ihn einfach so normal wie möglich um diesen Gefallen gebeten.«

»Schlau«, denke ich bei mir, »wenn der Typ das schluckt, stehen wir zumindest nicht unter unmittelbarem Zeitdruck.« Und sage laut: »Ganz wichtig ist, dass unsere Zielperson nicht mitbekommt, dass die Polizei im Spiel ist. Keine offenen Maßnahmen an der Zieladresse, sonst haben wir in Nullkommanichts eine Geiselnahme am Bein.«

»Hab ich bereits veranlasst«, antwortet mir der Leitstellen-DGL sofort, »ein ET verpostet die Anschrift weiträumig[14], um zumindest mitzubekommen, wenn die Zielperson das Haus verlässt.«

»Die sollen in jedem Fall mit einem Zugriff warten, bis wir da sind.« Ich sage das mit einem sehr bestimmten Unterton, weil ich ausschließen will, dass für derartige Festnahmeaktionen nicht ausreichend ausgebildete Beamte sich und vielleicht auch andere unnötig in Gefahr bringen.

»Keine Sorge, die haben ausschließlich einen Observationsauftrag, sonst nichts.«

Ich bin froh, dass ich am anderen Ende der Leitung einen erfahrenen Beamten sitzen habe, der weiß, worauf es in einer solchen Lage ankommt.

»Ich nehme an, die Frau ist noch auf der Wache in E. und für uns erreichbar?«

Natürlich möchte ich sie gern selber befragen, insbesondere zur Lage und zum Schnitt der Wohnung sowie zum genauen Aufenthaltsort der Zielperson und des kleinen Jungen.

»Könnt ihr dafür sorgen, dass die Frau in die Nähe der Zielwohnung gebracht wird? Wir werden selbstverständlich so schnell wie möglich dorthin verlegen, und ich will keine unnötige Zeit verlieren.«

»Kein Problem«, antwortet mir mein Kollege, »sonst noch was?«

---

14 »Verposten« bezeichnet im Polizeijargon das verdeckte Beziehen bestimmter Beobachtungspositionen, um sicherzustellen, dass niemand unbemerkt den beobachteten Bereich verlassen kann. In diesem Fall ist es also ein Einsatztrupp von Zivilbeamten, der in einigem Abstand um das betreffende Gebäude herum Position bezieht.

»Ja. Alarmiere bitte meine RB-Gruppe und sag denen, die sollen so schnell wie möglich zur Dienststelle kommen. Ferner brauche ich einen Notarzt am Zielobjekt – den aber bitte so postieren, dass er von dort nicht gesehen wird.«

»Notarzt ist bereits veranlasst«, antwortet mir der Kollege der Leitstelle, »und wird vom Führer des ET in Empfang genommen.«

»Prima«, antworte ich, »ich fahr jetzt auch los und melde mich wieder, wenn ich auf der Dienststelle bin.«

Und schon springe ich in meine vorbereiteten Klamotten und fahre so schnell wie möglich zu meiner Dienststelle.

Dort angekommen, erwarten mich bereits ein paar schon eingetroffene Kollegen, die unsere Fahrzeuge aus der Garage geholt und ihre persönliche Einsatzausrüstung ebenfalls bereits verstaut haben. Bis der letzte Kollege meiner Einsatzgruppe eintreffen wird, versuche ich noch einmal ein paar neuere Informationen zu bekommen und rufe erneut die Leitstelle an. Neuere Informationen gibt es derzeit aber nicht, die Kollegen des ET, die das Wohnhaus beobachten, melden keine nennenswerten Erkenntnisse, im Haus ist es komplett dunkel, und auch in der Zielwohnung, die in der ersten Etage des Mehrfamilienhauses gelegen ist, brennt kein Licht. Der Kollege der Leitstelle teilt mir ferner mit, dass der für diesen Einsatz zuständige Polizeiführer, Kriminaloberrat Schnitzler, der ebenfalls zu Hause alarmiert wurde, in wenigen Minuten auf der Leitstelle eintreffen und die Gesamtführung des Einsatzes übernehmen wird.

Da wir mittlerweile vollzählig sind und ich so schnell wie möglich zum Ort des Geschehens fahren will, sage ich dem Leitstellenbeamten, dass ich mich sofort beim Polizeiführer melden werde, wenn ich mir vor Ort einen Überblick verschafft habe. Danach lege ich auf und informiere meine Kollegen über den Sachstand, soweit er mir bisher bekannt ist. Als ich ihnen berichte, dass die Zielperson Kriegsteilnehmer und offensichtlich mit allen Wassern gewaschen ist, dass sie in Exjugoslawien wegen Mordes gesucht wird, im Besitz einer Pistole und mindestens einer Handgranate, also demnach als äußerst gefährlich einzustufen ist, ernte ich zunächst Schweigen. Schließlich unterbricht Max – natürlich, wer sonst – die ernste Stimmung: »Tjaaa, das ist ja so wie einer von Piets leichteren Trainingsdurchgängen, fehlt eigentlich noch der Raketenwerfer, aber im Prinzip …«

Wir alle fangen laut an zu lachen. Ich bin stolz auf diese Jungs!

Vor Ort stellen wir unsere Fahrzeuge in einiger Entfernung zum Zielobjekt ab. Da wir alle, wie übrigens bei den meisten Einsätzen, zivile Kleidung tragen, können wir uns auch auf der Straße relativ unauffällig bewegen. Die frühe Morgenstunde tut ein Übriges dazu, denn die Straßen rund um das Zielobjekt sind menschenleer. Ich beauftrage meine Kollegen, sich einsatzbereit zu machen, da es ja durchaus sein könnte, dass unsere Zielperson das Gebäude verlässt. Dann möchte ich vorbereitet sein …

Während dies geschieht, begebe ich mich zunächst zu dem Einsatzleiter des ET, der in einem der Nachbarhäuser bereits eine Wohnung gefunden hat, die uns der Wohnungsinhaber trotz der nächtlichen Stunde dankenswerterweise zur Nutzung überlassen hat. Wir schütteln uns kurz die Hand, und er berichtet: »Die Wohnung ist im ersten Stock links, wenn man die Treppe hochkommt. Dort hat während der gesamten Zeit, in der wir hier in Position sind, kein Licht gebrannt, und es hat sich auch nichts gerührt, wie übrigens in dem ganzen Haus nicht.«

»Aber ihr wart noch nicht im Hausflur?«, frage ich den ET-Leiter.

»Nein, wir haben, wie abgesprochen, das Haus nicht betreten, sondern nur beobachtet.«

»Alles klar«, sage ich, »ist die Frau mittlerweile hier eingetroffen? Ich würde sie gern noch persönlich sprechen.«

»Die sitzt bei den uniformierten Kollegen in einem VW-Bus, ein Stück weiter weg, ich kann dich dorthin bringen.«

Gemeinsam mit dem ET-Leiter gehe ich zu dem Einsatzfahrzeug der uniformierten Beamten, welches außerhalb des Sichtbereichs des Zielobjektes in einer Seitenstraße steht. Die Frau ist natürlich aufgrund der Sorge um ihren kleinen Sohn, der sich noch in der Wohnung befindet, überaus erregt und kann kaum einen klaren Gedanken fassen. Ich versuche, sie zu beruhigen und ihr klarzumachen, dass wir alles versuchen werden, um ihr Kind heil aus dieser Situation herauszuholen. Letztlich gelingt es mir, ihr zumindest begreiflich zu machen, dass jede Information über das Innere der Wohnung für uns äußerst bedeutsam sein kann. Ich bekomme von ihr einen grob gezeichneten Grundriss und erfahre, dass sie bei ihrem mehr oder weniger überstürzten Verlassen der Wohnung die Tür nicht abgeschlossen, allerdings in der Hektik auch vergessen hat, ihren Schlüsselbund samt Haustürschlüssel mitzunehmen.

Dies ist eine schlechte Nachricht, denn bisher hatte ich gehofft, dass wir mithilfe ihres Schlüssels möglicherweise leise und unerkannt sowohl die Haus- als auch die Wohnungstür der Zielwohnung hätten öffnen können. Am liebsten würde ich laut fluchen, lasse mir aber weiter nichts anmerken. Ich erfahre ferner, dass die Zielperson sich im Wohnzimmer aufgehalten hat und dort auch ihr Nachtlager habe aufschlagen wollen. Bei der Wohnungstür handelt es sich offenbar nur um eine einfache Holztür ohne besondere Sicherungseinrichtungen. Aha, gut für uns: Sie dürfte also beim gewaltsamen Öffnen kein großes Hindernis darstellen.

Ich frage weiter, ob sie die Pistole und die Handgranate, von denen sie uns berichtet, mit eigenen Augen gesehen hat. Ja doch, er habe beide Gegenstände griffbereit auf dem Wohnzimmertisch abgelegt, ohne allerdings mit ihrem Einsatz zu drohen. Die Handgranate beschreibt sie als eiförmigen, dunkelgrünen Gegenstand mit einer geriffelten

Oberfläche. Diese Beschreibung genügt mir, um sicherheitshalber davon auszugehen, dass wir es tatsächlich mit einem solchen Sprengkörper zu tun haben. Welcher Art und aus welcher Produktion die Handgranate ist, ob es sich eventuell um ein Eigenlaborat[15] oder auch nur um eine Attrappe handelt, ist für mich zweitrangig. Ich habe mir im Laufe meiner Tätigkeit beim SEK angewöhnt, immer von der schlechtesten aller denkbaren Möglichkeiten auszugehen und das zur Grundlage meiner Zugriffsplanungen zu machen. Sollte sich die Situation dann im Nachgang als positiver herausstellen: um so besser!

Zuletzt beschreibt mir die Frau noch, dass ihr kleiner Sohn, als sie die Wohnung verließ, in dem an das Wohnzimmer angrenzenden Kinderzimmer geschlafen hatte. Hierbei bricht sie in Tränen aus und macht sich Vorwürfe, ihren Jungen in der Wohnung allein gelassen zu haben. Ich versuche, beruhigend auf sie einzuwirken, indem ich ihr klarmache, dass sie gar keine andere Wahl gehabt hat. Ihr Cousin hätte sie bestimmt nicht gehen lassen, wenn sie versucht hätte, ihren Sohn mitzunehmen.

Alles kommt nun darauf an, dass die Zielperson nicht doch noch mitbekommt, dass die Polizei bereits vor der Haustür steht, und vor allem, dass wir keine Zeit verlieren, die unser Gegenüber möglicherweise doch noch misstrauisch machen könnte.

Ich betätige mein Funkgerät und informiere kurz meine Gruppe, die mittlerweile mit ihren Einsatzvorbereitungen fertig sein müsste. Wie immer funken wir auf einem eigenen

15 Das ist die Bezeichnung für ein selbst hergestelltes Sprengmittel, das also nicht aus industrieller Produktion stammt. Gerade in Kriegsgebieten wie dem ehemaligen Jugoslawien sind solche Eigenlaborate häufig anzutreffen. Bei ihnen sind die Zündvorrichtungen häufig nicht berechenbar. So kann zum Beispiel die Verzögerungszeit beim Wurf einer selbstgebauten Handgranate deutlich kürzer oder länger ausfallen, als es die üblichen drei bis fünf Sekunden bei industriell gefertigten Modellen sind. Der Sprengkörper ist daher für Werfer und Beworfene nicht berechenbar und sehr gefährlich.

Kanal, sodass meine Durchsage nur meine SEK-Kollegen hören können: »Hier Peter an alle. Schlechte Neuigkeiten. Wir haben keinen Haustürschlüssel, und die Bewaffnung wurde von der Wohnungsinhaberin gerade noch mal bestätigt. Der Bursche hat eine Faustfeuerwaffe und mindestens eine Handgranate. Max, ich brauche dich für eine Inspektion des Haustürschlosses, vielleicht bekommen wir die Tür ja doch irgendwie leise auf. Ich möchte auf keinen Fall in dem Haus irgendeine Bewegung haben, die unseren Typen noch mucker macht. Daher scheidet ein Anruf bei irgendeinem Nachbarn auch aus. Wir treffen uns an der KW.«

»Hier Max«, antwortet dieser sofort, »bin auf dem Weg – und zu deiner Kenntnis: Wir sind einsatzklar.«

Damit ist zumindest gewährleistet, dass die Zielperson das Haus nicht mehr verlassen kann. Ich mache mich zurück auf den Weg zur KW, um mich dort mit ihm zu treffen. Wie die meisten SEK-Beamten hat auch Max mehrere Zusatzausbildungen absolviert. Er ist sowohl Präzisionsschütze als auch sogenannter Öffnungstechniker, das heißt, er hat, wie ich übrigens auch, eine Sprengbefähigung erworben und ist in der Lage, Türen auf verschiedene Art und Weise zu öffnen – zur Not eben auch durch den Einsatz von Sprengstoff. Das kommt in unserem Fall aber nicht in Frage. Der Zeitraum von der Detonation an der Haustür unten bis zum Erreichen der Zielwohnung in der ersten Etage wäre viel zu groß, die Zielperson hätte alle Zeit der Welt, die Handgranate gegen uns einzusetzen oder auch den kleinen Jungen im Nachbarzimmer als Geisel zu nehmen. Das heißt: Jedes laute Vorgehen bis zum Bereich der Wohnungstür verbietet sich für uns komplett. Wenn wir wie jetzt die Beschaffenheit von Türen zwecks deren gewaltsamer Öffnung beurteilen, so machen wir das in aller Regel zu zweit. Die Regel – vier Augen sehen mehr als zwei – hat sich schon sehr oft bewahrheitet, und ich will in dieser heiklen Situation in jedem Fall auf Max' Sachverstand nicht verzichten.

Ich leuchte mit einer trüben Rotlichtlampe auf den Türschlossbereich der Haustür unseres Zielobjektes. Deren schwacher Lichtkegel reicht zwar aus, um die nächste Umgebung zu beleuchten, der Lichtschein ist aber wegen der geringen Streuung bereits nach ein paar Metern von außen kaum noch zu bemerken. Dies wäre bei der Nutzung von Weißlicht ganz anders. Außerdem hat das Rotlicht die Eigenschaft, die Nachtsichtfähigkeit der Augen nicht zu beeinträchtigen. Jeder kennt ja das Phänomen, dass die Augen sich den Bedingungen der Umgebung umso besser anpassen, je länger sie ihnen ausgesetzt sind. Steht man zum Beispiel nachts in freier Natur, so kommt einem nach einer Weile das gedämpfte Licht der Sterne und des Mondes so hell vor, dass man auch ohne Lampe die eigene Umgebung recht gut wahrnehmen kann. Schaltet man jedoch eine Taschenlampe mit weißem Licht ein, ist alles außerhalb des Lichtstrahls viel dunkler als zuvor. Das weiße Licht behindert die natürliche Nachtsichtfähigkeit des Auges, und deren volle Rückkehr dauert nach einer Einwirkung durch weißes Licht leider bis zu zwanzig Minuten und mehr. Die Nachtsichtfähigkeit der Augen wird aber durch die Nutzung von Rotlicht gerade eben nicht behindert.

Max und ich untersuchen den Schlossbereich der Haustür sorgfältig, und er bewegt vorsichtig die Tür durch leichten Druck im Rahmen. Bei der Haustür handelt es sich um eine in Mietshäusern häufig anzutreffende Aluminiumtür mit einem Einsatz aus Drahtglas. Diese Türen machen auf den ersten Blick einen nicht sehr stabil wirkenden Eindruck, tatsächlich aber sind sie aufgrund der federnden Eigenschaften des Materials nicht einfach gewaltsam zu öffnen, wie wir in der Vergangenheit leider schon häufiger feststellen mussten.

Max beendet seine Untersuchung an der Tür, dreht sich zu mir um und hält seinen Daumen in die Höhe, um mir zu signalisieren, dass er fertig ist. Eng an die Hauswand gedrückt verlassen wir den Bereich des Hauseingangs wieder in Richtung unserer KW. Nach wie vor hat sich im gesamten Haus nichts gerührt, und auch in unserer Zielwohnung ist an den Fenstern, die zur Straße hin liegen, kein Licht und keine Bewegung zu erkennen. Insgeheim hoffen wir natürlich alle, dass sich unser Mann zur Ruhe begeben hat und wir ihn möglicherweise im Schlaf überraschen können, was sicherlich für alle Beteiligten am besten wäre.

Nachdem wir eine ausreichende Entfernung zur Haustür hinter uns gebracht haben, sagt Max zu mir: »Die Haustür ist nicht abgeschlossen, ich konnte sie im Rahmen ein wenig hin und her bewegen. Zwischen Rahmen und Tür ist ausreichend Spielraum. Wenn ich dort einen Kuhfuß ansetze, kann ich die Tür ohne großen Aufwand aufhebeln.«

Da wir im Laufe unserer Dienstzeit beim SEK schon unzählige Türen auf die gleiche Art und Weise geöffnet haben, weiß ich, was Max meint und nicke mit dem Kopf. »Ok, ich werde jetzt mal mit dem Polizeiführer sprechen, und dann sehen wir weiter.« Wir setzen unseren Weg zur KW schweigend fort. Dort angekommen, wähle ich die Nummer der Einsatzleitstelle, wo sich der für diesen Einsatz zuständige Polizeiführer, Kriminaloberrat Schnitzler, mittlerweile aufhalten dürfte. Schnitzler ist mir als erfahrener höherer Kriminalbeamter bekannt, aber ich habe bisher noch keine gemeinsamen Einsätze mit ihm bestritten. Dies wird nun also unsere Premiere und keine einfache dazu.

»Guten Abend, Herr Schulz, Schnitzler hier,« meldet er sich am Telefon. »Ich bin über die Lage im Groben informiert. Gibt es aus Ihrer Sicht neue Erkenntnisse, von denen wir bisher noch nichts wussten?«

Ich schildere dem Polizeiführer die Lage vor Ort, so wie ich sie einschätze, und auch die letzten Erkenntnisse von Max und mir bezüglich der Hauseingangstür des Zielobjekts.

Danach entsteht eine kurze Pause, dann wendet sich Schnitzler wieder an mich: »Herr Schulz, aufgrund der Bewaffnung der Zielperson unter anderem mit einer Handgranate und vor allem aufgrund der Tatsache, dass sich in der Wohnung ein kleines Kind aufhält, bin ich gegen einen Zugriff in der Wohnung. Ich möchte, dass Sie Vorbereitungen dafür treffen, den Täter festzunehmen, wenn er das Haus verlässt.«

Ich bin etwas erstaunt, dass der Polizeiführer bereits so konkrete Vorstellungen zu unserem Einsatz hat. Seine Sichtweise ist vordergründig auch verständlich und auf Anhieb einleuchtend. Eine Festnahme auf offener Straße – vor allem dann, wenn die Zielperson das Haus ohne den kleinen Jungen verlassen sollte – müsste doch deutlich weniger riskant sein als ein Zugriff in der Wohnung. Ähnliche Überlegungen habe ich natürlich auch bereits angestellt, bin allerdings zu einem völlig anderen Ergebnis gekommen.

Ich hole tief Luft und sage: »Tut mir leid, wenn ich Ihnen widerspreche, Herr Schnitzler, aber ich bin absolut gegen einen Zugriff auf der Straße, so wie Sie dies vorschlagen.«

Wieder herrscht einen Moment Stille im Telefon, und ich kann förmlich sehen, wie sich das Gesicht des Polizeiführers ein wenig verzieht. Aber zu meinem Erstaunen antwortet er dann völlig ruhig und professionell: »Und warum sind Sie gegen einen Zugriff auf der Straße, Herr Schulz?«

Ich antworte in genau dem gleichen ruhigen Tonfall, ohne den geringsten Anflug von Eitelkeit und Besserwisserei: »Ich bin der Auffassung, dass die Zielperson nach allem, was wir wissen, als überaus gefährlich und misstrauisch gegenüber jedermann anzusehen ist. Dies beweist allein die Tatsache, dass er in Paris einem französischen Kollegen die Waffe abnehmen konnte. Falls er sich auf offener Straße in irgendeiner Form gefährdet oder bedroht fühlt und er dort die Handgranate werfen sollte, bevor wir ihn daran hindern können, haben wir eine Situation, die sich nicht mehr beherrschen lässt. Wenn er etwa morgens zur Hauptverkehrszeit das Haus verlassen sollte, befänden sich im Zugriffsbereich möglicherweise viele unbeteiligte Passanten, die alle durch die Handgranate unmittelbar gefährdet wären. Dies wäre nicht kontrollierbar. Andererseits können wir den Personenkreis, der durch eine mögliche Detonation der Handgranate bei einem Zugriff in der Wohnung betroffen ist, ganz klar begrenzen: nämlich auf den Täter, auf uns, die Zugriffskräfte, und leider auch auf den kleinen Jungen. Ich halte bei einem planmäßigen Verlauf des Zugriffs in der Wohnung die Wahrscheinlichkeit, dass die Zielperson die Handgranate noch einsetzen kann, für nicht sehr hoch. Jedoch ausgeschlossen ist es leider nicht.«

Am Telefon entsteht eine hörbare Pause, und ich kann förmlich spüren, wie die Gedanken im Kopf von Schnitzler herumkreisen. Aber auch ich spüre die Last der Verantwortung in diesem Fall besonders deutlich. Ich bin mir völlig darüber im Klaren, dass, wenn bei diesem Zugriff irgendetwas schiefgeht, wenn etwa der kleine Junge zu Schaden oder gar zu Tode kommen sollte – dass dann die Presse wieder über die Polizei herfallen würde. Wenn bei unseren Einsätzen etwas schiefgeht, dann machen wir uns ja nicht nur persönliche Vorwürfe, nein, dann treten alle möglichen Bedenkenträger in Erscheinung, die sich im Nachhinein das Maul zerreißen. Diese Bedenkenträger sind natürlich nicht vor Ort, wenn eine Lösung gefunden werden muss, und wenn sie es wären, könnte man von ihnen mit Sicherheit keine verbindliche Entscheidung erwarten. Somit liegt es jetzt allein am Polizeiführer und mir als dem verantwortlichen Führer der SEK-Kräfte, eine sinnvolle Entscheidung zu treffen, egal ob sie im Nachhinein verdammt werden wird oder eben nicht.

»Was schlagen Sie als Alternative vor?«, höre ich Schnitzlers immer noch ruhig klingende Stimme im Hörer des Telefons.

»Wir haben uns gerade die Hauseingangstür angesehen

und sind übereinstimmend der Meinung, dass wir sie mit einem Brechwerkzeug geräuscharm aufhebeln können.«

»Sollten wir nicht versuchen, im Haus eine Person anzusprechen, die uns die Haustür von innen öffnet?«, fragt der Polizeiführer, der bereits voll unserem geplanten Ablauf zu folgen scheint. Die Frage ist durchaus berechtigt und zeugt von einem guten Einschätzungsvermögen.

»Daran haben wir auch gedacht, aber wir möchten jegliche Aktivität oder unvorhergesehene Bewegung im Treppenhaus vermeiden, da dies die Zielperson möglicherweise in letzter Sekunde doch noch aufmerksam macht und unseren Zugriff gefährdet. Und da wir nicht wissen, wie ein Bürger reagiert, der mitten in der Nacht von der Polizei einen seltsamen Anruf erhält, würde ich davon abraten. Ich halte das Öffnen der Tür mittels eines Brechwerkzeuges in diesem Fall für die beste Lösung.«

»Also gut«, sagt Schnitzler, »und wie geht's weiter?«

»Wir werden nach dem Öffnen der Haustür langsam und leise bis an die Wohnungstür vorgehen. Die Tür hat von innen, laut Aussage der Wohnungsinhaberin, keine Verriegelung, und sie hat sie beim Verlassen der Wohnung auch nicht abgeschlossen. Es handelt sich dabei um eine einfache Holztür. Wir werden sie mittels eines Rammstoßes öffnen und schlagartig in die Wohnung eindringen …«

Und so erörtern wir meinen Zugriffsplan im Detail am Telefon, bis Schnitzler sich ein genaues Bild unseres Plans machen kann.

Als Letztes geht es um die Frage des möglichen Schusswaffengebrauchs. Zwar gelten dabei generell und auch bei unserer beabsichtigten Festnahme die entsprechenden Vorschriften des Polizeirechts – nur im Falle von Geiselnahmen treten besondere Regelungen in Kraft –, weshalb eigentlich keine besondere Absprache über dieses Thema mit Schnitzler notwendig wäre. Da ich aber weiß, dass nicht jeder Polizeiführer in dieser Problematik ganz sattelfest ist und der eine oder andere jeden SEK-Einsatz für einen Ausnahmefall hält, habe ich es mir zur Angewohnheit gemacht, jeweils im Klartext über dessen mögliche Folgen zu informieren.

Genau das mache ich auch jetzt.

»Sollte uns die Zielperson mit einer Waffe in der Hand entgegenkommen, werden wir schießen«, sage ich dem Polizeiführer durch das Telefon. »Falls die Zielperson die Handgranate einsetzen will oder tatsächlich einsetzt, werden wir den Täter final bekämpfen, da wir nicht wissen, ob er nicht über mehr als eine Handgranate verfügt, und das Risiko für alle Beteiligten dann nicht mehr zu kalkulieren wäre.«

Ich höre, wie der Polizeiführer tief durchatmet. Schließlich sagt er: »Herr Schulz, ich möchte noch einmal kurz über das eben Besprochene nachdenken. Sind Sie einverstanden, wenn ich Sie in fünf Minuten zurückrufe und Ihnen meine Entscheidung mitteile?«

Da ich weiß, dass diese Entscheidung für ihn von einiger Konsequenz sein kann und aktuell auch überhaupt kein Handlungsdruck besteht, sofort in Aktion zu treten, antworte ich: »Selbstverständlich, Herr Schnitzler. Ich bin mir der Tragweite meines Vorschlags übrigens durchaus bewusst, sehe aber keine vernünftige Alternative hierzu.«

»Alles klar, Herr Schulz, ich melde mich in ein paar Minuten.« Dann legt er den Hörer auf und beendet unser Gespräch.

Max, der neben mir im Raum gestanden und schweigend dem Telefongespräch zugehört hat, schaut mich fragend an.

»Er ruft in fünf Minuten wieder an, ist ’ne schwierige Entscheidung, und er braucht ein paar Minuten, um darüber nachzudenken«, beantworte ich seine unausgesprochene Frage. Und selbst Max, der in vergleichbaren Situationen kein gutes Haar an entscheidungsschwachen Vorgesetzten lässt, nickt nur kurz und wortlos. Ich informiere über Funk meine Kollegen, die einsatzbereit an den Fahrzeugen warten, über den Verlauf des Gesprächs und bereite sie schon einmal darauf vor, dass wir nach meiner Einschätzung in Kürze die Wohnung stürmen werden.

Tatsächlich klingelt nach etwa fünf Minuten das Telefon wieder, und Schnitzler ist erneut am Apparat: »Ich habe noch einmal gründlich über unser Gespräch nachgedacht und bin zu der Überzeugung gekommen, dass Sie mit Ihrer Lageeinschätzung recht haben. Ich erteile Ihnen hiermit die Freigabe zum Eindringen in die Zielwohnung, so wie wir es besprochen haben. Ich wünsche Ihnen und Ihren Kollegen viel Glück und gutes Gelingen.«

»Vielen Dank, Herr Schnitzler. Wir werden noch etwa zehn Minuten brauchen, um die letzten Vorbereitungen zu treffen, dann starten wir. Ich melde mich, sobald wir in der Wohnung sind.«

Acht dunkle Schatten stehen in einer Reihe neben der Hauseingangstür des Zielobjekts. Kurz zuvor habe ich meine Kollegen in einer letzten Einsatzbesprechung eingewiesen und die Reihenfolge festgelegt, in der wir in die Zielwohnung eindringen werden. Eine Besonderheit unserer Taktik beim Sturm auf Gebäude ist, dass wir darauf verzichten, im Vorfeld genau festzulegen, welches Teammitglied sich wohin zu orientieren hat. Die Praxis aus unzähligen Einsätzen dieser Art hat uns gezeigt, dass es in den meisten Fällen ganz anders kommt, als es die Ablaufplanung vorsieht. Häufig genug liegen ja auch gar keine genauen Pläne der zu stürmenden Gebäudeteile vor. Bei unserem System passen sich die in ein Gebäudeteil eindringenden Beamten den Gegebenheiten im Inneren flexibel an. Es kommt daher überhaupt nicht darauf an, wie das Zielobjekt aussieht und wie es geschnitten ist. Da immer zwei Beamte gemeinsam arbeiten und ein Team bilden, wird vor Beginn des Zugriffs lediglich eingeteilt, in welcher Reihenfolge das Eindringen erfolgen wird. Weiterhin ist festzulegen, welcher Angehörige

. Mit Hilfe eines Auslegers kann auch in höheren Etagen ein Fenster zum Einstieg
sprengt werden…

. Das Eindringen nach der Sprengung

17. Ein SEK-Zugriffstrupp in der Annäherung an ein Zielobjekt. Jeder einzelne Mann ist unterschiedlich bewaffnet, außerdem hier gut zu sehen die »squeeze«-Technik: Die Männer verständigen sich durch Drücken der Schulter des Vordermanns

18. Der Moment einer Türsprengung

19. ...und das sofortige Eindringen in das Objekt

20. + 21. Das Vorgehen eines SEK-Teams beim Eindringen in einen Raum (aus Tätersicht)

22. Ein Präzisionsschütze mit Körpertarnung, dem sogenannten »Ghillie-Su

23. Suchbild: Liebe Leser, finden Sie die Gewehrmündu
(…in der Bildmi

. Auch ungewöhnliche Methoden führen manchmal zum Einsatzerfolg...

25. Handgranaten spielen seit Mitte der Neunzigerjahre eine entscheidende Rolle. Di
Ausbildung für die Bekämpfung von Tätern mit Handgranaten ist daher intens

26. Das Stoppen eines Täterfahrzeugs und die blitzschnelle Überwältigung der Insa
sen erfordern viel Koordination zwischen den beteiligten SEK-Beamten und manc
mal auch den Einsatz von Pyrotechni

27. + 28. Pyrotechnik im Einsatz! Der unscheinbare Gegenstand am Boden wird gleich...
...ein Feuerwerk anrichten...

29. ...und den SEK-Beamten die Möglichkeit geben, plötzlich aus dem Nebel aufzutauchen.

30. Die SEK-Gruppe, die der Autor über lange Jahre geführt hat. Der Autor in der ob Reihe, als vierter von links.

des Teams als »Türöffner« fungieren wird. In aller Regel wird hierfür ein einsatzerfahrener Kollege ausgewählt, der weiß, worauf es beim gewaltsamen Öffnen einer Tür ankommt.

Am heutigen Tage haben wir es allerdings mit der besonderen Situation zu tun, dass zwei Türen zu überwinden sind. Zunächst ist es Max, der versuchen wird, mittels eines dünnen Brecheisens die Haustür möglichst leise zu öffnen. Max wird, nachdem ihm das hoffentlich gelungen ist, alle Kollegen an sich vorbeigehen lassen und sich als letzter Mann der Gruppe wieder anschließen, sodass er für den Zugriff in der Wohnung im ersten Stock wieder zur Verfügung steht. Direkt dahinter steht Theo, ein kräftiger Mann, der die Ramme trägt, mit der wir die Wohnungstür in der ersten Etage öffnen wollen. Dann kommt Michael, ein etwas kleinerer, drahtiger, gewandter, dunkelhaariger und recht schweigsamer Zeitgenosse, der selbst für SEK-Verhältnisse über ausgezeichnete Schießfertigkeiten verfügt. Zusammen mit seinem Hintermann Siggi, der mit seinem blonden Schopf und seiner typischen Ruhrpottschnauze das genaue Gegenteil zu ihm bildet, wird Michael als Erster in die Zielwohnung eindringen.

Die übrigen Kollegen werden folgen und sich im Inneren der Wohnung so verteilen, wie es notwendig wird. Aufgrund der Aussage der Wohnungsinhaberin, dass sich die Zielperson in ihrem Wohnzimmer aufgehalten hat und dort auch schlafen wollte, habe ich für das erste Team, also Michael und Siggi, eine Ausnahme von der Regel gemacht und ihnen das Wohnzimmer als festes Ziel zugewiesen. Mir geht es einfach darum, den wahrscheinlichsten Aufenthaltsort des Täters so schnell wie möglich unter Kontrolle zu bringen.

Ich stehe etwas außerhalb der Reihe meiner Kollegen und blicke nach hinten, zum Ende der Gruppe. Der letzte Mann beginnt seinem Vordermann durch einen Squeeze seine Einsatzbereitschaft zu signalisieren, das Zeichen wird jeweils nach vorne weitergegeben, und schließlich hebt Max, als erster Mann in der Reihe, seinen Daumen in meine Richtung. Alle sind einsatzklar.

Ich gebe Max mit der Hand ein Zeichen, und er tritt an die Haustür heran, während ich ihm mit meiner Rotlichtlampe die Stelle beleuchte, an der er das Brecheisen ansetzen will. Der Hausflur hinter der Tür ist dunkel, und niemand ist zu sehen.

Behutsam setzt Max das Brecheisen an, und ganz vorsichtig beginnt er, den Druck auf den Schlossbereich zu erhöhen. Ich höre ein leichtes Knacken protestierenden Aluminiums, dann ein etwas lauterer Knack – die Tür ist auf. Perfekt! Obwohl Max wie alle Kollegen eine Sturmhaube unter seinem TIG-Helm trägt, glaube ich sein Grinsen zu sehen, als er die Haustür ganz öffnet, diese dann aufhält und so zur Seite tritt, dass wir problemlos den Hausflur betreten können.

Ich gehe voran. So langsam und so behutsam wie möglich schleichen wir durch das dunkle Treppenhaus und versuchen dabei, jegliches Geräusch zu vermeiden. Dies klingt sehr viel einfacher, als es tatsächlich ist. Jeder Beamte schleppt eine Vielzahl von Ausrüstungsgegenständen und natürlich seine Bewaffnung mit sich herum, der Türöffner hat zudem die etwa 20 Kilogramm schwere, aus Eisen bestehende Ramme geschultert, und jedermann ist bemüht, nur ja nicht irgendwo anzustoßen, um keinesfalls jetzt noch, im unmittelbaren Nahbereich der Zielwohnung, ein verräterisches Geräusch zu machen, das den ganzen Zugriff gefährden könnte.

Doch es geht alles gut.

Ich stoppe vor dem Treppenabsatz der ersten Etage, die Tür zur Zielwohnung liegt unmittelbar vor mir, auf der linken Seite. Ich trete ein wenig nach rechts, in Richtung des Treppengeländers, damit meine nachfolgenden Kollegen freie Bahn haben, und sehe, wie sie sich langsam wieder zu einer engen Reihe formieren. Theo, der nun ganz vorne steht, hat die Ramme bereits von seiner Schulter genommen und blickt in meine Richtung. Wieder geht ein Squeeze durch die Reihe, und da Theo die Ramme mit beiden Händen festhalten muss, nickt er mir kurz zu, als das Zeichen ihn erreicht. Jetzt gibt es kein Zurück mehr.

Nun wird auch kein Rotlicht mehr benutzt, denn auf Tarnung kommt es jetzt nicht mehr an. Ich leuchte mit der an meiner Maschinenpistole angebrachten Surefire-Taschenlampe den Türbereich an, den Theo mit der Ramme bearbeiten soll. Das Aufleuchten meiner Lampe ist für ihn und alle anderen das Zeichen zum Zugriff. Theo macht einen Schritt nach vorn und steht dann direkt vor der Wohnungstür. Diese Position ist extrem exponiert und ungeschützt.

Es hat immer wieder Tatverdächtige gegeben, die Schüsse durch eine geschlossene Tür abgegeben und dabei insbesondere die mit der Türöffnung beauftragten SEK-Kollegen stark gefährdet haben. Besonders durch die Medien gegangen ist in diesem Zusammenhang später der Fall eines SEK-Kollegen aus Rheinland-Pfalz, der im März 2010 beim Versuch der Festnahme eines Mitglieds der Rockergruppe Hells Angels von diesem durch die geschlossene Haustür angeschossen und tödlich verletzt wurde. Der Fall sorgte für großes Aufsehen, weil der Bundesgerichtshof den Täter letztinstanzlich von dem Vorwurf des Totschlags freisprach, da er ihm den Umstand der »Putativnotwehr« zubilligte. Der Rocker gab vor Gericht an, dass er einen Überfall der mit den Hells Angels verfeindeten Bandidos erwartet hatte, und da er die an der Tür arbeitenden Kollegen nicht als Polizeibeamte erkannt hätte, wäre er von einem solchen Überfall ausgegangen und hätte deshalb geschossen. Eine Tötungsabsicht verneinte der Rocker kategorisch. Und wenn er gewusst hätte, dass es sich um Polizisten handelte, hätte er selbstverständlich überhaupt nicht zur Waffe gegriffen.

Ohne im Geringsten Urteilsschelte betreiben zu wollen: Vor diesem Fall hätte sich keiner meiner Kollegen vorstellen können, dass es in Deutschland straffrei bleiben kann, auf einen bloßen Verdacht hin mehrfach mit einer großkalibrigen Waffe durch eine geschlossene Tür zu schießen, ohne zu wissen, wer dahinter steht, und dabei, mehr noch, einen Polizeibeamten zu töten.

Ich sympathisiere grundsätzlich nicht mit den vielen Stammtischpolitikern, die je nach Lage der Dinge über unser Rechtssystem herziehen und das mit dumpfbackigen, tendenziösen Parolen begründen. Ich bin aber durchaus der Auffassung, dass ein Rechtssystem, in dessen Rahmen ein solches Urteil gesprochen wird, Zweifel aufkommen lässt.

Gleiches gilt nach meiner Auffassung beispielsweise auch im Falle des Kindermörders Magnus Gäfgen, der für die rechtswidrige Gewaltandrohung, die der damalige Frankfurter Polizeivizepräsident Wolfgang Daschner angeordnet hatte, um ihn zur Aussage über den Verbleib des von ihm im September 2002 entführten und ermordeten Jakob von Metzler zu zwingen, 3000 Euro Schadenersatz zugesprochen bekam. In solchen Fällen scheint mir, speziell wenn es um den Wiedergutmachungs- und Sühnegedanken geht, das hiesige Strafrecht durchaus reformbedürftig zu sein. Auch eine in meinen Augen dringend erforderliche, viel stärkere Fokussierung auf den Schutz der Interessen der Opfer unter gleichzeitiger Herabstufung der Interessen der Täter halte ich in diesem Zusammenhang für dringend geboten.

Ende der Abschweifung.

Theo schwingt die Ramme in weitem Bogen nach hinten und schlägt mit ihrem eisernen Kopf direkt über dem Türschloss auf das Türblatt. In dem total stillen Treppenhaus knallt es erschreckend laut. Theo hat die Tür mit dem ersten Schlag der Ramme hervorragend getroffen, und die Holztür fliegt mit hohem Tempo nach innen auf, während

Teile des Schlosskastens scheppernd auf den Fußboden fallen. Theo macht sofort einen Schritt nach hinten, um die dunkle Türöffnung freizugeben, und schon setzt sich die Reihe der SEK-Beamten im Laufschritt in Bewegung, Michael und Siggi als erstes Team vorneweg. Hinter dem zweiten Team dringe auch ich in die Wohnung ein. Ich habe mir schon lange angewöhnt, mich als Gruppenführer etwa in der Mitte der Zugriffskräfte aufzuhalten. Dies gewährleistet, dass ich in den entscheidenden Sekunden, in denen der Zugriff rollt, die Aktionen der vor mir agierenden Kollegen zumindest ansatzweise mitbekomme und die nachfolgenden Kollegen noch umdirigieren kann, sollte es notwendig sein. Während ich im schnellen Gehtempo die dunkle Türöffnung passiere und die Schulterstütze meiner Maschinenpistole fest in meine Schulter eingezogen habe, sehe ich gerade noch, wie Michael und Siggi im Wohnzimmer verschwinden. Die Lichtstrahlen der an den Maschinenpistolen angebrachten Surefire-Lampen erhellen wie geisterhafte Finger die komplett dunkle Wohnung.

Plötzlich bricht ein Stakkato von Schüssen los, deren Herkunftsort ich erst gar nicht genau lokalisieren kann und die sich für mich im allerersten Moment so anhören wie eine Reihe Silvesterknaller. Ich höre am Geschrei, dass die Schießerei, die offenbar schon wieder zu Ende ist, aus dem Wohnzimmer gekommen sein muss, und um sicherzustellen, dass trotz der Schussabgaben die komplette Wohnung weiter abgearbeitet wird, brülle ich die beiden anderen Teams vor und hinter mir an: »Weiter, die Bude zu Ende machen!«

Hinter mir erscheint Theo, der als letzter Mann die Ramme im Hausflur hat stehen lassen, und schließt sich mir an. Gemeinsam dringen wir als zweites Team in das Wohnzimmer ein, bereit für welches Szenario auch immer.

Als ich den Raum betrete, sehe ich Michael der Zimmertür gegenüber an der Fensterseite stehen, seine Maschinenpistole zeigt auf eine am Boden liegende nur schemenhaft zu erkennende Gestalt. Siggi steht etwa zwei Meter links von Michael und zielt ebenfalls in die gleiche Richtung. Theo und ich scannen noch einmal kurz den Raum ab, erkennen aber schnell, dass sich hier niemand sonst aufhält. Über Funk meldet sich Dieter vom zweiten Team: »Wir sind im Kinderzimmer, Kind liegt wohlbehalten im Bett. Keine weiteren Personen hier.«

Ich betätige den Sprechknopf meines Funkgerätes zweimal zur Bestätigung und suche gleichzeitig nach dem Lichtschalter des Wohnzimmers. Nachdem ich die Deckenbeleuchtung eingeschaltet habe, erkenne ich einen Mann, der rücklings auf dem Fußboden liegt. Er blutet aus einer Kopfwunde, und auch sein helles T-Shirt färbt sich an mehreren Stellen blutrot. Ich betätige mein Funkgerät erneut: »Dieter, komm sofort ins Wohnzimmer, Person mit Schussverletzung!«

Dieter ist ausgebildeter Rettungssanitäter, welcher bei unseren Einsätzen für die Erstversorgung von Verletzten zuständig ist, bis der Notarzt eintrifft. Zu diesem Zweck führt er einen Sani-Sack mit, den er beim Zugriff routinegemäß vor der Wohnungstür abgestellt hat, um sich davon nicht behindern zu lassen. Ich höre Dieters Bestätigung schon gar nicht mehr, denn ich funke umgehend nach draußen: »Hier Einsatzteam. Wohnung genommen, Zielperson durch Schusswaffengebrauch verletzt, benötigen umgehend Notarzt in der Zielwohnung. Einsatzteam und Kind unverletzt. Wir bringen den kleinen Jungen gleich aus der Wohnung vor die Haustür und brauchen Personal, das ihn dort abholt.«

»Alles klar«, bestätigt mir der Führer der uniformierten Kollegen von draußen, »der Notarzt ist unterwegs und eine Kollegin von mir ebenfalls, die den Jungen in Empfang nimmt.«

Ich trete jetzt näher an den am Boden liegenden Mann

heran, und während ich schon die Schritte des herbeieilenden Dieters höre, erkenne ich, dass der Angeschossene am Boden trotz seiner offensichtlich schweren Verletzung noch bei Bewusstsein ist.

Ich sehe, dass Michael mit dem Fuß auf einer Faustfeuerwaffe steht, die offensichtlich der Zielperson zuzuordnen ist, und, was noch wichtiger ist, ich sehe in Griffweite der Zielperson eine auf dem Boden abgestellte Handgranate.

»Theo, übernimm mal die Sicherung für Siggi.« Da jetzt die gröbste Aktion vorbei ist, möchte ich gern einen der beiden Kollegen kurz sprechen, die als Erste im Raum waren, und zwar bevor gleich eine Lawine von anderen Personen die Wohnung überfluten wird.

Immer noch weiß ich nicht genau, was passiert ist.

Während Dieter seinen Sanitätsrucksack aufreißt und anfängt, den Schwerverletzten zu versorgen, gehe ich mit Siggi an die Türschwelle des Wohnzimmers und blicke ihn fragend an.

»Der Typ hat angezogen auf dem Fußboden gelegen, da, wo er jetzt auch noch liegt. Ich bin hinter Michael als Zweiter in den Raum gekommen, da kam er schon mit dem Oberkörper aus seiner Liegeposition hoch, Pistole in Vorhalte, und hat sofort geschossen. Wir waren aber schon drin im Raum und haben von zwei Seiten das Feuer erwidert.«

»Habt ihr was abbekommen?«, frage ich, denn bisher wusste ich ja noch nicht, dass die Zielperson das Feuergefecht eröffnet hat.

»Ich nicht und, soweit ich weiß, Michael auch nicht.«

Ich spreche Michael kurz an, der nach wie vor ein waches Auge auf die am Boden liegende Zielperson hat. Michael hält den Daumen in die Höhe zum Zeichen, dass er in Ordnung ist.

Die anderen Kollegen des Einsatzteams – bis auf Max, der den kleinen Jungen in seinem Kinderzimmer betreut – versuchen nunmehr, einen kurzen Blick durch die Wohnzimmertür auf den Ereignisort zu werfen. Ich sage: »Ok, Leute, ihr wisst, wie das läuft, wir haben hier einen Tatort, hier läuft keiner mehr durch, der hier nicht unbedingt rein muss. Manuel, geh bitte raus in den Flur und bring den Notarzt hier rein, der ist schon unterwegs.«

»Alles klar«, antwortet Manuel. Der Kollege gehört noch nicht lange zu unserer Einheit, und dies ist sein erster wirklich folgenschwerer Einsatz.

Ich wende mich wieder an Siggi: »Hast du gesehen, wo der Schuss hinging?«

»Der hat in jedem Fall in Richtung Tür gezielt, aber genau konnte ich das nicht sehen, dazu ging alles zu schnell.«

»Klar«, sage ich und klopfe Siggi auf die Schulter, denn ich weiß ganz genau, dass unter diesen Bedingungen keine genauen Beobachtungen möglich sind, im Gegenteil, ich bin sogar überrascht, dass sich Siggi an so viele Details erinnern kann. Ich untersuche kurz den Rahmen der Wohnzimmertür und entdecke nahezu sofort zersplittertes Holz und ein Loch, unzweifelhaft ein Einschussloch, welches sich in etwa 1,5 Meter über dem Boden im linken Türrahmen befindet. Ich deute mit dem Finger darauf und sage zu Siggi: »Hier hat er hingeschossen, gut, dass ihr so fix wart …«

Siggi betrachtet das Einschussloch und nickt nur bestätigend mit dem Kopf. Mittlerweile hat Dieter mit der Erstversorgung der schwer verletzten Zielperson begonnen. Erstaunlich ist für mich, als ich näher trete, dass diese immer noch ansprechbar ist. Dieter nimmt einen sterilen Wundverband aus dem Rucksack und sagt zu dem Verletzten: »Halt das Ding auf dein Auge.«

Und tatsächlich nimmt der Mann die Kompresse und drückt sie sich selbst auf die Wunde, während Dieter sich um die Verletzungen im Oberkörperbereich kümmert. Doch bevor er noch weitere Maßnahmen ergreifen muss, erscheint Manuel mit dem Notarzt und zwei Rettungsassistenten in der Wohnung, die nun die Versorgung des Verletzten übernehmen.

Während ich Theo als nicht unmittelbar an dem Schusswaffeneinsatz beteiligten Beamten zur Sicherung bei dem Verletzten und dem Notarztteam belasse, rufe ich Michael zu mir, um mir auch von ihm eine kurze Schilderung des Geschehens geben zu lassen. Er hat die auf dem Boden deponierte Handgranate der Zielperson in der Hand und zeigt sie mir genauer. Ich sehe, dass der ursprünglich am Kipphebel der Handgranate angebrachte Sicherungssplint entfernt und durch einen einfachen, dem Durchmesser der Öse entsprechenden Nagel ersetzt worden ist. Dadurch hätte der Mann diesen Sprengkörper mit einer Hand scharf und wurffertig machen können, ohne noch mit der zweiten den Sicherungssplint ziehen zu müssen. Dieser Umbau stellt also eine extrem gefährliche Variante einer Standardhandgranate dar und zeigt, dass die Zielperson über Kriegserfahrung verfügt. Mir wird immer klarer, dass es nur unserer durch viele Stunden des Trainings verinnerlichten Einsatztaktik und dem damit verbundenen blitzartigen Vorgehen in der Wohnung zu verdanken ist, dass die Zielperson nur noch einen Schuss aus ihrer Waffe hat abgeben und die in Reichweite befindliche Handgranate nicht mehr zum Einsatz bringen können.

Michael wirft mir einen vielsagenden Blick zu und zeigt mir dann die Waffe des Tatverdächtigen, bei der es sich augenscheinlich um die Pistole des französischen Gendarmen handelt. An der Waffe klebt überall das Blut der Zielperson, da einer der Schüsse meiner Kollegen seine Pistolenhand getroffen und ihm einen Finger halb abgerissen hat. Ich deponiere beide Gegenstände zunächst nebenan in der Küche auf dem Tisch, während mir Michael den Ablauf der Ereignisse aus seiner Sicht schildert. Sie entspricht im Wesentlichen dem, was Siggi mir bereits erläutert hat, allerdings kann Michael noch ergänzen, dass eine erkennbare Trefferwirkung erst nach etlichen Schüssen überhaupt zu erkennen war und diese auch nur darin bestand, dass die Zielperson aus dem Sitzen wieder in ihre ursprüngliche liegende Position zurückgefallen war. Als Michael an den Mann herangetreten war, um dessen Waffe zu sichern, war er, wie auch jetzt noch, voll ansprechbar.

Dies ist leider, wie wir schon wiederholt in kritischen Situationen feststellen mussten, kein Einzelfall. Der Grund hierfür liegt in dem Kaliber und in der Wirkungsweise der sowohl für unsere Pistolen als auch für unsere Maschinenpistolen verwendeten Munition des Kalibers 9 × 19 mm. Die hat in aller Regel nicht genügend Energie, um eine Zielperson sofort handlungsunfähig zu machen, auch wenn heutzutage eine Teilmantelmunition verwendet wird, die aufgrund ihres Aufbaus die Eigenschaft hat, im Körper »aufzupilzen« und damit nahezu ihre gesamte Energie im Ziel abzugeben. Fast immer sind die Verletzungen, die durch die Geschosse hervorgerufen werden, zwar sehr schwer, aber wegen der zu geringen Energieabgabe im Ziel eben nicht in der Lage, ein bedrohliches Gegenüber *sofort* außer Gefecht zu setzen und damit an einem möglichen Angriff zu hindern. Wegen dieser Eigenschaften der Munition ist unsere Schießausbildung auch so ausgerichtet, dass wir im Falle eines Falles das Feuer erst dann einstellen, wenn ein Täter auf unsere Schüsse erkennbar Wirkung zeigt und handlungsunfähig ist. Leider ist das häufig erst nach mehreren Treffern der Fall, was bedeutet, dass die daraus resultierenden Verletzungen dann in den allermeisten Fällen sehr schwer sind.

Und genau das war die Situation, in der sich auch Siggi und Michael befunden haben, als die Zielperson auf sie geschossen hat.

Während der Notarzt und die Sanitäter sich mit Hochdruck um den Verletzten kümmern, sind die noch in der Wohnung befindlichen Kollegen meines Teams nun überflüssig. Auch Theo, der immer noch als Sicherer neben der Zielperson und dem Notarzt postiert ist, kann seine Position jetzt verlassen, da der Arzt dem Angeschossenen ein starkes Sedativ gespritzt hat, was ihn augenblicklich in die Bewusstlosigkeit versetzt hat.

Ich betätige den Sprechknopf meines Funkgerätes: »Hier Peter an alle Kräfte des Einsatzteams. Wir sammeln uns an unseren Fahrzeugen. Ihr wartet dort zunächst ab, bis ich die Wohnung an Kräfte des KK 11 übergeben habe. Max, nimm bitte den kleinen Jungen mit nach unten, der wird vor der Tür in Empfang genommen. Und Dieter, du bleibst bei dem Notarzt und unterstützt dessen Maßnahmen. Wenn die Zielperson abtransportiert wird, lass dir genau mitteilen, in welches Krankenhaus.«

Die Kollegen quittieren meine Durchsage und verlassen unmittelbar danach die Wohnung und den Hausflur in Richtung unserer abgestellten Fahrzeuge.

Es ist nun an der Zeit, den Polizeiführer kurz telefonisch über den Ablauf des Geschehens in Kenntnis zu setzen. Vom Telefonapparat im Flur der Wohnung wähle ich die Nummer der Leitstelle und höre kurz darauf Schnitzlers Stimme am anderen Ende der Leitung. Als Allererstes fragt er mich, ob irgend jemand von meinem Einsatzteam bei der Aktion zu Schaden gekommen wäre, was ich glücklicherweise verneinen kann. Danach gebe ich ihm einen kurzen Bericht über den Ablauf in der Zielwohnung, und als ich ihm über die griffbereit auf dem Boden liegende Handgranate berichte, die der Täter aufgrund unseres schnellen Vorgehens nicht mehr einsetzen konnte, merke ich, wie er hörbar Luft holt.

Dann sagt er: »Herr Schulz, ich möchte mich aufrichtig bei Ihnen und Ihren Kollegen für die hervorragende Abwicklung dieses heiklen Einsatzes bedanken. Bitte geben Sie dies an Ihre Leute weiter. Ich weiß, dass jetzt noch einiges an Arbeit auf Sie zukommen wird, aber ich möchte Ihnen versichern, dass ich als Polizeiführer voll hinter Ihnen und unserer Aktion stehe. Ich sehe, soweit ich das bis jetzt beurteilen kann, in diesem Fall auch keinerlei Probleme, was die rechtliche Bewertung des Schusswaffengebrauchs angeht. Die Kollegen des KK 11[16] sind bereits alarmiert und auf dem Weg.«

Ich bedanke mich bei ihm für das nicht selbstverständliche Lob. Was für ein Glück, dass wir es in diesem Fall mit einem erfahrenen Kriminalbeamten als Polizeiführer zu tun gehabt haben, der nur allzu gut versteht, dass ein Schusswaffengebrauch gegen einen Menschen auch für uns SEK-Beamte alles andere als alltäglich ist. Besonders sympathisch macht ihn mir, dass er sich gleich zu Anfang unseres Gesprächs nach dem Wohlergehen meiner Kollegen erkundigt hat. Das zeigt mir, dass Schnitzler die richtigen Prioritäten setzt.

Egal, wer geschossen hat, ob nun ein beliebiger Täter oder ein Polizist: Nach jedem Schusswaffengebrauch wird ein Ermittlungsverfahren wegen versuchten oder gar vollendeten Totschlags eingeleitet. Auch der polizeiliche Schusswaffengebrauch ist nur dann gerechtfertigt, wenn er den gesetzlichen Bestimmungen entsprechend ausgeführt wurde. Um festzustellen, ob dies tatsächlich der Fall ist, wird von Amts wegen, also durch die Staatsanwaltschaft, stets ein Verfahren eingeleitet. Die für die Ermittlung solcher Delikte zuständigen Beamten des KK 11 versehen wie wir Rufbereitschaft und sind, wie mir der Polizeiführer ja angekündigt hat, nun bereits auf dem Weg.

Meine Aufgabe wird es bei ihrem Eintreffen sein, ihnen den Tatort zu übergeben und ihnen das Geschehen möglichst detailliert zu schildern.

16 Gemeint ist das Kriminalkommissariat 11 des Polizeipräsidiums, das u.a. für Todesermittlungen zuständig ist.

Für den Ablauf solcher Ermittlungen gelten bei Schusswaffeneinsätzen von Spezialeinheiten in unserem Bundesland besondere Regeln. Da wir in aller Regel nur gegen hochkarätige Straftäter eingesetzt werden, kommt unserem Identitätsschutz besondere Bedeutung zu. Es ist leider überhaupt nicht ausgeschlossen, dass bei Bekanntwerden der Identität einzelner Mitglieder der Spezialeinheiten diese und insbesondere auch ihre Familienangehörigen Repressalien der Täterseite ausgesetzt sein könnten.

Da in solchen Fällen gegen die Schützen eines polizeilichen Schusswaffengebrauchs ermittelt wird und diese den Status von Beschuldigten eines Strafverfahrens haben, wären diese Kollegen im Normalfall verpflichtet, gegenüber der Staatsanwaltschaft ihre vollständigen Personalien anzugeben. Weil aber die Zielperson des polizeilichen Schusswaffengebrauchs in aller Regel anwaltlich vertreten wird, indem sie zum Beispiel als Nebenkläger auftritt, hat der Rechtsanwalt das Recht der Akteneinsicht, wodurch dann die Personalien des Polizeibeamten der Gegenseite bekannt werden würden. Um dies im Falle des Schusswaffengebrauchs durch Angehörige von Spezialeinheiten zu verhindern, wurde in Zusammenarbeit mit der Staatsanwaltschaft ein eigenes Verfahren entwickelt. Solange die Ermittlungen (noch) nicht zu einer Anklageerhebung geführt haben, werden die Personalien der am Einsatz beteiligten Kollegen in Form einer sogenannten Kennziffernliste aufgeschrieben. Dies bedeutet, dass jedem von ihnen eine Ziffer zugewiesen wird, unter der beispielsweise die Vernehmungen beim KK 11 und bei der Staatsanwaltschaft durchgeführt werden. In der Liste stehen hinter der jeweiligen Kennziffer die realen Personalien des Beamten. Von dieser Liste existieren drei Ausführungen: eine bei der Staatsanwaltschaft, eine beim zuständigen Polizeipräsidenten und eine beim Leiter der jeweiligen Spezialeinheit. Die Umschläge mit den Listen sind verschlossen und versiegelt. Solange es nicht zu einer Anklageerhebung durch die Staatsanwaltschaft kommt, wird das Verfahren vollständig unter den Kennziffern geführt, wodurch die Personalien der Beamten geschützt sind. Wird das Verfahren wegen eines als rechtmäßig bewerteten Schusswaffengebrauchs eingestellt, so bleiben die Personalien des Polizeibeamten geheim. Nur wenn es zur Anklageerhebung käme, würden die realen Personalien der Kennziffernliste entnommen. Das Gerichtsverfahren gegen den betroffenen Beamten fände dann unter seinen korrekten Personalien statt.

Diese komplizierte, aber notwendige Regelung kann natürlich nicht darüber hinwegtäuschen, dass das gesamte Verfahren für einen Schützen aus unseren Reihen eine nicht unerhebliche Belastung darstellt. Nicht nur, dass er im schlimmsten Fall damit umgehen muss, einen Menschen getötet zu haben, er muss darüber hinaus auch noch ein staatsanwaltschaftliches Ermittlungsverfahren mit Vernehmungen, der Abgabe persönlicher Ausrüstungsgegenstände (Waffe und Kleidung, die im Einsatz benutzt wurden) sowie der Sicherung von Schmauchspuren an seinen Händen über sich ergehen lassen – und dies alles nur, weil er einen dienstlichen Auftrag wahrgenommen und sich dabei möglicherweise in Lebensgefahr begeben hat. Doch dies ist der Preis, den wir alle für die Einhaltung rechtsstaatlicher Prinzipien zu zahlen haben.

Daher kann ich nur bitter darüber lachen, wenn in einschlägigen Presseorganen wieder einmal behauptet wird, bei diesem oder jenem Ermittlungsverfahren zu einem polizeilichen Schusswaffeneinsatz wäre etwas nicht mit rechten Dingen zugegangen. Jede Wette, dass so ein Journalist die Dinge ganz anders sähe und ganz andere Artikel in die Welt setzte, wenn er die Abläufe nach einem solchen Schusswaffengebrauch am eigenen Leib erfahren würde.

Für mich als Führer der eingesetzten SEK-Einheit kommt es jetzt in erster Linie darauf an, dass die notwendigen Maßnahmen in einer für die Schützen angemessenen Form abgewickelt werden. Manchmal ist es leider in vergleichbaren Fällen schon vorgekommen, dass die Kollegen des KK 11 vergessen haben, dass es sich bei den Beschuldigten um Polizeibeamte handelte, die in Ausübung des Dienstes ihre Schusswaffe eingesetzt haben, und eben nicht um Tatverdächtige, die eines gewöhnlichen Kapitalverbrechens verdächtig waren.

Der Notarzt hat mit seinen beiden Assistenten den schwer verletzten Mann nun so weit behandelt, dass er auf schnellstem Wege in das nächste Krankenhaus abtransportiert werden kann. Dieter begleitet das Notarztteam nach unten zum Krankenwagen. Kurz darauf trifft ein dreiköpfiges Team des KK 11 ein, um den Tatort von mir zu übernehmen. Was jetzt noch fehlt, das sind die Kollegen der Spurensicherung, die sich um die forensische Tatortaufnahme kümmern werden. Deren Feststellungen – also etwa die Sicherung forensischer Spuren von Patronenhülsen oder der Einschuss im Türrahmen der Wohnzimmertür – sind, neben allen Zeugenaussagen, für das Ermittlungsverfahren von größter Bedeutung.

Ich schildere den drei Ermittlern den Ablauf des Zugriffs so detailliert, wie ich es vermag, und zeige ihnen auch die Waffe der Zielperson und die sichergestellte Handgranate, welche noch immer auf dem Küchentisch deponiert sind. Gerade die Waffe der Zielperson ist natürlich ebenfalls ein wichtiges Beweismittel, weil dadurch bewiesen werden kann, dass die Zielperson auf meine in den Raum eindringenden Kollegen gefeuert hat. Die Beamten des KK 11 sind gerade auch wegen der Handgranate sehr beeindruckt. Da der von mir geschilderte Ablauf für sie plausibel klingt und sich nach erster Inaugenscheinnahme der Spuren daran auch keine Zweifel ergeben, vereinbare ich mit den Kollegen, dass wir zunächst geschlossen zu unserer Dienststelle zurückkehren, dort die Kleidung unter Verwendung der ebenfalls von mir noch zu fertigenden Kennziffernliste sammeln und dann dem KK 11 zur Auswertung zur Verfügung stellen. Die Waffen von Michael und Siggi behalten die Ermittler sofort ein, und dankenswerterweise sind sie so taktvoll, dass sie zunächst mich fragen, ob die Schützen in der Verfassung wären, von ihren Händen direkt die Schmauchspuren zu sichern. So halte ich also Rücksprache mit den beiden und stelle fest, dass die damit kein Problem haben.

Und so sind wir nach unserer Rückkehr zur Dienststelle noch bis zum Morgen damit beschäftigt, alle notwendigen Formalien abzuwickeln. Ich informiere Wilhelm, unseren Chef, nach meiner Rückkehr unverzüglich telefonisch über die Ereignisse. Er fragt, ob er sofort zur Dienststelle kommen soll, um mich gegebenenfalls zu unterstützen, was ich aber nicht als erforderlich ansehe, zumal sowieso der Morgen nicht mehr fern ist und der normale Dienstbeginn bald ansteht. Nun zeigt sich auch, dass die intensive Ausbildung, die wir betreiben, ihre Wirkung nicht verfehlt. Die gesamte Gruppe, inklusive der beiden Schützen, hat den Sachverhalt sehr ruhig und professionell abgearbeitet und aufgenommen. Nachdem wir die Arbeiten für das KK 11 erledigt haben, beginnen wir mit einem sogenannten Debriefing, um den Einsatz noch einmal aus allen Richtungen zu beleuchten. Für Michael und Siggi ist eine solche Diskussion im Kreise der Gruppenkollegen neben der intensiven Vorbereitung auf solche Sachverhalte mit die wichtigste Maßnahme, um möglichen posttraumatischen Belastungsstörungen entgegenzuwirken. Das ruhige Gespräch im Kreise der Teammitglieder, die die Situation ohne große Erklärungen genau nachvollziehen können, ist immens wichtig für die Verarbeitung eines solchen Sachverhalts.

Mitten in diesem Gespräch erreicht mich der Anruf unseres Polizeiführers, dass der Täter im Krankenhaus seinen Verletzungen erlegen ist. Das überrascht niemanden, auch nicht die beiden Schützen, wir alle haben damit gerechnet.

In den nächsten Tagen machen wir unsere Zeugenaussagen, die zuständige Staatsanwaltschaft hat keine weiteren Rückfragen – und so wird das Ermittlungsverfahren gegen die beiden Kollegen bereits binnen einer Woche eingestellt.

Für die beiden Schützen zählt jetzt vor allem, dass sie im Kollegenkreis in keiner Weise anders behandelt werden als zuvor. Normalität ist ein äußerst wichtiger Faktor, um psychische Schäden, die durch eine solche Extremsituation entstehen können, erst gar nicht aufkommen zu lassen. In diesem Zusammenhang sind zum Beispiel die gut gemeinten Ratschläge von manchen Vorgesetzten in vergleichbaren Fällen, zur »Erholung« ein paar Tage »frei zu nehmen«, durchaus nicht immer sinnvoll.

Im Falle unserer Einheit kann ich jedenfalls sagen, dass durch anspruchsvolles Training und angemessene Vorbereitung auf der einen Seite sowie durch eine menschlich und gruppendynamisch kluge Aufarbeitung derartiger Sachverhalte bis zum heutigen Tage kein Kollege wegen posttraumatischer Belastungsstörungen behandelt werden musste.

Ich wünsche mir, dass dies in Zukunft Bestand haben wird!

* * *

Das Motiv des Täters indes blieb im Unklaren. Es kann nur vermutet werden, dass sein durch Kriegserlebnisse geprägtes Vorleben dazu geführt hat, so extrem zu reagieren, wie er es getan hat. Doch wie so häufig bei Tätern die vollkommen irrationale Taten begehen, werden wir die Gründe wohl nie erfahren und ganz ehrlich … sie sind uns auch egal!

FASSUNGSLOS

»Alles, was lediglich wahrscheinlich ist, ist wahrscheinlich falsch.«
René Descartes

Es ist 7:15 Uhr, kurz nach Dienstbeginn. Heute muss meine Gruppe die im Tagesdienst anfallenden Einsätze für das SEK übernehmen. Wir haben uns gerade zum gemeinsamen Frühstück an unserem großen Tisch im Gruppenraum niedergelassen, und jeder schlürft, noch etwas verschlafen, den ersten Becher Kaffee. Selbst die unvermeidlichen Witze und Frotzeleien, die eigentlich ständig dazugehören, kommen noch nicht so recht in Gang. Es ist einfach noch zu früh am Morgen. Ich blicke lustlos auf mein Brot, das ich mir ohne rechten Appetit einverleibe, als die Lautsprecheranlage, die überall in unserer Dienststelle installiert ist, knackt. Zu hören ist die Stimme von Hagen, dem Einsatzsachbearbeiter, der mit seiner Körpergröße von über zwei Metern jedem Basketballspieler Konkurrenz machen könnte: »Wir haben eine Geiselnahme in L. Vermutlich hat ein Familienvater mehrere Familienangehörige erschossen und seine kleine sechsjährige Tochter als Geisel genommen. Einsatzführer SEK bitte sofort nach oben.«

Mir fällt fast die Kaffeetasse aus der Hand, denn eine solch heftige Einsatzlage zu dieser frühen Uhrzeit ist auch nach meiner nunmehr sehr langen Dienstzeit beim SEK alles andere als eine Routineangelegenheit.

Ich springe von meinem Platz auf und wende mich an Lothar, meinen Stellvertreter. Lothar und ich führen unser Kommando schon länger gemeinsam, als viele Ehen in Deutschland Bestand haben, wie meine Kollegen häufig scherzhaft bemerken. Lothar ist ein Stellvertreter, wie man ihn sich nicht besser wünschen könnte: loyal, selbstständig, entscheidungsfähig, wenn die Situation es erfordert, und vor allem ein äußerst angenehmer Zeitgenosse mit einem großartigen Humor. Darüber hinaus habe ich bisher keinen Menschen kennengelernt, der, wenn es die Umstände gestatten, derartige Mengen an Weizenbier vernichten kann. Lothar und ich sind ein eingespieltes Team, bei dem nicht viele Worte notwendig sind. Jetzt rufe ich ihm zu: »Sammle alle Kollegen ein, die hier auf der Dienststelle sind, und macht euch abmarschbereit. Ich geh hoch und höre, welche Infos wir haben. Wir treffen uns unten an den Autos.«

Das »Ok« von Lothar höre ich schon gar nicht mehr, sondern ich greife nach meiner Einsatzmappe und renne die Treppen hoch, zum Büro von Hagen. Der hat gerade telefoniert und legt in dem Moment, in dem ich eintrete, den Hörer auf. Schulterzuckend sagt er mir: »Viel mehr Informationen habe ich noch nicht. Der Täter hat wohl selbst bei der Leitstelle über Notruf angerufen und erklärt, dass er seine gesamte Familie erschossen hätte, bis auf seine sechsjährige Tochter. Wie viele Personen betroffen sind, weiß ich noch nicht. Er hat auch angekündigt, seine Tochter und sich selbst zu erschießen, sollte sich Polizei dem Haus nähern. Der Einsatz wird von den Kollegen aus K. geführt, die sind auch bereits auf dem Weg. Da die Kollegen von dort dem Tatort am nächsten sind, wird der Einsatz auch durch sie geführt, Routine also, was dies angeht. Wenn ich weitere Infos bekomme, melde ich mich über Handy. Hier ist die Adresse des Tatorts.«

Hagen reicht mir einen Zettel über den Tisch.

»Alles klar«, sage ich, und da es nichts weiter zu besprechen gibt und alles darauf hindeutet, dass die Lage heikel und dringlich ist, drehe ich mich sofort wieder um und laufe in den Umkleideraum, um meine Einsatzklamotten zu holen. Als ich schwer bepackt im Hof ankomme, haben die Kollegen die Fahrzeuge bereits aus der Garage geholt, und die letzten kommen gerade aus der Waffenkammer und verstauen ihre Waffen. Lothar hat sich auch bereits um meine Maschinenpistole gekümmert. Wie so häufig werden wir beide gemeinsam in dem sogenannten Führungsfahrzeug fahren. Für mich als Führer des Einsatzes ist es wichtig, einen erfahrenen Kollegen mit im Fahrzeug zu haben, der ein Ohr auf die eingehenden Funksprüche hat und auch selbstständig Telefonate führen und Entscheidungen treffen kann, sollte dies im Zuge einer hektischen Lageentwicklung notwendig werden. Lothar und ich sind ein eingespieltes Team, wo nicht viele Worte notwendig sind.

»Wir sind abmarschbereit«, sagt er zu mir, als ich meine schwere Einsatztasche im Kofferraum der Audi-Limousine unterbringe. Meine Kollegen stehen bereits an den Fahrzeugen, und zwar die gesamte »Streitmacht«, die heute Morgen zum Frühdienst erschienen ist, das bedeutet in diesem Fall insgesamt 14 SEK-Beamte. Sie erwarten eigentlich, dass ich sie noch einmal kurz zusammenrufe, um ihnen eine kurze Lageeinweisung zu geben. Doch dazu ist aufgrund der dringlichen Lageentwicklung keine Zeit. Wir müssen sofort los!

Ich rufe nur laut über den Hof: »Wir rücken sofort ab. Ich komme mit den Lagedetails über Funk. Abmarsch …!«

Ich springe auf den Beifahrersitz des Audi, Lothar, der bereits hinter dem Steuer sitzt, betätigt das per Magnet auf dem Dach der zivilen Limousine angebrachte Blaulicht und fährt los. Die anderen Wagen folgen dicht auf, und als wir die Toreinfahrt zu unserer Dienststelle passieren, schalten alle Fahrer das eingebaute Martinshorn ein. Unter ohrenbetäubendem Lärm fahren wir in schneller Fahrt der Autobahn entgegen. Lothar hat alles zusammengetrommelt, was sich auf der Dienststelle befunden hat. Wir sind also fast doppelt so viele SEK-Beamte wie einer dienstbereiten Einsatzgruppe eigentlich angehören. Aber bei so einer prekären Lage wie der, der wir jetzt entgegenfahren, will niemand ohne zwingenden Grund auf der Dienststelle rumhocken.

Über Funk informiere ich die Kollegen in den anderen Fahrzeugen über die paar wenigen Einzelheiten, die mir Hagen mitgeteilt hat, und versuche anschließend, über Handy Tony zu erreichen. Das ist der Leiter der Spezialeinheiten aus K., der jetzt den gesamten Einsatz aller Einheiten leiten wird. Tony ist mir sehr gut bekannt, da er bis vor kurzem der Chef unserer Dienststelle gewesen ist – ein menschlich sehr angenehmer Vorgesetzter. Als Tony nach K. versetzt wurde, haben wir alle seinen Weggang aufrichtig bedauert. Tony hat zwar, wie fast alle seine Amtskollegen, ursprünglich keine SEK-Ausbildung durchlaufen, hat sich aber durch viel Interesse an unserer Arbeit und seine menschlich sehr angenehme Art den Respekt aller SEK-Kollegen erworben. Ich persönlich habe mit ihm bereits ein paar sehr heikle Einsätze hinter mich gebracht und kann nur das Beste über ihn berichten. Tony ist einer von uns!

Ich versuche es immer wieder, aber Tonys Handyanschluss ist ständig besetzt; die Gründe dafür kann ich mir lebhaft vorstellen. Wir fahren mit höchstmöglicher Geschwindigkeit über die durch den morgendlichen Berufsverkehr stark frequentierte Autobahn, und da wir ja noch etwa eine halbe Stunde Fahrzeit vor uns haben, stelle ich vorerst meine Versuche ein. Stattdessen verfalle ich ins Grübeln über das, was uns bevorsteht. Die Situation scheint so zu sein, dass wir eigentlich nur verlieren können. Da der Täter selbst gegenüber der Polizei angegeben hat, seine Familienangehörigen erschossen zu haben, stehen wir unter erheblichem Handlungszwang. Es ist ja durchaus möglich, dass die Personen in dem Haus nur angeschossen worden und verletzt sind, dass sie noch leben und dringend ärztlicher Hilfe bedürfen. Wenn wir uns aber dem Haus nähern und der Täter, wie angekündigt, seine kleine Tochter und sich auch noch selbst erschießt, ohne dass wir ihn daran hindern können, dann ist das Desaster perfekt. Das ist alles verdammt bedrohlich und schwierig. Aber dann weigere ich mich, meinen trüben Gedankengängen weiter nachzuhängen. Zumeist ergeben sich im Verlauf einer Lageentwicklung ja doch unverhoffte Handlungsmöglichkeiten, und was mich ein bisschen zuversichtlich stimmt, ist die Gewissheit, dass meine Kollegen ebenso wie ich bereit sind, wirklich alles zu tun, um das kleine Mädchen und die vielleicht noch Überlebenden im Haus zu retten.

Auch Lothar, der neben mir konzentriert das Auto durch den dichten Verkehr steuert, ist schweigsam und angespannt.

Das Klingeln meines Handys unterbricht meine Gedankengänge, und wie es der Zufall will, ist es nun Tony, der versucht, mich zu erreichen. Wir begrüßen uns herzlich, trotz der prekären Lage. Dann überbringt Tony die erste gute Nachricht an diesem Morgen: Der Täter hat das kleine Mädchen vor ein paar Minuten überraschend freigelassen. Dies verändert natürlich unsere Ausgangsposition ganz erheblich. Tony erläutert mir kurz, dass er und seine eigenen SEK-Kräfte in etwa 15 Minuten am Einsatzort sein werden. Allerdings seien sie nur eine schwache Gruppe. Ich antworte ihm, dass wir mit einer Stärke von etwa zwei Gruppen anrückten und auch nur noch etwa 20 Minuten bis zum Eintreffen bräuchten. Dann sage ich: »Wir müssen umgehend in das Objekt eindringen, da dort vielleicht noch Verletzte sind, die dringend ärztliche Hilfe brauchen. Ich schlage vor, dass ihr, sobald ihr eintrefft, die ersten Aufklärungsmaßnahmen durchführt, und wir, weil wir mehr Leute sind, uns sofort nach Eintreffen Zugang in das Objekt verschaffen.«

»Einverstanden«, erwidert Tony ohne weitere Diskussion, »das andere Telefon klingelt schon wieder, wir sehen uns gleich vor Ort.«

Spricht's und legt sofort wieder auf, aber wir haben eigentlich alles besprochen, was ich derzeit wissen muss. Unser Auftrag ist damit klar, wir werden unmittelbar nach Eintreffen in das Zielobjekt eindringen …

Über Funk informiere ich meine Kollegen über die neue Lageentwicklung und unseren Auftrag: »Sobald wir vor Ort ankommen, machen sich alle unmittelbar einsatzklar. Nachdem ich die notwendigen Informationen von den Aufklärern erhalten habe, werden wir sofort in das Zielobjekt eindringen. Kuno, du nimmst deinen Sani-Sack mit …«

Kuno ist zusätzlich qualifizierter Rettungssanitäter, der jetzt neben seiner persönlichen Einsatzausstattung und Bewaffnung auch noch den recht schweren und sperrigen Sanitätsrucksack mit sich führen muss.

Alle Fahrzeuge hinter uns quittieren meine Funkdurchsage, damit ich sicher sein kann, dass alle das Gesagte verstanden haben.

Schließlich erreichen wir das Ziel unserer Fahrt, einen Vorort von L., in dem gepflegte Einfamilienhäuser das Straßenbild bestimmen. Die uniformierten Kollegen haben, wie in solchen Fällen üblich, in einigem Abstand zum Zielobjekt alle Zufahrtsstraßen abgesperrt. Als sie unsere Fahrzeugkolonne mit den blinkenden Blaulichtern sehen, ziehen sie schnell die Lübecker Hüte, welche zur Sperrung mitten auf der Fahrbahn stehen, zur Seite. Lothar hält neben einem der Polizisten an und fragt nach dem Aufenthaltsort der SEK-Kollegen aus K., die bereits eingetroffen sein müssen. Der Uniformierte beschreibt uns den Weg zu einem Garagenhof in etwa 200 Metern Entfernung, wo Tony seine mobile Befehlsstelle aufgebaut hat.

Dort angekommen, springen meine Kollegen aus den Fahrzeugen und legen sofort ihre Einsatzausrüstung an. Ich entscheide mich ebenfalls dazu, mich zunächst auszurüsten und dann erst Tony in seiner Befehlsstelle aufzusuchen. In Windeseile lege ich meine Schutzweste an, stülpe mir meinen schusssicheren Helm auf den Kopf und überprüfe die Funktionsfähigkeit meines Funkgerätes sowie den Ladezustand des Akkus. Meine bewährte Maschinenpistole vervollständigt meine Ausrüstung, und im Laufschritt begeben sich Lothar und ich zu Tonys Befehlsstelle, einem speziell hierzu umgebauten VW-Transporter.

Als er Lothar und mich sieht, lächelt er kurz, und wir schütteln uns die Hand. Dann sagt er: »Wir haben leider noch nicht allzu viel an Informationen. Bei dem Haus handelt es sich um ein freistehendes Einfamilienhaus, mit Wohnebene im Erdgeschoss und einem Speicher unter dem Dach. Rund um das Gartengrundstück steht eine mannshohe Hecke, durch die man nicht hindurchschauen kann. Wir wissen nicht, wie es im Inneren des Hauses aussieht, und eine Kontaktaufnahme mit dem Anrufer ist seit seinem Telefongespräch mit der Leitstelle nicht mehr gelungen. Angeblich haben sich mit der freigelassenen Tochter dort insgesamt vier Personen aufgehalten: die Mutter und ihr neuer Geliebter, der erst kürzlich dort eingezogen ist, sowie der Sohn. Bei dem Tatverdächtigen handelt es sich um den Noch-Ehemann der Frau. Das Haus gehört den Eheleuten gemeinsam.«

»Verdammter Mist«, denke ich bei mir, das alles klingt nach einer ausgewachsenen Familientragödie, wie wir sie leider in der Vergangenheit schon öfter erlebt haben und wohl auch immer wieder erleben werden.

»Hat die Tochter irgendetwas gesagt?«, fragt Lothar.

»Nur so etwas wie: ›Papa hat Mama sehr weh getan.‹ Aber was genau passiert ist, wissen wir nicht.«

»Das spielt jetzt alles keine Rolle, wir müssen unbedingt da rein und schauen, was los ist«, sage ich zu Tony, und der nickt auch bestätigend in meine Richtung. »Ich habe das mit dem Polizeiführer bereits abgeklärt«, antwortet er, »ihr habt die Freigabe, in das Objekt einzudringen. Mehrere Notärzte stehen ebenfalls bereits bereit. Viel Glück, Jungs!«

Lothar und ich drehen uns um und laufen zu unseren geparkten Fahrzeugen zurück, um unsere Kollegen über das Wenige zu informieren, was wir derzeit wissen.

Wir nähern uns dem Zielobjekt im Laufschritt und bilden am Gartentor, etwa 15 Meter von der Eingangstür des Hauses entfernt, eine lange Reihe. Ich knie mich am Fuß der Hecke hin und blicke durch das schmiedeeiserne Gitter des Gartentors in Richtung Haus. Hinter dem Gitter stehen auf dem Weg zur Haustür zwei Autos. Aus meiner Position kann ich die Eingangstür des Hauses nicht erkennen, da sie sich an dessen Kopfseite befindet, während ich vom Gartentor aus die Längsseite mitsamt einer recht großen Terrasse vor mir habe. Und ich stelle fest: Die Terrassentür steht offen! Wenn der Täter verhindern möchte, dass Polizeikräfte ins Haus gelangen, dann lässt er mit Sicherheit nicht die Terrassentür deutlich sichtbar geöffnet. Ein schlechtes Zeichen!

Über Funk informiere ich meine hinter mir platzierten Kollegen über meine Beobachtungen. Sie selber können wegen der dichten Hecke nichts erkennen.

Als Nächstes beordere ich Thomas und Georg zu mir nach vorne. Sie sind mit HK G3 K bewaffnet und werden unser Vorgehen zum Haus mit ihren Gewehren absichern. Hierzu sollen sie sich im Garten eine Position suchen, von der sie die uns zugewandten Fenster vollständig beobachten können. Schließlich müssen wir eine etwa 20 Meter lange, deckungslose Distanz zum Haus überwinden. Falls der Täter dies wollte, könnte er uns bei unserer Annäherung aus einem der Fenster problemlos unter Feuer nehmen. Die beiden Schützen haben ihren Auftrag verstanden und öffnen das nicht verschlossene Tor. Nach etwa einer Minute höre ich über Funk: »Schützen in Position, Fenster unter Kontrolle, ihr könnt starten.«

Ich bestätige die Funkdurchsage und ergänze dann: »Ok, Leute, wir werden uns jetzt einzeln und leise der geöffneten Terrassentür nähern. Im Inneren werden wir ebenfalls leise und kontrolliert die Räume durchsuchen. Wir werden immer jeweils nur so viele Leute ins Haus beordern, wie unbedingt nötig sind.«

Aufgrund der Tatsache, dass wir eine deckungslose Fläche überqueren müssen, habe ich mich dafür entschieden, uns einzeln zur Terrassentür laufen zu lassen. Sollte der Täter tatsächlich durch ein Fenster das Feuer eröffnen, so wäre ein Zufallstreffer viel wahrscheinlicher, wenn wir als geschlossene Gruppe auf das Haus zustürmen würden. Als Erster soll Ossi sich dem Objekt nähern, er kniet sich neben mich, ich schlage ihm auf den Rücken, und er läuft durch das Gartentor in hohem Tempo bis an die Hauswand direkt neben der geöffneten Terrassentür. Ich sehe, wie er vorsichtig seine Maschinenpistole um die Hausecke in Richtung Terrassentür in Stellung bringt.

»Hinter der Terrassentür ist offensichtlich das Wohnzimmer, ziemlich dunkel, ich kann keine Bewegung erkennen«, meldet er über Funk.

Sofort melden die beiden Gewehrschützen: »An den Fenstern ebenfalls keine Bewegung, alles ruhig.«

Als Nächster folgt Kuno, unser Sanitäter, mit dem schweren Rucksack. Ich flüstere ihm zu, dass er den Sani-Sack sofort abstellen soll, sobald wir das Gebäude betreten haben. Kuno nickt mir zu und rennt dann, so schnell es ihm seine Last erlaubt, in Richtung des an der Hauswand hockenden Ossi. Auch Kuno erreicht das Haus unangefochten und kniet sich so an die Hauswand, dass er und Ossi Rücken an Rücken postiert sind. Hierdurch haben sie eine Art Rundumsicht, und es ist eigentlich nicht möglich, sich ihnen aus welcher Richtung auch immer überraschend zu nähern, ohne dass die beiden dies bemerken würden. Der Nächste in der Reihe ist Erwin, ein baumlanger, glatzköpfiger Hüne, der, wie es oft bei solchen Leuten vorkommt, ganz im Gegensatz zu seinem manchmal einschüchternd wirkenden Äußeren doch ein vergleichsweise sensibler Charakter ist. Erwin trägt zusätzlich zu seiner Einsatzausrüstung die etwa 20 Kilo schwere eiserne Ramme mit sich. Die brauchen wir sicherheitshalber, da wir im Inneren des Objekts mit verschlossenen Türen rechnen müssen. Nachdem ich Erwin auf den Rücken geschlagen habe, sprintet dieser ebenfalls los, und die schwere Ramme in seiner linken Hand wirkt so, als wäre sie ein Kinderspielzeug ...

Dann bin ich dran. Im Gegensatz zu meinen Kollegen, die rechts von der Terrassentür hintereinander hocken, laufe ich an die linke Seite, damit ich einen besseren Blick in das Innere habe. Ich sehe durch die Scheibe in das Wohnzimmer hinein. Es macht einen aufgeräumten Eindruck, und ich erkenne keinerlei Kampfspuren, allerdings kann ich in die Tiefe des Raumes aufgrund der verdunkelten Scheiben nicht hineinsehen. Nachdem noch zwei weitere Kollegen, Lothar und Dieter, die Rasenfläche überwunden haben, beschließe ich, dass wir nun genug Männer sind. Jetzt kommt es darauf an, leise in das Haus einzusickern.

Ich gebe Ossi ein Zeichen, der daraufhin den abgewandten Kuno anstupst. Beide betreten langsam und lautlos das Wohnzimmer durch die geöffnete Terrassentür. Unmittelbar dahinter folgen Erwin und ich. Nun, im Inneren des Gebäudes, kann ich auch halbwegs übersehen, wie das Haus aufgebaut ist. Das Wohnzimmer, in dem wir uns jetzt befinden, ist ziemlich groß. Ich schätze die Entfernung bis zur gegenüberliegenden Wand auf etwa fünf Meter. Jeweils nach links und rechts führen Durchgänge von diesem Raum weiter in das Innere des Hauses hinein. Rechts führt dieser Gang zur Eingangstür des Hauses und wahrscheinlich auch zur Küche. Ich gebe Ossi und Erwin einen Wink, dass sie sich zunächst dorthin orientieren sollen, um den Bereich bis zum Hauseingang zu klären, während Kuno mit seiner Maschinenpistole den linken Bereich sichert.

Über Funk melde ich, leise flüsternd, an die Kollegen draußen und an Tony in seiner Befehlsstelle: »Hier Peter. Wir sind im ZO, Wohnzimmerbereich gesichert, bisher keine Feststellungen, wir gehen weiter leise vor.«

Ein Doppelklick in meinem Ohrhörer bestätigt mir, dass meine Durchsage verstanden worden ist.

Ossi und Erwin verschwinden um die Ecke in Richtung Haustür, und nach einem kurzen, aber mir sehr lang vorkommenden Zeitraum meldet Ossi schließlich: »Haben den rechten Bereich unter Kontrolle, hier ist die Küche und das Gäste-WC. Nichts gefunden.«

Ich bestätige seine Durchsage: »Verstanden, kommt zurück, wir arbeiten uns jetzt weiter in den linken Bereich vor.«

Ich blicke an dem immer noch diesen Teil des Gangs sichernden Kuno vorbei und sehe in etwa drei Metern Entfernung eine schmale Ausziehleiter vor mir, die von der Decke zum Dachboden herabgelassen worden ist und nun mitten im Flur steht. Die Dachbodenluke selber ist so schmal, dass bloß eine Person hindurchpasst – ein Umstand, der uns gleich noch gehöriges Kopfzerbrechen bereiten wird.

Etwa einen Meter vor dieser Leiter befindet sich rechter Hand eine geschlossene Zimmertür. Ossi und Erwin sind mittlerweile wieder zurück aus dem rechten Bereich des Hauses und hocken sich hinter Kuno an die Wohnzimmerwand. Ich zeige mit meinem Finger auf Kuno und Ossi und deute dann mit der Hand auf die geschlossene Zimmertür. Ossi nickt, zum Zeichen, dass er verstanden hat und eng hintereinander bewegen sich beide auf die Tür zu. Ich bleibe zunächst mit Erwin an der Wohnzimmerecke und sichere mit meiner Maschinenpistole in das dunkle Loch des Speicheraufgangs. Noch immer haben wir im Haus kein einziges Geräusch gehört. Unheimlich. Ich sehe, wie Kuno die Klinke der Tür behutsam nach unten drückt, die Tür öffnet und dann mit Ossi in dem Raum verschwindet. Kurz darauf höre ich Ossis Stimme flüsternd über Funk: »Wir sind im Schlafzimmer, hier liegen zwei Personen, ein Mann und eine Frau, tot im Ehebett. Wie's aussieht, im Schlaf erschossen. Sonst ist der Raum klar.«

»Verstanden«, bestätige ich die Durchsage. Damit ist die telefonische Meldung des Täters, er habe auf seine Familienangehörigen geschossen, traurige Gewissheit geworden. Seine Frau und ihr Liebhaber sind tot, jetzt fehlt noch der sechzehnjährige Sohn – und natürlich der Täter selbst. Erschießt ein Vater aus Eifersucht tatsächlich auch seinen eigenen Sohn? Und das vor den Augen seiner kleinen Tochter? Wie schon häufiger in meiner langen Zeit beim SEK stehen wir wieder einmal fassungslos vor einem Geschehen, das man mit normalem Verstand nicht begreifen kann. Doch jetzt haben wir keine Zeit, darüber nachzudenken, denn der Verursacher dieser Tragödie muss sich noch immer irgendwo hier im Haus aufhalten, und unsere Aufgabe ist es, ihn zu stellen.

In diesem Moment meldet sich der Funksprecher von Tonys Befehlsstelle: »Seid ihr sicher, dass die beiden Personen tot sind, oder können wir euch einen Notarzt schicken?«

Bevor ich etwas antworten kann, spricht Ossi über Funk die Befehlsstelle an: »Beide Personen sicher ex, Kuno ist Sani und kann das beurteilen.«

Ich beeile mich zu ergänzen: »Hier Peter. Lage im Haus nach wie vor unklar, Täter noch nicht aufgefunden, hier kommt vorerst niemand rein!«

Die Befehlsstelle quittiert meine Durchsage mit einem »Verstanden« und hält dann Funkstille, wofür ich auch sehr dankbar bin, denn ich habe jetzt anderes zu tun. Hinter der ausgezogenen Leiter befindet sich am Ende des Ganges eine weitere Zimmertür, an der einige Aufkleber kleben. Dies könnte die Zimmertür eines Jugendlichen sein. Bevor ich jedoch weiter in diese Richtung denken kann, taucht der Kopf von Kuno wieder im Türrahmen der Schlafzimmertür auf. Aus dem Schlafzimmer ertönt ein leises, aber in der Stille des Hauses vernehmliches Geräusch, wahrscheinlich weil Ossi mit dem Fuß irgendwo angestoßen ist.

Und plötzlich hören wir eine Stimme: »Haut ab, verschwindet aus meinem Haus …«

Kuno deutet sofort mit dem Finger nach oben, in Richtung der geöffneten Dachbodenluke. Dort oben muss unsere Zielperson sein. Ich gebe ihm ein Zeichen, dass er den Mann auf dem Dachboden ansprechen soll. Möglicherweise können wir ihn ja doch dazu bewegen, herunterzukommen und aufzugeben.

Kuno beginnt sofort mit seiner Ansprache, ohne die Dachbodenluke aus den Augen zu lassen: »Herr Meier, hier spricht die Polizei! Das Gebäude ist umstellt, Sie haben keine Chance, hier wegzukommen. Werfen Sie Ihre Waffe weg und zeigen Sie sich so an der Luke, dass ich Sie sehen kann.«

Währenddessen informiere ich über Funk die anderen Kräfte: »Hier Peter. Kontakt! Zielperson auf dem Dachboden, hat uns gerade angesprochen. Wir versuchen, ihn zur Aufgabe zu bewegen.«

Kuno bekommt keine Antwort. Er versucht es immer wieder, aber der kurze Zuruf des Täters bleibt während des ganzen Einsatzes die einzige Äußerung, die wir zu hören kriegen. Nach einer geraumen Weile wird mir klar, dass wir so nicht weiterkommen und uns etwas anderes überlegen müssen, wie wir des Täters auf dem Dachboden habhaft werden.

Da wir nicht wissen, wo genau sich der Mann dort oben aufhält, und wir wegen der geöffneten Speicherluke die hinteren Räume nicht ungefährdet erreichen können, wende ich mich an Lothar und Dieter, die immer noch im Wohnzimmer auf einen Auftrag warten. Meine Absicht ist es, zunächst das gesamte Erdgeschoss unter Kontrolle zu nehmen, bevor wir uns dem Speicher zuwenden. Daher rufe ich: »Lothar, geh mit Dieter außen rum und versuch mal, einen Blick durch das Fenster in den hinteren linken Raum zu werfen.«

Lothar hält kurz den Daumen in die Höhe, zum Zeichen, dass er verstanden hat, und die beiden verschwinden durch die Terrassentür in den Garten. Dann meldet sich Lothar über Funk: »Wir sind am Fenster und können in den Raum hineingucken. Wir sehen eine Person auf dem Bett liegen, vermutlich ist das der Junge. Wir schlagen jetzt die Scheibe ein und gehen rein.«

Unmittelbar danach höre ich das Zersplittern einer Fensterscheibe, als meine Kollegen diese mit einem Brecheisen großflächig einschlagen. Kuno, der am nächsten an der Speicherluke steht, schüttelt auf meine fragende Geste nur seinen Kopf. Der Tatverdächtige hat zu dem Lärm der eingeschlagenen Fensterscheibe nichts gesagt. Auf dem Dachboden bleibt es ruhig.

Ich höre Dieters Stimme über Funk: »Wir sind drin, bei der Person auf dem Bett handelt es sich tatsächlich um den Jungen. Mehrere Schussverletzungen, wahrscheinlich ex, wir evakuieren ihn nach draußen in den Garten, benötigen Notarzt.«

Der Sprecher der Befehlsstelle reagiert sofort und antwortet: »Verstanden, Notarzt ist unterwegs.«

Verdammt, denke ich kurz, dieser Typ hat hier ein ausgewachsenes Massaker angerichtet und hockt nun seelenruhig auf dem Dachboden ... Doch ich weiß, dass mich solche Gedanken nicht weiterbringen, und so konzentriere ich mich sofort wieder auf unser weiteres Vorgehen.

Da wir jetzt das Erdgeschoss des Hauses komplett unter unserer Kontrolle haben, können wir uns nunmehr ausschließlich um die Person auf dem Dachboden kümmern, was nach Lage der Dinge eine ausgesprochen heikle Angelegenheit zu werden verspricht. Die kleine Ausziehtreppe, die nach oben führt, ist so schmal, dass dort nur einer von uns Platz findet. Das Problem hierbei ist, dass der Kollege, der als Erster die Leiter hochklettert, nur eine Richtung, nämlich seine Blickrichtung, abdecken kann. Falls sich unser Täter genau auf der anderen Seite der Luke aufhält – also dort, wohin der Kollege beim Hochklettern gerade nicht blickt –, kann er ihn mühelos und ohne Möglichkeit einer Gegenwehr von der Leiter schießen. Um uns dagegen zu wappnen, arbeiten wir im Normalfall grundsätzlich zu zweit, sodass immer ein Kollege die Richtung abdeckt, die der andere aufgrund seines Blickwinkels nicht beobachten kann. Aber das ist jetzt kein Normalfall, diese gegenseitige Deckung ist hier aufgrund der schmalen Treppe nicht möglich. Selbst wenn der zweite Kollege seinem Vordermann so dicht wie möglich folgt, kommt es, nachdem der erste Mann seinen Kopf durch die Dachbodenluke gesteckt hat, zu einem Zeitverzug, bis dieser zweite Kollege sich so weit hochgearbeitet hat, dass er den Rücken seines Vordermannes decken kann.

Und dieser Zeitverzug kann tödlich sein. Eine bescheidene Situation.

Zunächst möchte ich daher die Lage auf dem Dachboden so gut wie möglich erkunden, *bevor* auch nur einer den gefährlichen Aufstieg wagt. Leider verfügen wir, trotz bereits mehrfach gestellter Anträge unsererseits, bis dato nicht über eine mit einem beweglichen Kopf ausgestattete Kamera. Eine solche an einer Teleskopstange befestigte Kamera gestattet es, gefährliche Räumlichkeiten zu untersuchen, ohne dass der Bediener seine Deckung verlassen muss. Mit ihrem ferngesteuerten, schwenkbaren Kopf kann sie einen Bereich von über 180° abdecken und ist zudem mit Infrarotlicht ausgestattet. So lassen sich auch dunkle Bereiche für den Bediener halbwegs deutlich ausleuchten, ohne dass ein potenzieller Täter davon etwas mitbekommt, weil das infrarote Licht für die Augen ja unsichtbar ist. Leider ist so eine Kamera aus US-amerikanischer Produktion sehr kostspielig, und aus diesem Grund und weil man andere Dinge für wichtiger hielt, wurde eine Beschaffung eines solchen Gerätes bisher abgelehnt. Ich spüre, wie ich aufgrund dieser Tatsache in helle Wut gerate, denn aufgrund dieser »Kostenersparnis« muss gleich einer meiner Kollegen ein extrem hohes Risiko eingehen.[17] Zu den von mir mitgeführten Einsatzutensilien gehört bereits seit Jahr und Tag ein kleiner Taschenspiegel, den ich an einer im ausgezogenen Zustand etwa 70 cm langen Teleskopstange befestigen kann. Dieser Spiegel wird jetzt unser Kameraersatz sein müssen.

Während ich den Spiegel aus den Taschen meiner Schutzweste hervorkrame, kommen Lothar und Dieter wieder durch die Terrassentür ins Innere des Wohnhauses. Lothar macht mit seiner Hand ein eindeutiges Zeichen und schüttelt mit dem Kopf. Der Junge, den sie gefunden haben, ist ebenfalls definitiv tot.

Ich signalisiere Kuno an der Schlafzimmertür per Handzeichen, dass ich mich jetzt unter die Dachbodenluke begeben werde, um zu versuchen, mit dem Spiegel etwas erkennen zu können. Er soll mein Vorhaben mit seiner Maschinenpistole absichern, denn es ist ja nicht ausgeschlossen, dass der Täter unmittelbar an der Luke hockt und unvermittelt in unsere Richtung das Feuer eröffnet.

Kuno hat verstanden und bewegt sich aus seiner Tür ein wenig so nach vorn, dass er die gesamte Luke von unten im Blick hat. Um noch einen besseren Blick- und Schusswinkel zu haben, lässt er sich dann auf ein Knie herab. Als Kuno in Position ist, schleiche ich leise unter die Luke und beginne langsam, meinen Spiegel nach oben zu heben. Ich rechne förmlich damit, dass ein Schuss erklingt und mir der Spiegel aus der Hand gerissen wird, aber nichts dergleichen passiert, es bleibt still. Ich versuche, mir mit dem kleinen

17 Nach diesem Einsatz habe ich einen entsprechenden Bericht verfasst, in dem ich die Entscheidungsträger aufforderte, aufgrund der gemachten Erfahrungen nun schnellstmöglich eine derartige Kamera für jedes SEK in unserem Bundesland zu beschaffen. Trotz allerorts bekundeter Zustimmung aufgrund der Brisanz der bewältigten Einsatzlage dauerte es noch mehrere Jahre (sic!), bis eine entsprechende Kameraausstattung tatsächlich zur Verfügung gestellt wurde.

Spiegel und seinem ja nur minimalen Bildausschnitt einen Überblick über den Speicher zu verschaffen. Zunächst stelle ich fest, dass sich der Täter auf jeden Fall nicht in der Nähe der Luke aufhält, also keine unmittelbare Gefahr droht. Mit meiner linken Hand drücke ich auf den Sprechknopf meines Funkgeräts, um meine Kollegen, die ja nichts sehen können, zu informieren: »Hier Peter. Ich spiegele gerade den Dachboden aus, soweit es möglich ist. Täter bisher nicht erkannt, Dachboden ziemlich dämmrig, in die Ecken ist sehr schwer reinzublicken.«

Und so drehe ich den Spiegel in jede mögliche Richtung und verrenke mir die Hände, um doch noch irgendetwas zu sehen. Obwohl ich mich kaum bewege, fange ich an zu schwitzen. Schließlich glaube ich, an der einen Kopfseite des Dachbodens so etwas wie eine Nische erkennen zu können, eine nicht direkt einsehbare Ecke. Diese Nische scheint es auf der anderen Stirnseite nicht zu geben, aber sicher bin ich mir absolut nicht. Ich winke Dieter heran, der immer noch an der Ecke zum Wohnzimmer hockt und meine Versuche mit dem Spiegel aufmerksam verfolgt. Als er neben mir steht, gebe ich ihm den Spiegel und erläutere ihm flüsternd, was ich zu sehen geglaubt habe. Ich möchte, dass er ebenfalls einen Blick riskiert, nur um auszuschließen, dass ich schon unter Halluzinationen leide. Vorsichtig hebt Dieter den Spiegel wieder über den Rand der Dachbodenluke und beginnt ebenfalls mit komisch anmutenden Verrenkungen, um etwas erkennen zu können. Schließlich holt er den Spiegel wieder ein und flüstert mir zu: »Ich glaube, du hast recht, auf der rechten Seite des Dachs scheint es noch mal um die Ecke zu gehen, das ist definitiv auf der linken Seite nicht der Fall.«

Ich nicke ihm zu, und so etwas wie ein Plan reift jetzt in mir.

»Ok«, sage ich zu Dieter, »nach unserer beider Beobachtung ist die Wahrscheinlichkeit sehr hoch, dass sich der Typ in der Nische auf der rechten Seite des Daches aufhält. Ich möchte, dass du einen Schild in die Richtung aufstellst, in der er sich vermutlich nicht aufhält – und zwar so, dass du möglichst deine Rübe nicht durch die Luke steckst. Der Schild dient dir dann einfach nur als Rückendeckung, während du mit Blick auf die ›gefährliche‹ Seite nach oben gehst. Kurz vorher werfen wir ’ne Ablenkung. Den Schild kann der zweite Mann hinter dir so lange festhalten, bis du oben bist und er nachrücken kann, was meinst du?«

Dieter tut schon sehr lange in meinem Kommando Dienst, wir kennen uns dementsprechend gut und sind natürlich auch befreundet. Er ist einer jener Kollegen, die mit Autoritäten mitunter ihre Schwierigkeiten haben, aber da es mir ja ganz ähnlich geht, verstehen wir uns bestens, und ich weiß, dass Dieter mir gerade auch in dieser Hinsicht voll vertraut. Jetzt nickt er nur zustimmend und sagt: »Sehe ich genauso, lass uns da hochgehen.« Damit ist die Sache beschlossen.

Trotz aller unserer Vorkehrungen ist der Moment des Hochkletterns für Dieter alles andere als ungefährlich. Alles wird davon abhängen, ob sich der Täter tatsächlich, wie von uns vermutet, in der Nische des Dachbodens aufhält und ob er sich durch die von uns geworfene Ablenkung so weit verwirren lässt, bis Dieter und Kuno, der die Rolle des zweiten Mannes einnehmen wird, auf dem Dachboden Fuß gefasst haben. Aber dort oben hockt ein Täter, der drei Menschen erschossen hat, und wir sind schließlich dazu da, dass er nicht noch mehr Schaden anrichten kann.

Ich entferne mich ein Stück von der Dachbodenluke, um die Befehlsstelle über Funk zu informieren, dass wir gleich unter Einsatz eines Ablenkkörpers auf den Dachboden vordringen werden.

Dieter steht zusammengekauert so auf der wackeligen Leiter, dass sich sein Kopf gerade noch unterhalb der Einstiegsluke befindet. In seiner linken Hand hält er den klobig anmutenden ballistischen Schutzschild und in seiner rechten seine SIG Sauer P226, die mit einer Surefire-Taschenlampe am Magazinboden ausgestattet ist. Auf der untersten Sprosse der Leiter steht Kuno, bereit, den Schild festzuhalten, wenn Dieter als Erster nach oben geht. Neben Kuno befindet sich Ossi, den Ablenkkörper wurffertig in seiner Hand. Ich hebe den Daumen in die Höhe, als letzte Frage an die Beteiligten, ob sie bereit sind. Alle nicken mir zu, und so gebe ich Dieter ein Zeichen, dass es jetzt losgeht.

Mit einiger Mühe gelingt es ihm, den Schild einigermaßen leise in der besprochenen Art und Weise auf den Dachboden zu stellen, und Kuno reckt seine Hand nach oben, um den Schild in Position zu halten. Ich gebe Ossi einen Klaps auf den Rücken, woraufhin er den Ablenkkörper im hohen Bogen durch die Luke in Richtung des von uns vermuteten Standortes des Täters wirft. Bereits als der Knallkörper an seinem Kopf vorbeifliegt, beginnt Dieter mit seinem Aufstieg. Die Ablenkkörper, die wir verwenden, haben im Gegensatz zu einer Handgranate nur eine Verzögerungszeit von 1,5 Sekunden. Das heißt, diese Dinger knallen fast unmittelbar, nachdem der Werfer sie losgelassen und von sich geschleudert hat. So auch jetzt. Dieter hat noch nicht die letzte Sprosse der Leiter erklommen, als die Ablenkung mit ohrenbetäubendem Knall detoniert. Auch Kuno ist bereits auf dem Weg nach oben und hat die von uns als »ungefährlich« deklarierte Seite des Dachbodens im Blick. Alles scheint nach Plan zu laufen. Als Nächster klettert Ossi in Windeseile die Leiter hinauf, dahinter folge ich. Als ich durch die Luke klettere, sehe ich, wie Dieter und Ossi sich langsam der Nische, denn um eine solche handelt es sich tatsächlich, nähern. Bevor sie aber die Ecke erreicht haben, ertönt aus der Nische ein einzelner, gar nicht sonderlich lauter Schuss. Dieter, seine Pistole in Vorhalte, wendet zur Überwindung der Ecke eine Technik an, die wir »Kuchenschneiden« nennen. Hierbei bewegt man sich in einigem

Abstand und ganz kleinen Schritten graduell immer weiter um die Ecke herum. Durch die langsame Veränderung des Winkels kann man in den allermeisten Fällen zumeist zuerst Teile des Körperteils (z.B. den Fuß) der hinter der Ecke stehenden Person sehen, bevor man selbst in deren Blickfeld gerät. Dieters unter der Waffe angebrachte Surefire-Taschenlampe taucht nach und nach immer mehr von der Nische in helles Licht. Plötzlich beendet Dieter seine Bewegung und ruft: »Täter am Boden, blutet aus dem Kopf.«

Nun tritt Ossi vor, der dabei tunlichst vermeidet, durch Dieters Schussfeld zu laufen, und kickt, außerhalb meines Sichtfeldes, mit dem Fuß die neben der geöffneten Hand des Täters am Boden liegende Schusswaffe aus dessen Reichweite. Ich blicke noch einmal kurz hinüber zu dem auf der anderen Seite des Dachbodens angekommenen Kuno, der offensichtlich auf seiner Seite keine weiteren Feststellungen gemacht hat. Danach erreiche auch ich die Nische und sehe den Täter am Boden liegen. Aus einer klaffenden Kopfwunde läuft Blut und bildet eine immer größer werdende Lache.

Ich betätige mein Funkgerät: »Täter aufgefunden und sicher. Täter hat sich bei Annäherung unserer Kräfte mit seiner Waffe in den Kopf geschossen. Benötigen Notarzt …«

»Verstanden«, meldet sich die Befehlsstelle sofort, »Notarzt ist unterwegs.«

Ich glaube nicht so recht daran, dass der Täter noch lebt, will aber nichts unversucht lassen und wende mich an Kuno, unseren Rettungssanitäter, der mit der Untersuchung der anderen Seite des Dachbodens fertig ist: »Kuno, hol den Sani-Sack und fang schon mal an, bis der Notarzt hier ist.«

Lothar, der noch im Flur geblieben ist, reicht Kuno das im Wohnzimmer abgestellte Utensil durch die Dachbodenluke, doch noch bevor der den Sack geöffnet hat, hören wir schon das Notarztteam im Laufschritt in das Haus stürmen. Sie klettern auf den Dachboden und beginnen sofort mit ihren Maßnahmen. Erstaunlicherweise ist der Täter, trotz der klaffenden Schussverletzung am Schädel, doch noch nicht tot.

Während der Notarzt, der mir irgendwie bekannt vorkommt, und seine Assistenten den Täter versorgen, schaue ich mir die blutverschmierte Waffe des Täters etwas genauer an. Es handelt sich um eine israelische Uzi-Maschinenpistole im Kaliber 9 × 19 mm. Auf kurze Distanz, wie etwa hier auf dem Dachboden, eine tödliche Waffe …

Trotz intensiver Bemühungen des Notarztes verstirbt der Täter noch am Tatort, etwa eine Stunde, nachdem wir den Dachboden gestürmt haben. Als der Notarzt seine Sachen zusammenpackt, erkenne ich ihn plötzlich. Es handelt sich um den Arzt der GSG 9, der gerade wieder einmal eines seiner vorgeschriebenen Praktika im Rettungsdienst absolviert. Zufälle gibt's …

Auch wir packen danach unsere Sachen zusammen und verabschieden uns von Tony und den Kollegen aus K.

Nachdem wir zurückgekehrt sind, schlage ich Dieter noch einmal schweigend auf die Schulter und spreche ihm anschließend für seinen Mut meine Anerkennung aus. Dieter zuckt nur mit den Schultern und rollt sich eine seiner selbstgedrehten Zigaretten.

Obwohl alles für uns gut ausgegangen ist, empfindet niemand so etwas wie Freude oder Genugtuung über einen gelungenen Einsatz. Es herrscht eher Fassungslosigkeit über die uns immer wieder vor Augen geführte Allgegenwärtigkeit und Banalität des Bösen. Eine Familie wurde ausgelöscht, ein kleines Mädchen hat überlebt. Wo ist der Sinn?

AMOK

»Tatsachen schafft man nicht dadurch aus der Welt, dass man sie ignoriert.«
Aldous Huxley

Ungläubig starre ich auf die vor mir ablaufenden Fernsehnachrichten. Es ist der 20. April 1999, der Tag, an dem zwei Jugendliche an der Columbine Highschool im US-Bundesstaat Colorado ein Massaker anrichten. Dort erschießen sie einen Lehrer und zwölf Mitschüler und verletzen 24 weitere zum Teil schwer. Ich sehe auf dem Bildschirm die hilflos anmutenden Bemühungen der SWAT-Beamten, die Verletzten und Toten zu bergen. Obwohl es sich nur um Fernsehbilder handelt, die aus einiger Entfernung aufgenommen werden, erkenne ich das totale Chaos, das da herrscht, und unwillkürlich frage ich mich: Wie würden wir – das heißt zunächst natürlich meine Einheit, aber auch die Polizei allgemein – mit einer solchen Lage fertigwerden? Könnten wir eine solche Extremsituation professionell bewältigen?

Je länger ich darüber nachdenke, umso sicherer bin ich mir, dass wir das nicht könnten. In Deutschland hat es eine vergleichbare Situation in einer Schule und auch sonst bisher noch nicht gegeben.[18] Aber wenn so etwas bislang noch nicht passiert ist, bedeutet das ja keineswegs, dass es nicht in Zukunft doch passieren könnte. Als Beamte einer Spezialeinheit ist es einfach unser Job, ja unsere besondere Verpflichtung, uns mit Bedrohungsszenarien zu befassen, die möglicherweise noch auf uns zukommen. Vor ein paar Jah-

18 Zur Erinnerung: Erst später ist es auch hierzulande zu ähnlichen Gewaltexzessen an Schulen gekommen, vor allem 2002 in Erfurt mit 17 Toten (wovon gleich noch die Rede sein wird) und 2009 in Winnenden mit 16 Toten, wobei sich die jugendlichen Täter zuletzt jeweils selber erschossen haben.

ren, bis zur Geiselnahme in H., hatte sich schließlich auch noch niemand darauf eingestellt, dass gewöhnliche Straftäter damit drohen, mit Handgranaten um sich zu werfen.

Wir haben dann aber sehr schnell einiges dafür getan, um unsere völlige Ahnungslosigkeit, wie am besten auf Amokläufe reagiert werden kann, zu überwinden.

Als ich am nächsten Tag meinen Dienst beginne, ist der Amoklauf von Columbine natürlich allseits das Thema Nummer eins. Bereits an diesem Tage absolvieren wir in einem leerstehenden Polizeigebäude ein erstes Training, das auf die Bewältigung einer solchen Amoklage abgestellt ist. Wir stellen fest, dass unser bisheriges taktisches Vorgehen nicht ausreicht, um mit so einer Situation fertigzuwerden. Und mehr noch: Die Berücksichtigung einer derartigen Amoklage bedingt eine komplette Umstellung der Einsatzbewältigung für die gesamte Polizei.

Der Grund hierfür liegt in der gegenüber allen anderen Straftätern völlig anderen Vorgehensweise eines Amokläufers. Ein Amoklauf ist dadurch charakterisiert, dass der Täter scheinbar wahllos auf eine unbestimmte Vielzahl von Personen »einwirkt«, also auf sie schießt oder sie anderweitig aktiv attackiert – und zwar so lange, wie es ihm materiell, personell oder situativ möglich ist. Die Polizei kann lediglich auf die personellen und situativen Gegebenheiten Einfluss nehmen, nicht aber auf die materiellen. Im Klartext: Sie muss zum Zeitpunkt der Tat die Bewaffnung des Täters als gegeben hinnehmen, aber sie kann versuchen und sollte alles dafür tun, ihn von seinen potenziellen Opfern fernzuhalten, seinen Handlungsbereich einzuschränken und seine Aufmerksamkeit auf die eigenen Kräfte umzulenken. Ein Fernhalten des Täters von den potenziellen Opfern setzt aber beispielsweise eine gezielte Verhaltensschulung von Lehrern und Schülern mit dem Ziel voraus, nach Auslösung eines Amokalarms durch entsprechend antrainiertes Verhalten dem Täter die Möglichkeit zu nehmen, in den ihm zugänglichen Bereichen des Gebäudes überhaupt noch potenzielle Opfer anzutreffen. Die besten Möglichkeiten einer Einflussnahme auf das Verhalten des Täters bieten sich für die Polizei natürlich, indem sie durch taktisch richtiges Verhalten den Einflussbereich des Täters nachhaltig begrenzt, dessen Aufmerksamkeit von den Opfern auf die Polizeikräfte lenkt und letztendlich den Täter so schnell wie möglich handlungsunfähig macht. Genau darin aber liegt das Problem.

Eine Gemeinsamkeit aller spektakulären Amokläufe ist die Schnelligkeit, mit der sich das Geschehen entwickelt, und die exorbitant steigende Opferzahl, solange der Täter mehr oder minder ungestört seinem mörderischen Treiben nachgehen kann. Ein herausragendes Beispiel hierfür ist der Amoklauf von Anders Breivik, der am 22. Juli 2011 auf der norwegischen Insel Utøya innerhalb von 90 Minuten insgesamt 69 Menschen erschossen hat, bevor er endlich durch Angehörige der norwegischen Spezialeinheit Delta festgenommen werden konnte. 90 geschlagene Minuten! Das war Zeit genug, um Breivik zum folgenschwersten Massenmörder seiner Art in der Geschichte werden zu lassen.

Alles, was wir heute über die Charakteristik von Amokläufen wissen, wussten wir zum Zeitpunkt des Geschehens in Columbine noch nicht. Mit unserem Training war meine Einheit sicherlich eine der ersten in der gesamten Republik, die sich überhaupt mit dieser Thematik auseinandergesetzt hat. Ein von mir aufgrund unserer Trainingserfahrungen entwickeltes System des veränderten taktischen Vorgehens, nicht mehr mit dem Ziel, das Gebäude durch das SEK komplett zu sichern, was viel zu viel Kräfte und Zeit erfordert, sondern mit dem Ziel, mit wenigen Beamten so schnell wie möglich auf allen Ebenen des Gebäudes präsent zu sein. Hierdurch ist die Wahrscheinlichkeit für die Polizei, auf den Täter zu treffen und diesen bekämpfen zu können, deutlich erhöht, und zwar unabhängig davon, in welchem

Bereich des Gebäudes dieser seinem mörderischen Treiben nachgeht. Das war und ist aus unserer Sicht der Schlüssel zur polizeilichen Bewältigung einer Amoklage. Denn hierdurch wird in der entscheidenden Anfangsphase mit dem zumeist geringen Personaleinsatz der ersten Minuten die Wahrscheinlichkeit des Aufeinandertreffens von Täter und Polizeikräften nachhaltig verbessert. Doch diese verbesserte Ausgangsposition für die Polizei kann sich nur realisieren, wenn tatsächlich die ersten Beamten, die den Ereignisort erreichen, auch sofort aktiv in das Geschehen eingreifen. Dies sind jedoch meist nicht Beamte von Spezialeinheiten, sondern in aller Regel die Kollegen des Streifendienstes.

Zum Zeitpunkt von Columbine, ohne entsprechende Einsatzlagen in Deutschland, klang ein solcher Vorschlag, die Beamten des Wach- und Wechseldienstes in eine taktische Konzeption zur aktiven Bekämpfung von Amoktätern einzubeziehen, völlig utopisch. Die bisherige Praxis für die Beamten des Streifendienstes bei Vorhandensein von bewaffneten Tätern war immer, den Tatort weiträumig abzusperren und das Eintreffen der Spezialeinheiten abzuwarten. Eine Praxis, die, wie wir gesehen haben, im Falle von Amoktätern absolut nicht ausreichend ist.

Im Jahre 2001 richtete meine Einheit eine größere taktische Übung für Beamte von Spezialeinheiten unseres Landes aus, in der es erstmals um die Bewältigung einer Amoklage ging. Zu diesem Zweck wurde ein ehemaliges Schulgebäude mit schreienden »Opfern«, »Verletzten«, »Toten« und jeder Menge Kunstblut sowie einem durch die Räume laufenden, wild um sich schießenden Täter realitätsnah in Szene gesetzt. Das Ergebnis, welches die nicht auf diese Lage vorbereiteten Kollegen ablieferten, war ernüchternd. Die Bilder glichen in frappierender Weise denen aus Columbine. Dennoch war die Einsicht in die Notwendigkeit einer solchen Übung noch nicht allseits verbreitet. So mancher Kollege bezeichnete unsere Lagedarstellung als völlig unrealistisch und in Deutschland nicht vorstellbar und tat das von uns geforderte sofortige und daher weitgehend ungeplante Betreten des Gebäudes in Anwesenheit eines sich unkontrolliert bewegenden, schwer bewaffneten Täters als »unverantwortliches Himmelfahrtskommando« ab.

Doch tatsächlich holte uns die Realität viel schneller ein, als selbst wir es dachten.

Am 26. April 2002 betrat der ehemalige Schüler Robert Steinhäuser das Gutenberg-Gymnasium in Erfurt und erschoss im Zuge eines 20-minütigen Amoklaufs insgesamt zwölf Lehrer, eine Sekretärin, zwei Schüler und einen Polizeibeamten, bevor er sich zum Schluss selbst richtete. Ohne den am Tatort eingesetzten Polizeikräften auch nur den geringsten Vorwurf machen zu wollen: Sie waren vollkommen überfordert und weitgehend außerstande, aktiv in das Geschehen in dem Schulgebäude einzugreifen. Daher konnte der Täter sein Tun auch so lange fortführen, bis er selbst zu der Entscheidung kam, dass es genug sei. »Für heute reicht's«, sagte Steinhäuser kurz vor seinem Selbstmord zu einem Lehrer, der ihm am Ende seines Amoklaufs im Schulgebäude begegnete und den er nicht erschoss.

Das Geschehen in Erfurt entsprach in seinem Ablauf so genau demjenigen, welches wir ein Jahr zuvor im Rahmen unserer Übung veranstaltet hatten, dass mir selbst im Nachhinein ein Schauer über den Rücken lief.

Von diesem Zeitpunkt an genoss die Beschäftigung mit sogenannten Amoklagen bei der Polizei mit einem Mal die notwendige Priorität. Weitere Ausbildungsveranstaltungen folgten, und auch die Forderung, dass die Beamten des Streifendienstes eine entsprechende Ausbildung in der Bekämpfung von Amoktätern erhalten müssten, wurde nicht mehr für illusorisch befunden, sondern in unserem Bundesland nunmehr in einem fortbildungstechnischen Großprojekt in die Tat umgesetzt. Heutzutage muss jeder aktive

Polizeibeamte eine entsprechende Fortbildung zum Thema »Amok« durchlaufen.

Ich bin überzeugt, dass meine Einheit hierfür mit die entscheidenden Anstöße gegeben hat.

Ein paar Jahre später. Ich bin zusammen mit allen Kollegen, die heute Frühdienst haben, auf dem Weg zu einem Übungsobjekt, welches sich in einiger Entfernung zu unserer Dienststelle befindet. Für die Durchführung von realistischen Einsatztrainings ist es unerlässlich, dass wir ständig nach neuen und uns baulich nicht bekannten Objekten Ausschau halten. Im Ernstfall kennen wir ja die Gebäude, in die wir vordringen müssen, auch nicht.

Bei unserem »Ausflug« führen wir unser komplettes Einsatzequipment mit. Zum einen benötigen wir es für die Durchführung des Trainings sowieso, zum anderen müssen wir ja auch jederzeit auf einen möglichen Einsatz gefasst sein. Wie so häufig sitze ich mit Lothar, meinem Stellvertreter, gemeinsam im Auto, und wir unterhalten uns gerade über Gott und die Welt, als plötzlich mein Handy klingelt und Hagen, unser Einsatzsachbearbeiter, sich meldet. Hagen, den wir wegen seiner Tätigkeit als Einsatzvermittler und Überbringer von schlechten Nachrichten auch manchmal als »Hiob« bezeichnen, hält sich nicht lange mit der Vorrede auf, sondern kommt gleich zur Sache: »In einer Schule in E. läuft derzeit vermutlich eine Amoklage. Es wurden Schüsse gehört, alles Weitere noch unklar. Die Fliegerstaffel hält für euch eine Maschine bereit, sodass eine Crew im Lufttransport vorausfliegen kann. Der Rest muss mit Fahrzeugen hinterher.«

Ich überlege kurz, wo E. liegt und wie lange eine mögliche Flug- beziehungsweise Fahrzeit wohl dauern könnte. Da die Entfernung zum Einsatzort etwa 170 Kilometer beträgt, ist ein Hubschrauberflug mit einem Vorkommando mit Sicherheit sinnvoll, da die Fahrzeuge in jedem Fall länger brauchen werden. Ich sage zu Hagen: »Alles klar, wir drehen um. Ich fahre mit einer Crew zum Flughafen und fliege, der Rest fährt mit Lothar per Fahrzeug. Ruf mich an, wenn es noch weitere Infos gibt.«

Hagen bestätigt kurz das von mir Gesagte und legt auf.

Lothar, der neben mir das Auto fährt, schaut mich fragend an, und ich sage nur zu ihm: »Amoklage in E., wir teilen uns auf, ich fahre mit 3 Leuten zum Flughafen, wir haben eine Maschine und fliegen vor. Du kommst mit dem Rest per Fahrzeug hinterher …«

Als wir Mitglieder des fliegenden Vorkommandos mit quietschenden Reifen bei der Polizeifliegerstaffel ankommen, die auf einem abgetrennten Teil des Flughafens stationiert ist, wird gerade der Hubschrauber aus einer Halle geschoben und startklar gemacht. Bei der Polizei sind Hubschrauber des Modells BK 117 im Einsatz, die theoretisch Platz für elf Personen (inklusive Besatzung) bieten. Wenn man sich jedoch die kleine Zelle des Hubschraubers anschaut, so fragt man sich sofort, wo da wohl neun Passagiere untergebracht werden sollen, ganz zu schweigen davon, wenn es sich bei den Passagieren um schwer bepackte und bewaffnete SEK-Beamte handelt, die mit Sicherheit das für einen Passagier berechnete Durchschnittsgewicht um das Doppelte übertreffen. Genau aus diesem Grund habe ich die Größe unseres Teams auch auf vier Leute begrenzt, das sind neben mir noch Ossi, Michael und Hannes. Das Letzte, was ich jetzt will, ist, dass wir wegen der Überschreitung des zulässigen Abfluggewichts mit unserer »Kaffeemühle« nicht in die Luft kommen …

Meine drei Begleiter sind durch die Bank äußerst erfahrene SEK-Beamte mit vielen Jahren Einsatzerfahrung, trotz der geringen Anzahl eine äußerst schlagkräftige Crew!

Natürlich haben wir unsere Einsatzausrüstung bereits angelegt, da wir nicht wissen, wie es vor Ort aussieht und wo der Hubschrauber letztendlich mit uns landen wird. Im besten Fall sollte er natürlich unmittelbar an der

Schule aufsetzen, sodass wir sofort zum Einsatz kommen können.

Doch es sollte, wie immer eigentlich, ganz anders kommen …

Nachdem wir uns mit einiger Mühe in die enge Passagierkabine des Hubschraubers gezwängt haben und es mit noch mehr Anstrengungen gelungen ist, uns mit unserem ganzen am Körper befestigten Einsatzequipment tatsächlich festzuschnallen, beginnen die beiden Besatzungsmitglieder im Cockpit damit, die Triebwerke zu starten. Da wir wissen, dass es bei einer Amoklage auf jede Sekunde ankommt, sind wir natürlich entsprechend ungeduldig und können es kaum abwarten, bis unser Fluggerät endlich in die Luft kommt. Ich habe, wie beim Lufttransport per Hubschrauber üblich, eine Hör-/Sprechgarnitur auf dem Kopf. Damit kann ich den Funkverkehr der Besatzung mithören, auch selbst mit ihnen sprechen und überdies mit am Boden befindlichen Einsatzkräften Kontakt aufnehmen. Da es aber im Moment nichts zu besprechen gibt, folge ich nur den Gesprächen der beiden Besatzungsmitglieder, die die Maschine zum Start überprüfen. Schließlich höre ich, gedämpft durch meine Kopfhörer, das immer hellere Pfeifen der Triebwerke, der Rotor des Hubschraubers beginnt sich zu drehen, und die gesamte Zelle erzittert. Dann heben wir problemlos ab und fliegen unserem Ziel entgegen.

Wir alle hängen unseren Gedanken nach, und jeder Einzelne denkt vermutlich an das, was ihn gleich erwarten wird. Seit Columbine und erst recht seit Erfurt haben wir etliche Übungen in Sachen Amoklauf absolviert und unser Vorgehen in diesem Bereich taktisch ausgefeilt. Allerdings sind wir bisher in unserem Wirkungskreis vom Ernstfall verschont geblieben, aber das ist nun mit dem heutigen Tag vorbei. Ich versuche mir kurz vorzustellen, in welches Chaos wir gleich hineingeraten werden, verdränge diese Gedanken aber sofort wieder, denn getreu dem Motto

»Es kommt immer anders, als man denkt …« macht es derzeit wenig Sinn, sich irgendwelche Horrorszenarien vorzustellen.

So versunken zwischen Grübelei und dem eintönigen Pfeifen des Rotors werde ich erst langsam wieder auf das Gespräch der Besatzung im Cockpit aufmerksam. Wir befinden uns mittlerweile unzweifelhaft in der Nähe des Zielobjekts, aber offensichtlich sind sich die beiden Piloten nicht sicher, wo genau dieses denn liegt. Wir fliegen eine Schleife und noch eine, während die beiden Besatzungsmitglieder mehr oder weniger hektisch Ausschau nach dem Schulkomplex am Boden halten. Ich werde schließlich ungehalten und spreche in die Bordsprechanlage: »Hört mal, Leute, wir haben da unten eine Amoklage, seht zu, dass ihr uns auf dem schnellsten Wege absetzt!«

Daraufhin murmelt der Copilot etwas von einer »ungenauen, nicht stimmigen Ortsbeschreibung«.

Nach ein paar weiteren Schleifen entscheidet sich unsere Besatzung dann doch, zum Landeanflug überzugehen. Aus den kleinen Seitenfenstern der Maschine versuchen wir den Ereignisort zu identifizieren, was uns aber nicht gelingt. Schließlich setzt der Hubschrauber auf, und wir schnallen uns von unseren Sitzen los. Hannes, ein Kollege, der vor seinem Wechsel zu unserem SEK Beamter bei der GSG 9 war, öffnet die Schiebetür des Hubschraubers, und froh, dass wir endlich die Enge des Passagierraums hinter uns lassen können, springen wir heraus. Wir blicken uns um und dann verwirrt gegenseitig an. Wo ist die verdammte Schule?

Wir stehen auf einer eingezäunten Wiese, hinter der ein asphaltierter Feldweg verläuft, rundum weitere Wiesen, aber kein Hinweis auf ein Schulgebäude …

Ich stehe kurz davor zu explodieren, als sich auf dem asphaltierten Weg ein grün-weißer Streifenwagen nähert und am Zaun unserer Wiese hält. Ein uniformierter Kollege steigt aus und winkt hektisch. Wir laufen auf ihn zu, und schon von ferne fragt er etwas atemlos: »Was macht ihr denn hier, die Schule ist doch noch ein ganzes Stück weg?«

Ich glaube nicht richtig zu hören und antworte: »Der Hubschrauber hat uns hier abgesetzt, die Piloten wussten offensichtlich selbst nicht genau, wo das Ziel liegt.«

Jetzt brauchen wir umgehend ein Transportmittel, denn der Streifenwagen reicht keinesfalls aus, um uns alle vier mit dem ganzen Equipment zu transportieren.

»Ich versuch's mal über Funk«, antwortet mir der Kollege, während ich es immer noch nicht glauben kann, dass wir hier untätig auf einem Acker herumstehen, während ein kleines Stück entfernt irgendwer in einer Schule Amok läuft.

Plötzlich taucht, wie ein Wink des Schicksals, auf dem asphaltierten Weg ein älterer Mercedes-Lieferwagen vom Typ Sprinter auf und fährt auf uns zu. Ich rufe Ossi und Michael zu: »Haltet die Karre an, den übernehmen wir!« Und dann an den Kollegen im Streifenwagen gewandt: »Weißt du, wo die Schule ist?«

»Klar«, antwortet dieser, während er noch an seinem Streifenwagen steht und den Ohrhörer des Funkgerätes kurz sinken lässt.

Ossi und Michael haben sich mitten auf den Weg gestellt und den Sprinter, der augenscheinlich einem Malerbetrieb gehört, mittlerweile angehalten. Ganz, wie man es aus einem amerikanischen Actionfilm kennt, haben die beiden den Fahrer davon »überzeugt«, dass wir von der Polizei sind und sein Auto brauchen. Das Outfit meiner Kollegen mit Helm, Sturmhaube, schusssicherer Weste und Maschinenpistole trägt sicherlich dazu bei, dass der Malergeselle keinerlei Einwände gegen die zeitweise Beschlagnahme seines Fahrzeugs erhebt und sofort seinen Fahrersitz räumt.

Ich rufe den uniformierten Kollegen heran und sage: »Das ist jetzt unser Fahrzeug, du fährst …«

Ossi, Michael und Hannes springen in den Ladebereich

des Sprinters und versuchen, zwischen Tapetenrollen und Farbeimern einen Platz zu finden, während ich mich auf den Beifahrersitz fallen lasse und beobachte, wie unser wackerer Kollege aus dem Streifendienst versucht, das Fahrzeug in Gang zu bringen. Offensichtlich gehört das Fahren von Lieferwagen aber nicht zu seinen besonderen Stärken, und nach dem zweiten Abwürgen des Motors reißt mir langsam, aber sicher der Geduldsfaden.

»Hannes, komm nach vorn und fahr das Ding!«, rufe ich nach hinten. In diesem Moment schafft es jedoch der Kollege schließlich, das Gefährt in Bewegung zu setzen, und nachdem das endlich vollbracht ist, fährt er sodann wie der Teufel mit uns davon. Ich schärfe ihm ein, dass er keinesfalls anhalten und uns trotz unseres nicht sehr polizeilich anmutenden Fahrzeugs direkt vor den Eingang der Schule fahren soll.

Während der dann doch recht kurzen Fahrt zu unserem Zielobjekt passieren wir mehrere Sperrstellen der uniformierten Kollegen, die natürlich den Bereich um die Schule weiträumig abgesperrt haben und nun ungläubig beobachten, wie ein Sprinter eines Lackierbetriebes vollbesetzt mit schwer bewaffneten SEK-Beamten mit Vollgas in Richtung Haupteingang prescht …

Als wir schließlich dort ankommen, springen wir aus dem von uns requirierten Gefährt und orientieren uns kurz. Bei dem Schulgebäude handelt es sich um einen größeren Flachdachkomplex aus den 70er Jahren. Das Hauptgebäude hat drei Stockwerke und sieht aus wie ein übergroßer Bungalow. Wir laufen auf den Haupteingang zu, während ich mich über Funk bei der Befehlsstelle des SEK anmelde und mitteile, dass unsere Einheit mit zunächst vier Kollegen eingetroffen ist. Vor der Eingangstür steht ein Kollege eines vor uns eingetroffenen SEK, der mir persönlich gut bekannt ist. Er fungiert hier als Einweiser für alle nachkommenden SEK-Beamten und ruft uns zu: »Wir suchen nach einem schwarz gekleideten, maskierten Täter. Er hat mehrere Personen durch Schüsse verletzt. Wie viele und welche Waffen er benutzt, wissen wir nicht. Ferner hat er im Treppenhaus des Gebäudes eine Art Bombe gezündet, dort ist alles verqualmt, und Kollegen mit Atemschutz sind unmittelbar davor, in das Treppenhaus vorzudringen.« Er klärt uns darüber auf, wo im Gebäude bereits SEK-Kräfte unterwegs sind und vor allem, wo es noch Lücken gibt. Über Funk melde ich den im Gebäude agierenden Kräften, dass wir nun das Gebäude betreten. Der Gruppenführer im Inneren quittiert meine Durchsage; wir vier gehen also hinein, und nachdem wir die Eingangstür passiert haben, treffen wir im Inneren auf ein viereckiges, offenes Atrium, von dem aus Gänge zu den Klassenräumen und der Aufgang zum Treppenhaus nahezu sternförmig abgehen. Der ganze Vorraum ist dicht verqualmt. Wir sehen mehrere Kollegen einer anderen SEK-Gruppe, die links von uns die Klassenräume im Erdgeschoss durchsuchen. Ossi und Hannes schließen sich diesen Kollegen an. Ich spreche den Gruppenführer über Funk an: »Ist in dem linken Gang schon jemand von euch?« Während er seinen behelmten Kopf schüttelt, ergänze ich: »Wir machen das …« Sein Daumen geht nach oben, und schon sind Michael und ich in dem Gang, der von dem Atrium wegführt und in dem offenbar noch keiner von uns operiert. Offensichtlich sind die Schüler und Lehrer schon zu Teilen oder auch allesamt aus dem Gebäude evakuiert worden, denn bisher haben wir noch niemanden zu Gesicht bekommen. Michael und ich wenden bei unserem weiteren Vorgehen die von uns entwickelte Taktik an, die es uns unter anderem ermöglicht, zusammen einen 360°-Radius zu überblicken, und die so auch garantiert, dass wir einen möglichen Täter erkennen und bekämpfen können, auch wenn er sich beispielsweise in unserem Rücken bewegt. Im Funkkanal, den alle im Gebäude tätigen Kollegen benutzen, damit alle immer auf dem gleichen Stand sind und sich auch absprechen können, herrscht rege Aktivität. Die Beamten, die sich im Erdgeschoss auf der Suche nach dem Täter durch die Klassenräume bewegen, kommen zügig voran. Anders sieht es da bei denen aus, die sich mit schwerem Atemschutz, wie man ihn auch von der Feuerwehr her kennt, langsam durch das völlig verqualmte Treppenhaus vorwärtsbewegen. Hier ist ein schneller Raumgewinn illusorisch, da die Kollegen auf jeden ihrer Schritte achten müssen, denn der Täter scheint ja über irgendeine Art von Explosivmitteln zu verfügen.

Am Ende unseres Ganges treffen Michael und ich auf eine Verbindungstür, die in die Sporthalle der Schule und deren Umkleideräume führt. Noch immer sind wir keiner Menschenseele begegnet. Über Funk frage ich die Befehlsstelle: »Hier Peter. Bin mit einem Kollegen im Bereich der Turnhalle, sind dort schon eigene Kräfte?«

Die Befehlsstelle antwortet prompt: »Negativ. Soweit wir wissen, seid ihr die Ersten dort …«

Ich wechsele einen kurzen Blick mit Michael, der nur kurz die Schultern zuckt, und antworte: »Ok, wir gehen jetzt in die Turnhalle rein und suchen dort.«

Die Befehlsstelle quittiert das mit einem Doppelklick. Michael stößt daraufhin die Tür auf. In der Turnhalle herrscht ein dämmriges Zwielicht, obwohl es ja Tag ist. Die Oberlichter der Halle reichen nicht aus, um genügend Tageslicht hineinzulassen. Uns umgibt ein gespenstisches Schweigen, und wie wir schnell sehen können, befindet sich in der Halle selbst niemand. Von der einen Hallenseite gehen wiederum die Zugänge zu den Umkleide- und den Duschräumen ab. Michael und ich öffnen vorsichtig eine Tür nach der anderen und suchen in unserem bewährten System in erstaunlicher Geschwindigkeit den gesamten Bereich ab, obwohl wir nur zu zweit sind.

Mitten in unsere Aktion platzt die Funkmeldung, dass die Kollegen, die sich durch das Treppenhaus in die oberen

Etagen vorgearbeitet haben, den Täter entdeckt haben, der sich, möglicherweise unter dem Eindruck des massiven Polizeieinsatzes, offensichtlich selbst erschossen hat. Doch das bedeutet für uns nicht das Ende unseres Einsatzes. Solange wir nicht alle Bereiche des Schulgebäudes abgesucht haben und sicher sein können, dass es sich tatsächlich um einen Einzeltäter gehandelt hat, arbeiten alle Teams konzentriert weiter. Michael und ich beenden schließlich im Mädchenduschraum unsere Durchsuchung, ohne dass wir auf eine Person gestoßen wären.

Über Funk melde ich an die Befehlsstelle: »Turnhallenbereich inklusive Umkleiden sicher, niemanden angetroffen.« Gleich darauf hören wir, wie die Kollegen, die den Täter gefunden haben, Entschärfer anfordern. Offensichtlich sind an dem toten Täter diverse Eigenlaborate gefunden worden, die es notwendig machen, dass sich ein Experte der Sache annimmt, bevor die Leiche weiter untersucht werden kann.

Ich frage bei der Befehlsstelle nach, wo Michael und ich als Nächstes hinsollen, aber uns wird mitgeteilt, dass alle Bereiche des Gebäudes bereits unter Kontrolle seien und die Suchmaßnahmen nach möglichen weiteren Tatverdächtigen kurz vor dem Abschluss stünden. Wir ziehen uns daraufhin zum Eingangsbereich zurück und treffen dort auf Hannes und Ossi, deren Arbeit im Erdgeschoss ebenfalls bereits beendet ist.

Vor der Tür sammeln sich immer mehr SEK-Kollegen verschiedener Dienststellen, die ihre Helme und Sturmhauben abnehmen und ihre verschwitzten Gesichter zum Vorschein bringen. Überall wird aufgeregt diskutiert und der Einsatz und alles, was damit zusammenhängt, auf der »Arbeitsebene« analysiert. Wir alle sind aber der Überzeugung, dass der schnelle und massive Polizeieinsatz sowie der glückliche Umstand, dass sich eine SEK-Einheit zufällig zur Absolvierung einer Übung in der Nähe der Schule aufhielt und daher sehr zeitnah dort eingetroffen ist, dazu geführt hat, dass der Täter sich unter diesem Druck selbst erschossen hat und somit Schlimmeres verhütet worden ist.

Mittlerweile sind auch Lothar und die anderen Kräfte meiner Einheit eingetroffen, die mit dem Auto anfahren mussten. Diese Kollegen werden allerdings im Inneren des Gebäudes schon nicht mehr gebraucht. Langsam lichtet sich das Chaos ein wenig, es dauert aber noch eine ganze Weile, bis die Befehlsstelle sich dazu entschließen kann, uns zu entlassen und uns eine gute Heimkehr zu wünschen.

Mit dem Sprinter der Malerfirma verlassen wir schließlich den Ort des Geschehens wieder, und unser Streifendienstkollege, der die ganze Zeit auf uns gewartet hat, fährt uns zurück zum Hubschrauber, der nach wie vor auf der Wiese steht, wo wir vor nun doch etlichen Stunden gelandet waren. Wie immer in solchen Situationen sind wir total erstaunt über die vergangene Zeit, die uns natürlich während des Einsatzgeschehens viel kürzer vorkam.

Als wir schließlich wieder im Hubschrauber sitzen und darauf warten, dass die Besatzung die Triebwerke anlässt, meldet sich der Pilot plötzlich über Bordfunk: »Wir haben ein kleines Problem mit der Maschine und können so nicht starten …«

Wir schauen uns ziemlich genervt an und denken vermutlich alle das Gleiche: Nein, nicht das auch noch …

»Es sei denn«, ergänzt der Pilot weiter, »einer von euch hat einen Leatherman dabei.«

Jetzt kippt unser Gemütszustand vollends ins Fassungslose. Das kann doch wohl nur ein Scherz sein …

Nichtsdestotrotz nestelt Michael das von dem Piloten gewünschte Werkzeug aus einer Beintasche an seinem Oberschenkel und reicht es ihm nach vorn ins Cockpit. Vier Augenpaare im Passagierraum blicken jetzt ungläubig auf den Piloten, der offenbar doch nicht gescherzt hat. Mit dem geöffneten Leatherman in der Hand fummelt er ein wenig in der am Dach des Cockpits befindlichen Konsole herum. Unwillkürlich fühle ich mich an die Reparaturarbeiten in russischen Raumstationen erinnert, die ich mir mitunter genauso rustikal vorstelle. Allein, der Pilot ist kein Russe, und wir befinden uns nicht in einer russischen Raumstation, sondern in einem deutschen Polizeihubschrauber …

»So«, konstatiert der Pilot zufrieden grinsend, »jetzt müsste es hinhauen.«

Spricht's, klappt den Leatherman zusammen und übergibt diesen an den ebenso ungläubig wie wir dreinschauenden Michael.

Danach die übliche Prozedur mit seinem Copiloten – und tatsächlich: Die Triebwerke laufen an, und kurz darauf fliegen wir zurück, unserer Dienststelle entgegen. Auf diesem Flug jedenfalls hören alle ganz besonders genau hin, ob sie vielleicht Geräusche wahrnehmen, die nicht zu einem Hubschraubertriebwerk passen …

So endet unser erster Einsatz bei einem Amoklauf, ziemlich genau sieben Jahre nach den Ereignissen an der Highschool in Columbine. Nun gehören auch wir zu der immer größer werdenden Anzahl von Einheiten, die eine Erfahrung machen müssen, auf die alle Beteiligten lieber verzichten würden.

Es sollte nicht das letzte Mal sein.

* * *

Der 18-jährige Täter, ein ehemaliger Schüler dieser Schule, betrat am Tattag mit einer Pistole und zwei Gewehren, darunter einem Kleinkalibergewehr, maskiert und in schwarzer Kleidung die Schule. An seinem Körper führte er drei selbstgebastelte Rohrbomben und ein Messer mit. In einem ebenfalls mitgeführten Rucksack wurden weitere fünf Rohrbomben gefunden. Nach Betreten der Schule schoss er nach Zeugenaussagen wahllos um sich und verletzte insgesamt sechs Personen durch Schüsse zum Teil schwer. Nach Zünden mehrerer Rauchkörper, die den Einsatzkräften das Vordringen durch das Treppenhaus erschwerten und die Behandlung von insgesamt 32 Personen wegen Atembehinderung und Rauchvergiftung notwendig machten, wurde der Täter durch die vordringenden Polizeikräfte vermutlich so unter Druck gesetzt, dass er sich selbst erschoss. Die Zündung der mitgeführten Rohrbomben wurde mit hoher Wahrscheinlichkeit dadurch verhindert.

DIE MORAL, DIE GESETZE, DIE POLITIK UND DIE ALLGEGENWART DES TODES

»Ich habe hier bloß ein Amt und keine Meinung.«
Friedrich Schiller

Für jeden SEK-Beamten ist der Tod im Unterbewusstsein ein ständiger Begleiter. Der Anblick von getöteten oder schwerstverletzten Menschen – seien es nun Unbeteiligte, der Täter oder gar auch die eigenen Kollegen – gehört oft genug zu unseren Einsätzen. Und jeder dieser Einsätze kann die Gefahr mit sich bringen, auch das eigene Leben aufs Spiel setzen zu müssen.

Wie hält man das aus?

Einsatzkräfte brauchen ein hohes Maß an psychischer Stabilität, um ihren Einsatzauftrag trotz der vielen schrecklichen Bilder, mit denen sie konfrontiert sind, ausführen zu können. Seit dem Einsatz der Bundeswehr in Afghanistan hat sich auch in der Öffentlichkeit der Begriff »posttraumatische Belastungsstörung« (PTBS) herumgesprochen. Immer häufiger kehren von dort Bundeswehrsoldaten zurück, die in Gefechte verwickelt waren und davon psychische Schäden davongetragen haben, die einer intensiven psychologischen Betreuung bedürfen und, nur nebenbei erwähnt, die Einsatzfähigkeit des Betroffenen stark einschränken oder gar unmöglich machen. Bei Spezialeinheiten ist diese Problematik schon länger bekannt, da die solche stressbedingten Belastungsstörungen auslösenden Einsatzlagen, gerade bei SEK-Einsätzen, verhältnismäßig häufig auftreten. Als Beispiel seien hier zunächst die eher spektakulären Amokläufe in der jüngeren Vergangenheit genannt, bei denen die Einsatzkräfte häufig auf tote Kinder oder Jugendliche treffen.

Es stellt sich natürlich die Frage, inwieweit man Einsatzkräfte auf solche Szenarien vorbereiten kann. Und damit meine ich nicht nur SEK-Beamte, sondern auch die Angehörigen anderer Institutionen wie die der Feuerwehr, der Rettungsdienste und natürlich auch der Bundeswehr. Wie kann eine solche Vorbereitung aussehen, um so die Beteiligten möglichst davor zu bewahren, dass sie im Nachhinein psychische Schäden davontragen, die dann durch eine meist langwierige psychologische Arbeit mühevoll »repariert« werden müssen?

Meine Antwort: durch eine möglichst realistische Ausbildung, in deren Rahmen wahrscheinliche oder auch unwahrscheinliche »Bilder« von Einsatzszenarien so wirklichkeitsnah dargestellt werden, dass später das Gehirn eines derart Geschulten keinen Unterschied zwischen einem tatsächlichen Einsatz und einer Übung mehr macht. Ich selber habe die Erfahrung gemacht, dass wir beim Training neuer Einsatztaktiken nach kurzer Zeit derart in unserer selbstgestellten Aufgabe aufgingen, dass wir völlig vergaßen, es nur mit einer »Übung« zu tun gehabt zu haben.

Das ist eine Art von »Konditionierung«, durch die erreicht werden kann, dass die Einsatzkräfte die in den Übungen abgearbeiteten Szenarien für weitaus komplexer und schwieriger halten als die tatsächlichen Einsatzlagen. Der alte Spruch der legendären britischen Spezialeinheit Special Air Service (SAS) »train hard – fight easy« bekommt hier eine gleichsam wissenschaftliche Bestätigung.

In meiner Einheit wurde dieses Prinzip, dank unseres Ausbildungsleiters und meines Freundes Piet, schon lange vor der wissenschaftlichen Bestätigung praktiziert. Mit dem Erfolg, dass bis zum heutigen Tage noch nie ein unmittelbarer Kollege von mir wegen der Folgen einer posttraumatischen Belastungsstörung behandelt werden musste.

Es geht aber nicht nur um den Tod, den man gegebenenfalls unter schrecklichen Umständen miterlebt, es geht auch nicht nur um den Tod, dem man sich möglicherweise selber aussetzt – es geht auch um den Tod, den man im schlimmsten aller Fälle selber verursacht. Auch diese belastende Möglichkeit gehört zum Berufsalltag eines SEK-Beamten. Das muss jeder einzelne Kollege zunächst und zuallererst mit sich selbst ausmachen und ins Reine bringen. In diesem Punkt unterscheidet sich das Verarbeitungsmuster eines Polizisten oder Soldaten im Gefecht auch von dem eines Rettungssanitäters oder Feuerwehrmannes, von denen »aktive« Tötungshandlungen selbstverständlich nicht verlangt werden.

Ein Präzisionsschütze beispielsweise, der einen Geiselnehmer mittels eines »finalen Rettungsschusses« außer Gefecht setzt, muss mit der Tatsache leben, dass er einen Menschen tötet, der ihn selbst persönlich zumeist gar nicht bedroht hat. Dieser Umstand mag für Außenstehende zunächst nicht wirklich von Belang sein, schließlich bedroht der Geiselnehmer, wenn es zu einer solchen Lösung als Ultima Ratio kommt, eine oder mehrere Geiseln mit dem Tode. Natürlich erfolgt die Abgabe eines solchen Schusses nach Maßgabe der vorhandenen Gesetze und ist gemäß unserer Rechtsordnung ein rechtmäßiger Vorgang zur Rettung von Menschenleben in höchster Gefahr. Aber bei der eigenen, persönlichen Betrachtung eines solchen Geschehens spielen rechtliche Aspekte, und seien sie noch so eindeutig, zunächst einmal nicht die entscheidende Rolle. Mitentscheidend für die Verarbeitung solcher Umstände ist die eigene moralische Verantwortung, die man einem solchen Geschehensablauf gegenüber an den Tag legt.

Als SEK-Beamter kann man jederzeit in die Situation geraten, dass man einen Menschen mit Methoden und Vorgehensweisen töten muss, die in einer losgelösten Betrachtungsweise sehr wohl als heimtückisch, mithin also als extrem verwerflich anzusehen wären. Das kann etwa bedeuten, dem Täter keine Chance zu lassen, die eigenen Absichten bis zum Schluss wirkungsvoll zu verschleiern, um ihn dann beispielsweise aus dem Hinterhalt zu erschießen. Es ist also manchmal geboten, zur Lösung bestimmter Einsatzlagen Mittel anzuwenden, die – ohne Berücksichtigung der Begleitumstände – eher der unmoralischen »dunklen« Seite zuzuordnen wären, obwohl man ja als offizieller Vertreter der Staatsgewalt der moralischen, »gesetzestreuen« Seite angehört.

Dieser Widerspruch lässt sich aus meiner persönlichen Sicht nur auflösen, wenn man für sich selbst eindeutige moralische Prinzipien festgelegt hat, nach denen man seinen Dienst verrichtet und die einem dann auch die Möglichkeit geben, scheinbar »unmoralische Dinge« zu tun, um den »guten Zweck« zu erreichen. Ohne diese moralische »Barriere« allerdings wäre ein Unterschied zu professionellen »Killern« nur schwer auszumachen.

Jeder von uns muss die Frage nach seiner persönlichen Moral in irgendeiner Weise beantworten können, spätestens dann, wenn er den Tod eines Menschen zu verantworten hat. Der alleinige Rückgriff auf die gesetzlich vorhandene Befugnis, einen Menschen, falls nötig, auch final zu bekämpfen, d.h. zu töten, war mir persönlich, vor allem in meiner Rolle als Einsatzführer einer SEK-Einheit, nie ausreichend genug. Die Erfahrungen aus der jüngeren deutschen Vergangenheit, die mich schon sehr früh interessierte, sind dafür ein mitentscheidender Grund. Vergessen wir nicht: Auch die SS-Angehörigen, die unschuldige Menschen töteten, konnten sich auf staatliche Anordnungen berufen und taten dies dann noch nach dem Krieg vor Gericht, als sie sich auf einen in ihren Augen vorhandenen »Befehlsnotstand« beriefen. Der entscheidende Punkt in diesem Fall ist jedoch aus meiner Sicht, dass hier angesichts der quasigesetzlich erteilten Vollmachten die eigene moralische Bremse – das Wissen darum, etwas Falsches zu tun und dies nicht mitzutragen, »Verantwortung« zu zeigen – nicht funktionierte.

Ich meinerseits habe die Ausführung von Anordnungen, von deren Sinn und Zweck oder von deren moralischer Durchführbarkeit ich nicht überzeugt war, immer abgelehnt, was im Einzelfall durchaus zu sehr unschönen Diskussionen mit meinen Vorgesetzten führen konnte. Erstaunlicherweise hat dies meiner »Karriere« aber trotzdem nicht geschadet.

Die Gewissensfrage spitzt sich zu, wenn ein polizeilicher Schütze eine Einsatzlage nicht auf Anordnung eines Vorgesetzten, sondern in eigener Entscheidung durch einen finalen Rettungsschuss beendet. So eine Entscheidung fällt dann ja nicht nach reiflicher Überlegung, sie ist vielmehr eine Sache von Sekunden. Der betreffende Beamte drückt aber in dem vollen Wissen ab, dass im Nachhinein eine ganze Armada von Experten aufgeboten werden wird, die seine Sekundenentscheidung in monatelanger Kleinarbeit aufarbeiten und ihm, meist mit erhobenem Zeigefinger, seine Fehler und Handlungsalternativen aufzeigen. Was droht, sind strafrechtliche Konsequenzen. Der Schütze kann als Angeklagter vor Gericht landen – mit unabsehbaren Folgen für Karriere, Familie und persönliches Umfeld, sofern ihm seine Augenblicksentscheidung als Fehlverhalten nachgewiesen wird.

Ein gutes Beispiel für diese Problematik stellt der Luftangriff bei Kunduz dar, der im September 2009 etwa 140 Menschenleben kostete. Der Bundeswehroberst Klein fällte die Entscheidung, zwei von Aufständischen gekaperte Tanklastzüge in der Nähe des deutschen Feldlagers in Afghanistan bombardieren zu lassen, um zu verhindern, dass diese Tanklastzüge möglicherweise als »rollende Bomben« gegen das deutsche Lager eingesetzt werden würden. Der Sturm der Entrüstung, der sich in Teilen der Presse breitmachte und schließlich den damaligen Verteidigungsminister Franz Josef Jung um sein Amt brachte, die unglaubliche Anzahl von tatsächlichen oder auch nur vermeintlichen Experten, die anschließend gefragt oder ungefragt ihre Meinung zu diesem Sachverhalt kundtaten – all das legt beredt Zeugnis ab für das, was ich meine.

Natürlich ist es unumgänglich, Fehler oder Fehlverhalten bei Einsätzen zu untersuchen. Allerdings kann eine solche Fehleranalyse, wenn sie sinnvoll sein soll, nicht den vorrangigen Zweck haben, den »Schuldigen« zu ermitteln, und vor allen Dingen nicht, ihn öffentlich bloßzustellen. Einsatznachbereitungen haben eigentlich nur den Sinn, die Lehren aus dieser konkreten Situation für künftige Einsätze zu ziehen und möglicherweise die taktische Handlungskompetenz zu verbessern. Denn eine Sekundenentscheidung im Nachhinein und in aller Ruhe zu kritisieren, wenn dann vielleicht auch Informationen zur Verfügung stehen, die dem Schützen seines Rettungsschusses gar nicht zugänglich waren, ist eine sinnlose, unprofessionelle und mitunter ehrverletzende Art der Reaktion, der sich höhere Vorgesetzte und besonders die verantwortlichen Politiker gern befleißigen. Gerade unter Letzteren hat sich über Jahre eine Mentalität der Nichtverantwortlichkeit breitgemacht, in deren Schutz unter allen Umständen verhindert werden soll, sich eine Verantwortung für Misserfolge tatsächlich zurechnen zu lassen. Die peinliche Haltung, die der damalige Duisburger Oberbürgermeister Adolf Sauerland bei der Diskussion um die Verantwortlichkeiten nach der Love-Parade-Katastrophe im Juli 2010 zur Schau stellte, ist nur ein weiteres Beispiel dafür.

Aus meiner persönlichen Sicht wäre es schön, wenn Verantwortlichkeit in der Politik wieder so ernst genommen würde, wie es die Umstände im Einzelfall erfordern, auch wenn dadurch die nächste Wiederwahl eventuell nicht garantiert ist.

Wie wenig heutzutage die verantwortlichen Politiker bereit sind, Verantwortung zu übernehmen und die Interessen eines ihnen unterstellten Beamten zu wahren, dem bei rechtmäßiger Dienstausübung etwas zugestoßen ist, will ich anhand eines kleinen Beispiels aus meinem persönlichen Einsatzbereich ein wenig aufhellen.

Im Rahmen eines Großeinsatzes gegen eine äußerst gefährliche Gruppe von Bankräubern, die gerade dabei waren, ihren nächsten Überfall konkret vorzubereiten, und daher polizeilich überwacht wurden, war es notwendig, ein bestimmtes technisches Einsatzmittel aus einem anderen Bundesland zu besorgen, das uns gerade fehlte. Ein Kollege wurde mit einem zivilen Dienstfahrzeug entsandt, um das Bauteil schnellstmöglich auf dem Kurierweg zu holen. Während der Einsatzfahrt mit Blaulicht und Martinshorn fühlte sich eine Verkehrsteilnehmerin, die auf der Autobahn über längere Zeit die linke Spur blockierte, durch das dicht auffahrende Einsatzfahrzeug »gefährdet«. Diese »Gefährdung« quittierte sie im Nachhinein mit einer Strafanzeige. Nur um die Situation noch einmal klarzustellen: Es handelte sich um eine polizeiliche Einsatzfahrt von hoher Dringlichkeit, das Fahrzeug war zwar kein regelrechter Streifenwagen in seiner charakteristischen Lackierung, jedoch ausgerüstet mit eingeschaltetem Blaulicht und Signalhorn, welche den Verkehrsteilnehmer gemäß § 38 StVO dazu verpflichtet, sofort »freie Bahn« zu schaffen. Warum die Frau nicht in der Lage war, das Fahrzeug zu erkennen oder das Signalhorn zu hören, wird wohl immer ihr Geheimnis bleiben. Auf jeden Fall musste mein Kollege mehrfach relativ dicht auffahren, damit die Frau letztlich erkannte, dass dort ein Fahrzeug hinter ihr war, welches sie passieren lassen musste.

Nun könnte der geneigte Leser meinen, alles klar, die Fahrerin hat zwar einfach nicht erkannt, dass es sich um ein Polizeifahrzeug handelte, und erstattet Anzeige, aber die wird natürlich eingestellt, weil es sich ja um ein Dienstfahrzeug im Einsatz handelte und – fertig.

Doch wie Sie jetzt schon ahnen: weit gefehlt. Die Anzeige wurde angenommen, das Verfahren eröffnet, und der

Kollege kam vor Gericht! In einem Telefonat meines Vorgesetzten mit dem zuständigen Innenministerium, bei dem ich zufällig Zeuge war, wurde zugesichert, dass der Kollege in dieser Sache selbstverständlich von Seiten des Ministeriums alle erdenkliche Rückendeckung erhalten würde. Schließlich tangiere dieser Sachverhalt doch die Einsatzfähigkeit der Polizei, was nach meiner Meinung keinesfalls eine falsche Sichtweise ist.

Aber dennoch wartet der Kollege auf diese Rückendeckung bis heute. Er entging einer Verurteilung nur durch Zahlung eines vierstelligen Geldbetrages, weil der Richter fand, dass auch bei Einsatzfahrten ein gewisses Maß an »Sicherheit« einzuhalten sei. Dass es sich bei dem Beamten um einen professionellen Fahrer handelt, der regelmäßig an Lehrgängen auf Hochgeschwindigkeitskursen (Rennstrecken) teilnahm und an anderen selbst als Fahrinstructor beteiligt war, blieb bei der Gerichtsentscheidung ebenfalls gänzlich unberücksichtigt. Die Auswirkungen dieser Gerichtsentscheidung für künftige Fahrten mit Blaulicht und Signalhorn kann sich jeder neutrale Betrachter selbst ausmalen, denn niemand aus meiner Einheit wird sich dieser persönlichen Haftbarmachung noch einmal aussetzen wollen, sei die polizeiliche Ausgangslage auch noch so bedrohlich und prekär.

Es bleibt zu erwähnen, dass der Kollege die Gerichtskosten und die Geldstrafe selbst aufzubringen hatte. Selbstverständlich haben wir innerhalb unserer Einheit für ihn gesammelt und so den Großteil aller Kosten gemeinsam beglichen. Der gesamte Vorgang jedoch macht uns noch immer sprach- und fassungslos. Auch eine Stellungnahme des verantwortlichen Ministeriums ist bis heute ausgeblieben ...

WARUM DIE SEK-ARBEIT ERSCHWERT WIRD UND WAS GESCHEHEN MUSS

»Ich mag verdammen, was du sagst,
aber ich werde mein Leben dafür einsetzen, dass du es sagen darfst.«
Voltaire

Mein Insiderbericht wäre nicht vollständig, wenn ich nicht noch die Probleme ansprechen würde, die die Arbeit von Spezialeinheiten hierzulande erheblich erschweren. Die folgenden Kritikpunkte treffen im Wesentlichen auf jedes Bundesland zu, auch wenn die Organisationsstruktur für Spezialeinheiten unterschiedlich ist.

Was ich vorzubringen habe, ist beileibe keine Einzelmeinung, auch wenn das vielleicht, als Reaktion auf diese Zeilen, so dargestellt werden wird. Ich gebe vielmehr eine bei den SEK-Angehörigen weitverbreitete Ansicht wieder – eine Ansicht, die gleichwohl die meisten Kollegen aus Angst vor massiven Karriereeinbußen oder einer Versetzung wider Willen tunlichst für sich behalten.

* * *

Das Misstrauen, das uns vor allem im täglichen Dienstbetrieb von höherer Seite entgegengebracht wird, findet seine Erklärung zu guten Teilen im Aufbau des »Apparats Polizei« einschließlich dessen höchstem politischem Vorgesetzten, dem jeweiligen Landesinnenminister.

Zwar handelt es sich bei diesem Apparat um eine zivile Behörde, sie funktioniert allerdings nach streng hierarchisch aufgebauten Strukturen. Der Vergleich mit militärischen Strukturen liegt nahe, auch wenn das die Verantwortlichen entrüstet zurückweisen würden. Tatsächlich jedoch sind die Parallelen, einschließlich der Befehls- und Gehorsamspflicht, deutlicher ausgeprägt als die Unterschiede.

Beginnen wir mit den höheren Polizeibeamten. Deren Vorgesetzteneigenschaft fußt nicht, wie man denken könnte, auf einem breit gefächerten Erfahrungshorizont, den ein Bediensteter erlangt haben muss, um überhaupt in eine derartige Führungsposition zu kommen. Höhere Polizeibeamte werden im Zuge eines mehrstufigen Auswahlverfahrens zumeist im Alter zwischen 30 und 35 Jahren rekrutiert und dann mittels eines inzwischen vierjährigen Ausbildungs- und Studiengangs zum Polizei- oder Kriminalrat ausgebildet. Auch die Möglichkeit, als sogenannter Seiteneinsteiger nach Absolvierung eines Hochschulstudiums in den höheren Polizeivollzugsdienst eingestellt zu werden, ist gegeben. Die Art der Vorverwendung innerhalb der Polizei – sprich: die Tatsache, ob der Beamte bereits eine Vorgesetztenfunktion innehatte oder nicht – spielt bei diesem Auswahlverfahren keine Rolle, wie auch der gesamte Ausbildungsgang zwar den strengen Anforderungen an ein Hochschulstudium entsprechen mag, dabei aber die Tatsache außer Acht lässt, dass »Polizei« in erster Linie ein praktischer Beruf ist. Hieran ändern auch die in dieser Ausbildungszeit mehr oder weniger zahlreich zu absolvierenden Praktika nichts. Auch ein sehr zielgerichtetes Praktikum ersetzt in keiner Weise die eigenverantwortliche Führungsarbeit in einem zum Teil äußerst schwierigen Berufsumfeld.

Eine Ausnahme in dieser Hinsicht bildet und bildete schon immer die Auswahl des höheren Führungspersonals der GSG 9 der Bundespolizei. Dort werden alle höheren Führungsbeamten frühzeitig aus der mittleren Führungsebene der Einheits- oder SET-Führer ausgewählt. Alle diese Beamten verfügen über die aus meiner Sicht für Führungskräfte einer solchen Einheit unerlässliche Spezialausbildung. Die Auserkorenen durchlaufen sodann ihre Ausbildung für den höheren Polizeivollzugsdienst mit dem Wissen und der klaren Vorgabe, nach deren Abschluss in eine höhere Führungsfunktion bei der GSG 9 zurückzukehren. Bei der Bundespolizei entscheidet man sich ganz bewusst und segensreich gegen die durch nahezu alle Bundesländer geisternde Parole, dass das höhere Führungspersonal eine gewisse »Verwendungsbreite« vorweisen muss. Für einen so speziellen Bereich wie den einer Spezialeinheit ist die Beherzigung dieses Begriffs jedoch der größte Unsinn, den man sich vorstellen kann.

Das für die hochkomplexe Führung von SEK-Kräften notwendige Wissen kann man nur durch jahrelange Erfahrung erwerben, und meist kann diese Führung auch nur bis zu einem gewissen Alter wahrgenommen werden. Jede Verwendung eines SEK-Führers in einem anderen Bereich (Stichwort »Verwendungsbreite«) ist eine beispiellose Verschwendung von Fähigkeiten, erworbenem Fachwissen und zeitlich begrenzten Ressourcen. Man stelle sich vor, ein anerkannter Chirurg müsste, um Chefarzt zu werden, zunächst einmal für ein paar Jahre als Verwaltungsdirektor eines Krankenhauses arbeiten. So in etwa kann man sich das Thema Verwendungsbreite im Zusammenhang mit höherem Führungspersonal der Spezialeinheiten vorstellen.

Ich möchte in diesem Zusammenhang explizit hervorheben, dass auch und vor allem die Kollegen des Wach- und Wechseldienstes, also die Streifenbeamten, einen überaus schweren, risikoreichen und verantwortungsvollen Dienst verrichten, der viel zu wenig gewürdigt wird, sowohl finanziell als auch von der Reputation her. Führungskräfte, die jahrelang im Wach- und Wechseldienst als Dienstgruppenleiter oder Wachdienstführer tätig sind, sind mit den unterschiedlichsten Einsatzlagen aller Art konfrontiert und zählen zu den erfahrensten Vertretern der gesamten Polizei. Leider erlaubt sich der Apparat den Luxus, dass die Erfahrungswerte dieser Angehörigen der mittleren Führungsebene kaum in höhere Führungsfunktionen eingebracht werden können, da sie den entsprechenden Ausbildungsgang nicht absolviert haben und daher für höhere Posten nicht in Frage kommen. Im »Apparat Polizei« hat es sich offensichtlich nicht herumgesprochen, dass die Erfahrungswerte solcher Mitarbeiter nicht hoch genug einzuschätzen sind – es sei denn, man geht von der Annahme aus, dass die höheren Führungsbeamten möglichst gar nicht über eine derart umfassende Erfahrung verfügen sollen, weil dann ihre »Führbarkeit«, d.h. ihre Beeinflussbarkeit im Sinne des Apparats möglicherweise nicht so gegeben ist wie bei jüngeren, karriereorientierten Beamten.

Die Folgen liegen auf der Hand. Junge Vertreter des höheren Dienstes werden nach bestandenem Lehrgang Vorgesetzte von erfahrenen Einsatzbeamten der mittleren Führungsebene. Hierdurch entwickelt sich auf beiden Seiten ein hohes Konfliktpotenzial. Der erfahrene Beamte will sich nicht von einem jüngeren, unerfahrenen Vorgesetzten »hineinreden« lassen, obwohl die Ideen des Nichtfachmanns durchaus bedenkenswert sein können. Der jüngere Vorgesetzte wiederum muss natürlich beweisen, dass das Vertrauen des Dienstherrn, der ihn zu dieser höheren Ausbildung zugelassen hat, auch gerechtfertigt ist, indem er »Führungsstärke« beweist und sich oft genug über die Ratschläge seiner nachgeordneten Führungskräfte hinwegsetzt.

Erschwerend kommt hinzu, dass eine Auseinandersetzung zwischen einem höheren und einem rangniedrigeren Beamten selten zugunsten des Letzteren ausgeht, selbst dann, wenn dieser in der Sache recht hat. Das liegt am System selber und der stets genährten Sorge, es beeinträchtige vielleicht seine Effizienz, wenn sich »Untere« mit ihrer Kritik an »Oberen« durchsetzen könnten. Man darf sich da nichts vormachen: Bei der Polizei handelt es sich bewusst und gewollt um eine klare Zweiklassengesellschaft, nämlich die der Arbeits- und Ausführungsebene auf der einen und die der höheren Führungsebene auf der anderen Seite. Durch den sogenannten Dienstweg, der bei innerbetrieblichen Abläufen zwingend einzuhalten ist, wird gewährleistet, dass es nahezu unmöglich ist, von einer unteren Hierarchieebene aus Kontakt mit einer höheren Ebene oder gar dem Ministerium aufzunehmen, ohne dass der vielleicht das Problem darstellende Vorgesetzte davon Kenntnis erhält und seine hierarchischen Möglichkeiten nutzen kann, um den Kritiker mundtot zu machen. So ist es in vielen Fällen sogar wahrscheinlich, dass das zuständige Ministerium die wahren Umstände eines Problems gar nicht kennt, weil durch den Dienstweg dessen Beschreibung bis zur Unkenntlichkeit gefiltert wurde.

Allerdings gibt es auch den umgekehrten Fall. Meine Einheit hatte Anfang der 2000er Jahre versucht, über gravierende Probleme der Spezialeinheiten ein Gespräch mit dem damals zuständigen Innenminister zu erreichen. Dieses wurde durch das Ministerbüro mit dem Hinweis abgelehnt, dass der Minister regelmäßig durch die (höheren!) Führungsbeamten der Spezialeinheiten (bis auf einen keine ausgebildeten SEK-Beamten!) über alle anfallenden Probleme informiert würde und er schließlich nicht mit jeder einzelnen Teileinheit sprechen könne.

In dieser Antwort offenbart sich zweierlei: zum einen die teilweise unglaubliche »Arroganz der Macht«, die in diesem Fall den zuständigen Minister, aber auch sehr häufig die Beamten seines Ministeriums kennzeichnet, und zum anderen eine völlige Fehleinschätzung der Bedeutung von Spezialeinheiten.

Und worin liegt diese Fehleinschätzung begründet? Das sind wiederum zwei Aspekte. Der eine ist einem glücklichen Umstand geschuldet: Deutschland ist erstaunlicherweise in den vergangenen zehn Jahren von wirklich spektakulären Kriminalfällen verschont geblieben, die medienwirksame Einsätze von Spezialeinheiten erforderlich gemacht hätten. Schwerer wiegt allerdings, dass der »Apparat Polizei« mit dem Begriff »Elite« innerhalb der eigenen Reihen augenscheinlich erhebliche Probleme hat.

Tatsache ist, dass es sich bei den SEK-Angehörigen um ausgesuchtes Personal handelt, welches eine strenge Aufnahmeprüfung bestehen, eine überaus harte und selektive Ausbildung durchlaufen und eine Tätigkeit ausüben muss, die mit großen Risiken für Leib, Leben und Gesundheit sowohl in der Fortbildung als auch im Einsatz verbunden ist. Ja, insofern trifft der Begriff »Elite« (die Besten) auf die Angehörigen von Spezialeinheiten eindeutig zu. Wer dieses Buch bis hierhin gelesen hat, der wird mir gewiss vorbehaltlos zustimmen. Aber für den »Apparat Polizei« und für die Politik stellt dieser Begriff bis heute ein Problem dar. Mit einiger Vehemenz ist daher in der Vergangenheit versucht worden, die Spezialeinheiten zu einem ganz »normalen« Teilbereich der Polizei und deren Angehörige zu »ganz normalen Polizisten« zu erklären.

Das ist natürlich blanker Unsinn.

Spezialeinsatzkommandos beispielsweise kommen immer erst dann zum Einsatz, wenn die Mittel des »normalen« Polizeialltages nicht mehr ausreichen oder nicht für ausreichend gehalten werden. SEK-Beamte riskieren – die Beispiele in diesem Buch legen dafür, denke ich, beredtes Zeugnis ab – für die Rettung von Menschenleben oft genug ihre Gesundheit oder ihr Leben. Im Gegensatz zu den meisten anderen Staatsdienern müssen SEK-Beamte darüber hinaus ihre Fähigkeiten jedes Jahr in einem neuerlichen Leistungstest unter Beweis stellen, dessen Nichtbestehen die Entfernung aus der Einheit zur Folge hat. All diese Dinge zeigen deutlich, dass es sich bei den SEK-Angehörigen eben nicht um »normale« Polizeibeamte handelt.

Dass der Dienstherr und die Spitze des Polizeiapparats von einer »Elite« nichts wissen wollen, hat aber natürlich einen ganz handfesten Sinn. Im Gegensatz zur landläufigen Meinung kommen SEK-Beamte durch ihre Tätigkeit mitnichten in den Genuss finanzieller und beförderungstechnischer Vorteile. Die Aufwandsentschädigung für besondere

Polizeieinsätze (SEK-Zulage) in Höhe von 150 € monatlich wurde beispielsweise in Nordrhein-Westfalen seit 1994 nicht mehr erhöht und muss überdies zum größten Teil für erheblich erhöhte Versicherungsbeiträge aufgewendet werden. Bei Beurteilungen und Beförderungen müssen sich SEK-Beamte mit jedem anderen dienstgradgleichen Beamten der jeweiligen Behörde vergleichen, egal in welcher Funktion und Dienststelle dieser seinen Dienst verrichtet. Einen materiellen Vorteil durch seine Zugehörigkeit zu einer Spezialeinheit hat also ein SEKler überhaupt nicht. Diese Gleichbehandlung wäre natürlich nicht länger durchzuhalten, wenn man den Beamten der Spezialeinheiten die Sonderstellung zugestehen würde, die ihnen eigentlich zukommt.

Was macht aber nun einen SEK-Vorgesetzten aus, welche Eigenschaften muss er haben – und vor allem: Wie ist er von seiner Stellung her im Gesamtgefüge des »Apparats Polizei« angesiedelt?

Es ist sicherlich auch für einen Außenstehenden nicht allzu schwer verständlich, dass die Vorgesetzteneigenschaft in einer Spezialeinheit, und zwar egal, ob polizeilich oder militärisch, eine andere Ausrichtung und Bedeutung hat als bei anderen Institutionen und Dienststellen der Polizei oder des Militärs. Durch die enge Bindung, die durch das gemeinsame Bestehen zum Teil lebensgefährlicher Situationen hervorgerufen wird, entsteht ein Vertrauensverhältnis zwischen Vorgesetzten und Mitarbeitern, wie es wahrscheinlich nirgendwo sonst gleichermaßen vorhanden ist.

Jeder Vorgesetzte innerhalb eines SEKs durchläuft die gleiche harte Ausbildung wie seine nachgeordneten Kollegen und ist zunächst einmal Teil des Teams und erst dann Vorgesetzter. Ein SEK-Einsatz wird nämlich nicht aus der Befehlsstelle, sondern vor Ort »von vorn« geführt. Die Fachautorität als SEK-Führer muss man sich über eine lange Zeit und durch die erfolgreiche Bewältigung zum Teil sehr schwieriger Einsatzlagen erarbeiten. Allerdings wird einem dann auch von den Kollegen ein Grad an Vertrauen entgegengebracht, das es anderswo kaum gibt.

Anlässlich einer Feier hat mir ein Kollege zu fortgeschrittener Stunde einmal gesagt, dass »man« mir im Einsatz ohne zu zögern überallhin folgen würde. Ich habe die Bedeutung dessen zuerst gar nicht so genau begriffen, aber als ich später darüber nachdachte, hat mich diese Aussage ungeheuer stolz gemacht – und ich bin es bis heute.

Das Verhältnis zwischen Vorgesetzten und Mitarbeitern in einem SEK ist vordergründig zunächst einmal durch den lockeren Umgangston miteinander geprägt, der in anderen Organisationen so nicht denkbar wäre. Das Interessante an dieser Tatsache ist aber, dass dies der Autorität des Vorgesetzten in aller Regel überhaupt keinen Abbruch tut. Während meiner gesamten Dienstzeit beim SEK kann ich mich an keinen einzigen Fall erinnern, wo ich, bei durchaus vorkommenden Meinungsverschiedenheiten, daran erinnern musste, wer aufgrund der verliehenen Amtsautorität der Vorgesetzte ist. Die natürliche Fachautorität, die man sich als SEK-Führer erarbeitet hat, macht solche Hinweise unnötig. Besonders deutlich wird diese Autorität jedoch insbesondere bei schwierigen oder besonders gefährlichen Einsatzlagen. Hier lässt sich dann beobachten, wie die sonst eher gesprächigen und locker aufgelegten SEK-Beamten Anordnungen ihres Vorgesetzten ohne Kommentare und Diskussionen sofort befolgen und sich eng um ihn scharen, wenn das Vertrauensverhältnis intakt ist. Aufgrund ihres engen persönlichen Verhältnisses zu ihren »Untergebenen« wird den SEK-Führungskräften häufig vorgeworfen, dass sie sich illoyal gegenüber dem »Apparat Polizei« verhalten würden, wenn sie für ihre Mitarbeiter mehr als gemeinhin üblich eintreten.

Andererseits misst ein SEK-Beamter aufgrund der Besonderheit und Gefährlichkeit seiner Arbeit der Amtsautorität des jeweiligen Vorgesetzten nur geringe Bedeutung bei. Dies führt zwangsläufig dazu, dass sich die Angehörigen – und dabei erst recht das Leitungspersonal – der regulären Polizeikräfte im Kreise einer Gruppe von SEK-Beamten häufig nicht wohl oder auch nicht entsprechend respektiert fühlen. Vielfach wird dann dieses Gefühl auf die Arroganz einer Elite zurückgeführt, mit der man es eben nicht allzu gern zu tun hat: ein ewiger Quell des Unverständnisses und des Misstrauens!

Das hat gravierende Folgen, der innere Zusammenhalt zeitigt eine gewisse äußere Isolation. Das Verhältnis zwischen der höheren Polizeiführung und der Politik auf der einen Seite sowie den Spezialeinheiten auf der anderen Seite ist mittlerweile so schlecht, dass die SEK-Organisationsstruktur mehrfach geändert wurde, um die Einflussmöglichkeiten der Einheitsführer tunlichst auf ein Minimum zu beschränken und die im Sinne der höheren Führung notwendige »Kontrolle« zu gewährleisten.

Die SEK-Führungskräfte werden, ganz im Sinne des Apparats, allein schon dadurch in ihren Einflussmöglichkeiten beschnitten, dass sie in der Führungshierarchie der Polizei maximal im mittleren Bereich angesiedelt und von daher nicht befähigt sind, eigenverantwortlich größere Einsatzabschnitte selbstständig zu führen. Die Führung des beispielsweise bei einer Geiselnahme entscheidenden Einsatzabschnittes »Tatobjekt«, also des Einsatzabschnittes, der alle polizeilichen Maßnahmen im unmittelbaren Tatortbereich verantwortet und dabei die gesamte Arbeit aller eingesetzten Spezialkräfte koordiniert und führt, wird nicht etwa von einem ausgebildeten SEK-Führer übernommen, sondern von einem Beamten des höheren Dienstes, der in aller Regel keine SEK-Ausbildung besitzt und von seiner für diese Funktion geforderten Voraussetzung auch nicht besitzen muss. Bedenkt man nun, dass dieser Beamte den für den Gesamteinsatz zuständigen Polizeiführer über alle geplanten Maßnahmen der Spezialeinheiten informieren, Zugriffsoptionen erläutern und Rückfragen beantworten muss, so drängt sich die Frage auf: Wie soll das funktionieren?

Faktisch ist es dann so, dass ein in Fragen der SEK-Taktiken und -Vorgehensweisen in aller Regel nicht ausgebildeter Beamter einen anderen nicht ausgebildeten Beamten über die taktischen Möglichkeiten berät, die er selbst nur vom Hörensagen kennt, die er nicht gelernt und mit deren Anwendung er erst recht keine Einsatzerfahrung hat. Und dies alles in einer womöglich hochbrisanten Einsatzlage, bei der Menschenleben auf dem Spiel stehen! Als Praktiker mit zwei Jahrzehnten Einsatz- und Führungserfahrung in einer Spezialeinheit erscheint mir die jetzige Situation als völlig sachfremd und unverantwortlich.

Natürlich, so das Argument der Befürworter der jetzigen Lösung, haben die Führungsbeamten des höheren Dienstes eine (beispielsweise in Nordrhein-Westfalen halbjährige!) Fortbildungsmaßnahme als Vorbereitung für ihre jeweilige Tätigkeit durchlaufen. Hierzu muss man jedoch wissen, dass diese Fortbildung die Einweisung in insgesamt vier Spezialbereiche der Polizei beinhaltet (SEK, MEK, VG, TEG). Ein halbes Jahr für vier Spezialbereiche! Zum Vergleich: Die Ausbildung der »einfachen« Angehörigen einer jeden dieser einzelnen Einheiten erstreckt sich jeweils über mindestens ein Jahr. Ferner ist diese Fortbildung für höhere Sphären in keiner Weise mit einer wie auch immer gearteten Prüfung verbunden, die möglicherweise erkennen lässt, ob der Beamte überhaupt für diese Führungsaufgabe geeignet ist. Wiederum zum Vergleich: Bei der einjährigen Grundausbildung der regulären SEK-Beamten (nicht Einsatzführer!) liegt die Durchfallquote bei etwa 70 Prozent. Und dann muss ein glücklicher Absolvent, bevor er als Einsatzbeamter und Novize einer Einheit zugeteilt wird, noch einmal mindestens drei Jahre an Einsatzerfahrung sammeln, bevor er in jeder Einsatzlage an jeder Position bedenkenlos eingesetzt werden kann.

So viel zur Qualifikation der höheren Führungsbeamten nach ihrer halbjährigen »Einweisung«.

Ein weiteres Argument der Befürworter der jetzigen Lösung ist, dass der höhere Führungsbeamte sich in brenzligen Situationen ja immer durch einen SEK-Einsatzführer »beraten« lässt. Dazu zweierlei:

Wenn der verantwortliche Führungsbeamte wegen fehlender Fachkompetenz zwingend auf die Beratung eines SEK-Führers angewiesen ist – wieso erklärt man dann nicht direkt Letzteren zum verantwortlichen Einsatzleiter?

Ferner geht die höhere Polizeiführung davon aus, dass so eine Beratung tatsächlich auch immer erfolgen kann. Die Einsätze von Spezialeinheiten sind aber oft gerade dadurch gekennzeichnet, dass sich plötzliche Lageänderungen ergeben können, die eine sofortige Entscheidung verlangen, eine Entscheidung, die keinen Aufschub duldet. Da kann dann nicht erst der verantwortliche Führer der Spezialeinheiten ohne Spezialausbildung (!) durch einen SEK-Führer beraten werden, da kann auch nicht darauf gewartet werden, bis dieser einen Vorschlag abnickt, weil jede Verzögerung möglicherweise das Leben unschuldiger Menschen gefährdet. Zumal er die Tragweite einer solchen Beratung ja sowieso häufig nicht in Gänze überblicken kann, da ihm die Ausbildung und Erfahrung dazu fehlen.

Nehmen wir doch nur eine sogenannte Bedrohungslage, eine der häufigsten Anlässe für SEK-Einsätze. Bei der Bedrohungslage handelt es sich zumeist um eine Situation, in der ein Mann seine Familienangehörigen bedroht, gegen ihren Willen festhält, misshandelt oder sogar im Laufe dieses Geschehens tötet. Wenn das geschieht, heißt es hernach, dass sich wieder einmal eine Familientragödie ereignet habe. Ein solcher Täter ist hochemotional und unberechenbar. Deshalb handelt es sich bei Bedrohungslagen mit um die diffizilsten und schwierigsten Einsatzanlässe, zu denen SEK-Beamte gerufen werden können. Tatsächlich kommen hierbei mehr Personen zu Schaden oder zu Tode als bei allen anderen Situationen, zu denen die Polizei gerufen wird. Und gerade weil die Einsatzkräfte nicht wissen können, wie sich eine solche Situation im nächsten Moment entwickelt, ist eine Führungskonstellation mit einem Führungsbeamten, der über die wesentlichen taktischen Optionen erst beraten werden muss und eine schnelle Reaktion der Spezialkräfte damit wesentlich erschwert, völlig kontraproduktiv.

Ich wage die Behauptung, dass wir uns derzeit am Scheideweg einer Entwicklung befinden, die als schleichender Prozess bereits mit Gründung von Spezialeinheiten in Deutschland erfolgte. Wie zu Anfang dieses Buches kurz rekapituliert, entstanden die bundesdeutschen Spezialeinheiten aus der Erkenntnis heraus, dass der Staat mit den zur Verfügung stehenden Mitteln die damaligen Bedrohungen (zu jener Zeit palästinensische Terroristen und die RAF) nicht effizient bekämpfen konnte. Ein Haupthindernis dabei war damals (wie heute) der bürokratische »Apparat Polizei«, der in seiner Schwerfälligkeit in keiner Weise in der Lage war, schnell auf veränderte Lageentwicklungen und Täterprofile zu reagieren, und der, im Unterschied zu heute, damals auch nicht über speziell ausgebildete Einheiten zur Bekämpfung dieser Täterprofile verfügte. Die Idee bei der Gründung der neuen Spezialeinheiten GSG 9 und der SEKs auf Länderebene war, Einheiten zu schaffen, die losgelöst von der üblichen Organisations- und Ausbildungsstruktur der Polizei sowohl personell als auch materiell in der Lage sein sollten, unmittelbar und schnell auf Veränderungen des Täterprofils zu reagieren.

Zu konstatieren ist allerdings, dass der »Apparat Polizei« seit Gründung der Spezialeinheiten nichts unversucht gelassen hat, diese wieder in die normalen Abläufe zu integrieren. Nichts ist einer bürokratischen Organisation wie der Polizei und ihrer höheren Führung mehr zuwider als eine Organisationseinheit, die zwar nominell dazugehört, auf die man aber nur geringen Einfluss hat.

Somit begann die »Wiedereingliederung« der Spezialeinheiten in den »Apparat Polizei« bereits am Tage ihrer Gründung in jenem schleichenden Prozess, der bis heute anhält. Ein fatales Ergebnis dieses Prozesses konnte bereits bei der Geiselnahme von Gladbeck 1988 beobachtet werden. Im Zuge dieser Geiselnahme, bei der zwei bewaffnete Täter nach einem missglückten Banküberfall in Gladbeck über zwei Tage hinweg mit ihren Geiseln kreuz und quer durch Deutschland fuhren, Presseinterviews gaben, zwei ihrer Geiseln töteten und schließlich bei einem Zugriff auf der Autobahn A 3 nach einem heftigen Feuergefecht mit dem eingesetzten SEK überwältigt wurden, zeigten sich erstmals deutliche Züge dieser führungstechnischen Fehlentwicklung.

Im Laufe dieser verhängnisvollen Tage waren die die Täter begleitenden Spezialeinheiten mehrfach in der Position, einen Zugriff mit relativ geringem Risiko, insbesondere für die Geiseln, durchführen zu können. Gescheitert ist dies regelmäßig daran, dass die Beamten der Spezialeinheiten nicht selbst über die Durchführung des Zugriffs entscheiden konnten, sondern erst langwierig mit den jeweiligen nicht vor Ort befindlichen Führungskräften kommunizieren mussten. Mit Führungskräften, die zwar über den Gesamteinsatz der Polizei entschieden, aber eben keine ausgebildeten Spezialbeamten waren und das Für und Wider einer geplanten Zugriffsmaßnahme aufgrund fehlenden Fachwissens gar nicht oder nur ungenau beurteilen konnten. Und schon war die günstige Zugriffssituation, die zur aufwendigen Beratung anstand, wieder vorbei!

Und welche Folgerungen sind aus diesem Desaster gezogen worden?

Aus meiner Sicht hätte es nur eine einzige logische Folgerung geben können: nämlich die Bündelung der Entscheidungskompetenz über Art und Zeitpunkt der Zugriffsmaßnahmen in der Hand der dafür ausgebildeten Spezialeinheiten. Aber genau diese Folgerung wurde nicht gezogen. Stattdessen wurde der bürokratische Überbau – quasi die Verwaltung der jeweiligen Lage – weiter ausgebaut. Anstatt einen ausgebildeten SEK-Führer mit der eigenverantwortlichen Planung, Durchführung und Entscheidung über alle in Frage kommenden Zugriffsmaßnahmen zu betrauen, führt heutzutage ein in SEK-Taktiken nicht ausgebildeter Beamter des höheren Dienstes die gesamten SEK-Maßnahmen – und zwar sowohl in der Alltagsorganisation als auch im Einsatz.

Die zweite Folge, die sich aus dem Gladbecker Geiseldrama ergab, war die Einführung sogenannter »Rahmenbefehle«, die der für den Gesamteinsatz zuständige Polizeiführer den im Einsatz befindlichen Spezialeinheiten zum frühestmöglichen Zeitpunkt geben muss. Unter einem Rahmenbefehl kann man sich eine Art Beschreibung der Voraussetzungen vorstellen, wann beispielsweise SEK-Kräfte ohne Rücksprache mit der höheren Führung zugreifen können, wenn sie plötzlich eine günstige Situation erkennen und dadurch die Lage beenden können. In einem solchen Rahmenbefehl wird genau beschrieben, ob zur Durchführung dieses Zugriffs beispielsweise geschossen werden darf oder auch nicht und ob vielleicht sogar ein finaler Rettungsschuss dazu abgegeben werden darf. Man hat mit diesem Instrument einfach einen bei dem Desaster von Gladbeck erkannten bürokratischen Mangel, nämlich die Unmöglichkeit der Rückkopplung mit höheren Führungsstellen bei plötzlichen Lageänderungen, durch ein anderes bürokratisches Mittel ersetzt.

Ich möchte das kurz an einem kleinen Beispiel verdeutlichen.

Stellen Sie sich vor, Sie wären als Mitglied einer Spezialeinheit am Ort einer Geiselnahme. Man gibt Ihnen und Ihren Kollegen ein Papier, auf dem geschrieben steht, Sie dürften den Geiselnehmer überwältigen, ohne mit der Führung Rücksprache zu halten, wenn Sie plötzlich eine günstige Situation erkennen und für Rückfragen keine Zeit ist. Klingt gut? Moment, es geht noch weiter! Auf dem Papier steht auch noch, dass Sie zu diesem Zweck allerdings Ihre Schusswaffe nicht einsetzen dürfen. Klingt komisch? Ist aber so! Natürlich kann der Polizeiführer auch den Schusswaffengebrauch, sogar bis hin zum finalen Rettungsschuss, für Ihre spontane Befreiungsaktion genehmigen, doch dies passiert vor allem in der Anfangsphase einer großen Geiselnahme in der Regel nicht, da jeder Polizeiführer zunächst einmal hofft, die Lage ohne Schießerei zu lösen. Und tatsächlich, Sie und Ihr Team erkennen eine Situation, in der Sie nach all Ihrer Erfahrung eine große Chance sehen, den Täter ohne großen Aufwand zu überwältigen. Sie müssen sofort handeln, doch etwas geht schief, der Täter bemerkt etwas, und obwohl dies überhaupt nicht Ihre Absicht war, müssen Sie auf den Täter schießen, um die Geiseln oder Ihr Team zu schützen. Der Polizeiführer jedoch hatte ja ausdrücklich nur einen Zugriff ohne Schusswaffengebrauch genehmigt. Preisfrage: Wer darf sich jetzt für die, im Übrigen vielleicht sogar im Grunde erfolgreiche Lagelösung verantworten? Ich denke, Sie und ich kennen die Antwort genau, dies gilt natürlich insbesondere dann, wenn der Zugriff möglicherweise nicht mit einem Erfolg endet und dabei sogar Geiseln zu Schaden kommen. Glauben Sie also, dass die Regelung der sogenannten Rahmenbefehle irgendeinen SEK-Beamten ausdrücklich dazu ermutigt, eine günstige Situation für einen Zugriff zu nutzen, wenn er genau weiß, dass im Falle eines unvorhergesehenen Ablaufs die Verantwortlichkeit mit allen Konsequenzen allein bei ihm liegt? Nein? Sehen Sie, ich auch nicht!

Deshalb halte ich die Errungenschaft der Rahmenbefehle für reine Augenwischerei. Sie dient lediglich dazu, eine Papierlage zu schaffen, aus der hervorgeht, dass gegebenenfalls gehandelt werden könnte, die aber jeden einzelnen SEK-Beamten vor Ort der Gefahr des »befehlswidrigen« Verhaltens aussetzt. Und sie macht vor allem deutlich: Die höhere Führung innerhalb der Polizei hat zwar erkannt, dass es unerlässlich ist, in bestimmten Situationen sofortige Entscheidungen zu treffen, aber ist nicht bereit, die dafür notwendigen personellen Konsequenzen zuzulassen. Die Parole lautet weiterhin: keine fachkompetenten Führungskräfte des SEK in den entscheidenden Führungspositionen!

* * *

Was folgt aus all dem? Was müsste geschehen, um die geschilderten Defizite zu beheben? Welche Reformen sind unabdingbar, um nicht der Gefahr zu unterliegen, früher oder später ein ebensolches Desaster erleben zu müssen wie beispielsweise bei der Olympiade 1972 in München?

Zunächst müssen sich die Polizeiführungen, die Sicherheitsbehörden und die Innenpolitiker darüber klar werden und müssen anerkennen, dass es sich bei den Beamten der SEKs oder der GSG 9 (und jeder anderen vergleichbaren Spezialeinheit, z.B. natürlich auch das KSK der Bundeswehr) tatsächlich nicht um »normale Polizeibeamte« handelt, sondern um Angehörige von Eliteeinheiten, um ein ausgesuchtes Personal, das nach eigenem Selbstverständnis bewusst und gewollt Leben und Gesundheit riskiert, um unschuldige Menschen aus deren Lebensgefahr zu retten. Diese Einsatzbereitschaft geht über die Grenzen des »normalen« Polizeidienstes weit hinaus.

Durch die mittlerweile sehr hohe Komplexität der Aufgaben und die rasante Fortentwicklung in allen Bereichen der Kommunikations-, Überwachungs-, Waffen- und Ausrüstungstechnologie werden auch an die intellektuellen und technischen Fähigkeiten der SEK-Beamten wesentlich höhere Voraussetzungen geknüpft als noch zu Beginn in den 70er Jahren. Heutzutage reicht es nicht mehr aus, wenn ein SEK-Beamter möglichst stressstabil, ein guter Sportler und Schütze ist. Er muss auch auf technischem Gebiet und in der Durchführung von hochkomplexen, taktischen Anforderungen ein Experte sein – ein Wissen, das er sich nicht nur einmal aneignen kann, sondern das er durch ständiges Training und Anpassung an die neuesten Erkenntnisse der Erforschung des polizeilichen Gegenübers immer auf dem neuesten Stand halten muss.

Daher ist es meines Erachtens die Pflicht und Schuldigkeit des Dienstherrn, diesen Beamten mit angemessenem Respekt zu begegnen, ihre Leistungen dauerhaft selbst dann noch anzuerkennen, wenn die Erinnerung an den letzten spektakulären Großeinsatz zu verblassen beginnt, und auch in materieller Hinsicht ihre überdurchschnittlichen Leistungen angemessen zu würdigen.

Hierzu zählen aus meiner Sicht insbesondere:

- die Zahlung einer angemessenen Aufwandsentschädigung (die Fliegerzulage für Piloten von Hubschraubern beispielsweise beträgt aktuell in den meisten Bundesländern mit Polizeihubschraubern etwa 360 €, die Zulage der SEK-Beamten beispielsweise in Nordrhein-Westfalen, wie erwähnt, lediglich 150 € …)
- die Möglichkeit, unabhängig von anderen Dienststellen der Polizei innerhalb kürzestmöglicher Zeit befördert zu werden, da der Leistungsaspekt bei Spezialeinheiten auch nachweislich unbestritten sein dürfte (ein Umstand, der beispielsweise für die Beamten im Innenministerium neben der dort gewährten Ministerialzulage eine Selbstverständlichkeit ist)
- eine angemessene Regelung über die Weiterverwendung von SEK-Beamten nach ihrer dortigen Dienstzeit

In diesem Zusammenhang sollte es durchaus auch kein Tabu sein, darüber nachzudenken, SEK-Beamte, wenn sie aus Altersgründen aus der Einheit ausscheiden müssen, frühzeitig zu pensionieren. Die intensive, körperlich und teilweise auch seelisch extrem belastende Tätigkeit in einer Spezialeinheit würde diesen Schritt auf jeden Fall rechtfertigen. In vergleichbaren Einheiten im Ausland, so z.B. in Frankreich, existieren solche Regelungen. Auch bei der Bundeswehr gibt es eine entsprechende Parallele, zum Beispiel für die Jetpiloten, die sogar bereits in einem Alter von 41 Jahren aus dem aktiven Dienst ausscheiden.

Die derzeitige »Regelung« sieht vor, dass ein SEK-Beamter nach seiner Dienstzeit in den »normalen« Dienstbetrieb der Polizei zurückkehrt. Das ist in aller Regel nicht unproblematisch. Seine Tätigkeit beim SEK, die er möglicherweise weit über zehn Jahre und länger ausübte, hat mit dem normalen Polizeidienst sehr wenig gemein. Und umgekehrt lassen sich die beim SEK erworbenen Fähigkeiten im normalen Polizeidienst nur sehr eingeschränkt oder überhaupt nicht anwenden. Die Folge ist, dass ein ausscheidender SEK-Beamter in seinem neuen Dienstumfeld quasi ein Berufsanfänger ist, der sich komplett neu orientieren muss – und das, obwohl er möglicherweise über Jahrzehnte in außergewöhnlichen Einsatzlagen seinen Mann gestanden hat.

In jedem Fall ist es aus meiner Sicht ein Unding und ein bezeichnendes Signal fehlender Wertschätzung durch den Dienstherrn, wenn ein SEK-Beamter nach einer langen aktiven Dienstzeit schlimmstenfalls wieder im Schichtdienst als Streifenbeamter eingesetzt wird. Auch im Hinblick auf die immer schwieriger werdende Nachwuchsgewinnung für Spezialeinheiten kommt – neben der einigermaßen adäquaten materiellen Seite – einer vergleichsweise großzügigen Regelung nach dem Ende der Dienstzeit beim SEK eine große Bedeutung zu.

Der zweite Punkt, der für eine allgemeine Verbesserung der Handlungsfähigkeit von Spezialeinheiten dringend erforderlich ist, ist die Lösung des bereits angesprochenen »Führungsproblems«.

Um es noch einmal deutlich zu machen: Für einen effizienten Einsatz der Spezialeinheiten ist es unerlässlich, dass dem SEK-Führer vor Ort, und zwar einem mit einer entsprechenden Ausbildung und Einsatzerfahrung, die alleinige Handlungs- und Entscheidungskompetenz für Lageentwicklungen zugesprochen wird, die sich plötzlich und unerwartet ergeben und auf die unmittelbar reagiert werden muss. Gleiches gilt natürlich auch für die Planung und Durchführung eines geplanten Zugriffs, bei dem die Entscheidung über den Zeitpunkt und den Ablauf bei der Polizei liegt, dieser also nicht vom Täterverhalten ausgelöst wird. Die Entscheidung, ob dieser Zugriff (oder, wenn es sie denn gibt, mögliche Alternativen) durchgeführt wird, muss allerdings dem für den Gesamteinsatz zuständigen Polizeiführer vorbehalten bleiben. Diesem ist allerdings eine enge Abstimmung mit dem zuständigen SEK-Führer zur Auflage zu machen, und sämtliche Hierarchieebenen, die sich zwischen dem SEK-Führer und dem Polizeiführer befinden, müssen entfallen. Nur so ist eine direkte und enge Absprache zwischen PF und SEK möglich, und es werden Verzögerungen durch unnötige Rückfragen minimiert. Die Kompetenz des SEK-Führers muss generell alle Möglichkeiten des polizeilichen Schusswaffengebrauchs beinhalten. Das ist mitnichten ein Plädoyer für eine weitgehende Schussfreigabe. Ganz im Gegenteil! Durch den hohen Trainingsstand das damit verbundene Selbstvertrauen und vor allem durch das professionelle Selbstverständnis einer Spezialeinheit ihre Schusswaffen nur dann einzusetzen, wenn keine andere Möglichkeit bleibt, wird ein »vorschneller« Schusswaffeneinsatz wirkungsvoller verhindert als durch noch so restriktive Anordnungen und Befehle. Dies zeigt auch die seit

Jahrzehnten gängige Praxis, denn bei Hunderten von SEK-Einsätzen jährlich ist der Einsatz der Schusswaffe immer noch die absolute Ausnahme.

Leider wird seit Jahren den ausgebildeten Führungskräften des SEK von höherer Seite schlicht und einfach nicht zugetraut, mit den geschilderten Entscheidungskompetenzen verantwortlich umgehen zu können, obwohl sie die Einzigen sind, die aufgrund ihrer Erfahrung und Ausbildung die entsprechende Situation realistisch beurteilen und mögliche Zugriffsvarianten in ihrem Für und Wider adäquat bewerten können.

Eine irrwitzige Situation!

Dabei muss doch vor allem den Verantwortlichen in der Politik klar sein, dass Spezialeinheiten gerade zu diesem Zweck geschaffen wurden und dass sie ihre genuine Aufgabe nur bei einem hohen Maß an Selbstständigkeit bewältigen können. Wenn die SEKs auch in Zukunft erfolgreich operieren sollen, wenn es ihnen auch künftig möglich sein soll, ein Desaster à la München 1972 bereits im Keim zu verhindern, dann dürfen sie nicht an die kurze Leine gelegt werden, und es muss im Gegenteil selbstständiges Führungsverhalten der verantwortlichen SEK-Führer aktiv gefördert werden.

Ich hoffe sehr, dass – vielleicht ja auch ein wenig durch meine Zeilen – doch noch der Grundsatz durchbrochen wird, dass erst ein schlimmes Ereignis eintreten muss, bevor sich grundlegende Dinge ändern. Ich konnte mir, schon während meiner Dienstzeit beim SEK, diese vermeintliche und fatale Gewissheit nie zu eigen machen, zumal dies in der Quintessenz bedeuten würde, dass von mir hoch geschätzte Kollegen oder Freunde der dann eingesetzten Spezialeinheiten zu Schaden oder möglicherweise zu Tode kämen.

In der Hoffnung auf Veränderungen, die nicht erst durch Katastrophen bewirkt werden, die stattdessen einer höheren Einsicht entspringen, habe ich dieses Buch geschrieben.

DANK

Vielen Personen bin ich für ihren Beistand bei der Entstehung dieses Buches wirklich dankbar.

Hervorheben möchte ich hier besonders meinen hoch geschätzten, äußerst belesenen Kollegen und Freund Willy, der sich die Mühe machte, alle meine »Schreibversuche« mit viel Sorgfalt zu lesen, zu bewerten und wo nötig zu korrigieren.

Mein Dank gilt ferner den SEK-Kollegen meiner ehemaligen Dienststelle, die mir alle signalisierten, dass sie meine Idee für das Buch für eine wirklich gute Sache halten, mir Zuspruch zuteilwerden ließen und sich genauso wie ich darüber freuen werden, wenn es veröffentlicht wird.

Ferner möchte ich mich bei meiner Agentur Graf & Graf dafür bedanken, dass sie als Erste davon überzeugt waren, dass ein Werk solchen Inhalts von allgemeinem Interesse sein könnte, und mich in jeder Hinsicht hervorragend unterstützt haben.

Mein Dank gilt ferner meinem Verlag Bastei Lübbe, insbesondere meiner Lektorin Sabine Niemeier, ohne deren Bereitschaft, einem Neuling eine Chance zu geben, dieses Buch nie entstanden wäre.

Last but not least geht mein Dank an Caro, meine Lebensgefährtin, die ebenfalls alle Stadien der Entstehung dieses Buches aktiv begleitet hat und mich mit Rat und Tat unterstützte. Ihre Bewertung und Kommentierung aus der Sicht einer nicht der Polizei angehörigen Leserin war für mich ebenfalls äußerst aufschlussreich und sehr wertvoll.

GLOSSAR

Ablenkung Häufig auch als »Blendgranate« bezeichneter Knallkörper, der mit einem grellen Lichtblitz und sehr lautem Knall detoniert und dazu dient, einen Täter für einige Sekunden so zu verwirren, dass man ihn überwältigen kann.

Beo Beobachter. »Beo 9 Uhr« ist dann der Beobachter auf der 9-Uhr-Position einer imaginär über das Tatobjekt gelegten Uhr.

BGS Bundesgrenzschutz, heute Bundespolizei

BK 117 Leichter Vielzweckhubschrauber, in Gemeinschaftsproduktion hergestellt von Messerschmitt-Bölkow-Blohm und der japanischen Kawasaki Heavy Industries. Das Modell wird hauptsächlich als Polizeihubschrauber, zur Luftrettung und zum Intensivtransport genutzt.

BKA Bundeskriminalamt. Das BKA ist hierzulande auch die verantwortliche Institution für internationale Haftbefehle, Auslieferungsersuche etc.

DGL Dienstgruppenleiter

Einheit Eine Einheit oder ein Kommando besteht aus mehreren Einsatzgruppen und kommt aus einem Standort. Diese Gliederung hatte bis 1998 Bestand.

Entschärfer Beamter mit einer speziellen Zusatzausbildung zur Entschärfung von konventionellen und unkonventionellen Sprengkörpern. Er kann daher, wenn ein Täter mit Sprengmitteln droht, die fraglichen Gegenstände sofort beurteilen und gegebenenfalls auch entschärfen.

ET Einsatztrupp: Eine feste Gruppe von Beamten in Zivil, die hauptsächlich für Festnahmen und Observationen eingesetzt werden.

ex exitus, sprich: Der Täter ist tot.

final bekämpfen die Zielperson mit einem tödlich wirkenden Schuss bekämpfen, um deren sofortige Handlungsunfähigkeit sicherzustellen.

GruKw Mannschaftstransportwagen, in dem eine komplette Gruppe von acht Polizeibeamten transportiert werden kann.

GSG 9 Antiterroreinheit der Bundespolizei und unsere Schwestereinheit auf Bundesebene. Gegründet als »Grenzschutzgruppe 9« des BGS.

HK 512 Automatikschrotflinte von Heckler & Koch im Kaliber 12 mm

HK G3 K Sturmgewehr von Heckler & Koch im Kaliber 7,62 × 51 mm in einer Version mit verkürztem Lauf. Die lange Version war lange Zeit das Standardgewehr der Bundeswehr.

HK MP5 Maschinenpistole von Heckler & Koch im Kaliber 9 × 19 mm, Standardbewaffnung sehr vieler Spezialeinheiten auf der Welt, unter anderem auch aller Spezial-

	einsatzkommandos in der Bundesrepublik Deutschland
HK PSG1	halbautomatisches Präzisionsschützengewehr von Heckler & Koch im Kaliber 7,62 × 51 mm, ausgestattet mit einem Zielfernrohr der Firma Carl Zeiss
K-Bar-Messer	Messer mit einer etwa 25 cm langen Klinge, welches ursprünglich für das US Marine Corps gefertigt wurde. Die Herkunft des Namens ist unklar.
Kommando	s. Einheit
Kuhfuß	Brecheisen, das aufgrund seiner Form an die Hufform von Kühen erinnert
KW	Konspirative Wohnung. Örtlichkeit, in der sich Polizeikräfte ungesehen aufhalten können.
Leatherman	kleines Multifunktionswerkzeug mit diversen Schraubenziehern, einem Messer und vor allem einer zusammenfaltbaren Kombizange etc. Benannt nach der Herstellerfirma.
Lübecker Hüte	rot-weiße Plastikkegel, etwa einen Meter hoch, die häufig zu Absperrzwecken verwendet werden. Oft auch auf der Autobahn zu sehen, wenn eine Spur gesperrt ist.
MEK	Mobiles Einsatzkommando
NAW	Notarztwagen. Bei jedem SEK-Einsatz steht grundsätzlich ein Notarzt bereit um etwaige Verletzte sofort ärztlich behandeln zu können.
PF	Polizeiführer, also der verantwortliche Einsatzleiter
PR-24	Schlagstock aus amerikanischer Produktion aus einer speziellen, sehr harten

Kunststofflegierung, der mit einem charakteristischen Quergriff versehen ist. Dieser sogenannte Tonfa lässt sich auch gut zum Einschlagen von Scheiben benutzen.

Primo-System Alarmierungssystem der Telekom, folgte auf die Euro-Signal-Empfänger und wurde vor der Ausrüstung der Einheit mit Dienst-Handys eingesetzt. Die Geräte waren durch ein dichteres Funkmastennetz alarmierungssicherer als die Euro-Signale und konnten über ein Display auch mit schriftlichen Nachrichten gefüttert werden.

Puma-Messer Das Messer der Firma »Puma« gehörte zur Ausstattung der ersten SEK-Beamten in verschiedenen Bundesländern. Es sah aus wie ein Campingmesser, hatte eine feststehende Klinge und war für dienstliche Zwecke so gut wie unbrauchbar. Allerdings war es sehr langlebig, sodass mehrere »Generationen« von SEK-Beamten damit augestattet wurden.

RB-Gruppe Rufbereitschaftsgruppe

Reflexvisier Eine Zielhilfe, die mittels eines schwach radioaktiven Trithiumkristalls einen roten Punkt in einem Sichtfeld darstellt. Funktioniert ohne Batterie, ist allerdings bei schlechten Sichtverhältnissen schwer zu erkennen.

Sani ausgebildeter Rettungssanitäter

Sani-Sack Sanitätsrucksack mit Utensilien für die Erstversorgung von Verletzten, die die Rettungssanitäter des SEK mit sich führen.

Schild ballistischer Schutzschild, der in der geringsten Schutzklasse Schüsse aus Faustfeuerwaffen und Maschinenpistolen abhalten kann. Er ist aufgrund dieser eingeschränkten Schutzklasse nicht so schwer und kann mit einer Hand relativ problemlos bewegt werden. Es gibt auch andere Schilde, die höhere Schutzklassen haben und sogar Gewehrschüssen widerstehen können. Sie sind allerdings sehr schwer (je nach Größe bis zu 40 kg) und daher äußerst unbeweglich und daher entsprechend unbeliebt.

Schmauchspuren Beim Abfeuern einer Schusswaffe entstehende Spuren durch Pulverrückstände, die sich insbesondere an den Händen des Schützen nachweisen lassen.

SEK Spezialeinsatzkommando

SET Spezialeinsatztrupp, die kleinste taktische Einheit bei der GSG 9

SIG Sauer P226 Selbstladepistole (also halbautomatische Waffe) im Kaliber 9 mm und einem 15-Schuss-Magazin, hergestellt in Deutschland und in der Schweiz. Das SIG im Herstellernamen steht für Schweizerische Industrie-Gesellschaft.

Spotter Bezeichnung für den Beobachter des Schützenteams

Squeeze leichter Druck mit der Hand an die Schulter des Vordermannes in einer Reihe zum Zeichen, dass man einsatzbereit ist.

Sturmausgangsstellung letzter Sammelpunkt der Zugriffsteams in unmittelbarer Nähe zum Zugriffsort. Von dort wird der Zugriff gestartet.

Super Puma	Mittelschwerer Transporthubschrauber des französischen Herstellers Aérospitale (heute Eurocopter) mit einer maximalen Reichweite von 1230 km. Genaue Typenbezeichnung: Aérospitale AS 332-L1. Die Super Puma ist die zivile Version, die militärische Variante hat den Beinamen Cougar.
Surefire-Taschenlampe	sehr kleine Taschenlampe mit einem extrem hellen Lichtkegel. Die Surefire LLC ist ein kalifornischer Hersteller.
SWAT	Special Weapons and Tactics: taktische Spezialeinheiten innerhalb US-amerikanischer Polizeibehörden, vergleichbar einem deutschen SEK. Das SWAT-Einsatzkonzept wurde ursprünglich im Los Angeles Police Department nach den Rassenunruhen von 1965 im Stadtteil Watts entwickelt.
Täterscheibe	Zielscheibe mit den Umrissen eines menschlichen Körpers. Dient dazu, beim Schießtraining die wahrscheinliche Trefferwirkung besser einschätzen zu können.
TEG	Technische Einsatzgruppe
TIG-Helm	ballistischer Titanschutzhelm mit antiallergischer Lederpolsterung, integriertem Lautsprecher und Mikrofonstecker, benannt nach der Schweizer Herstellerfirma TIG
Totmannschaltung	Bezeichnung für eine Zündvorrichtung, bei der der Täter beispielsweise durch permanenten Druck auf einen Knopf die Auslösung der Explosion verhindert und nicht auslöst. Nimmt der Täter den Fin-

ger von diesem Auslöser, entweder freiwillig oder durch Einwirkung von außen, so explodiert der Sprengsatz. Eine extrem gefährliche Art der Zündunterbrechung, da der Täter auch durch ein persönliches Fehlverhalten wie Schreck oder Übermüdung diese Totmannschaltung auslösen kann, ohne es vielleicht zu wollen. Für Zugriffsmaßnahmen und die eingesetzten Zugriffskräfte stellt das Vorhandensein einer Totmannschaltung ein extremes Risiko dar.

verposten im Polizeijargon eine Bezeichnung für das verdeckte Beziehen bestimmter Beobachtungspositionen, um sicherzustellen, dass niemand unbemerkt den beobachteten Bereich verlassen kann.

VG Verhandlungsgruppen. Die sind ebenfalls Teil der Spezialeinheiten. Ihre Mitglieder sind Freiwillige aus dem Bereich der Polizei, keine Psychologen, wie man vielleicht vermuten könnte. Die Hauptaufgabe der Kollegen der VG liegt im Bereich der Verhandlungsführung mit Geiselnehmern oder ähnlichen Personen. Während einer einjährigen Zusatzausbildung werden sie auf diese schwierige Aufgabe vorbereitet. Im Rahmen von Einsätzen bei Geiselnahmen oder Bedrohungslagen arbeiten SEK-Kräfte und VG-Beamte naturgemäß häufig zusammen.

Walther PPK Selbstladepistole der Firma Walther im Kaliber 7,65 mm. Diese Waffe war lange Zeit auch bei der Polizei, insbesondere bei der Kriminalpolizei, wegen ihrer geringen Größe im Einsatz.

ZO Zielobjekt

ZP Zielperson

Das ist doch alles egoistische Autorenscheiße!" EIN PIRAT

Uwe Wilhelm
PIRATEN - AUSLAUFEN
ZUM KENTERN!
Wie man eine Partei
erfolgreich versenkt
208 Seiten
ISBN 978-3-7857-6090-1

Als Schriftsteller ist Uwe Wilhelm der natürliche Feind der Piraten. Trotzdem wird er im Mai 2012 Mitglied bei den Rebellen. Er hofft, endlich seine Politikverdrossenheit zu überwinden. Doch schnell stellt sich heraus, dass die Piraten zwar ein wenig anders, aber lange nicht besser sind als die übrigen Parteien. Anekdotenreich und bissig beschreibt Wilhelm, wie innerparteiliches Gezänk, krasser Dilettantismus und heftige Grabenkämpfe zwischen Basis und Führungskräfte die Piraten zerstören. Ein amüsantes politisches Lehrstück über die Korrumpierbarkeit durch Macht – und den spektakulären Sturz einer einst umjubelten Partei.

Sind wir noch zu retten?

Eric T. Hansen
DIE ÄNGSTLICHE SUPERMACHT
Warum Deutschland endlich erwachsen werden muss
256 Seiten
ISBN 978-3-431-03874-3

Seit dem Zweiten Weltkrieg tun die Deutschen alles, um sich klein zu machen: Sie schämen sich, fühlen sich benachteiligt und halten sich raus, wenn die Großen miteinander spielen. Bisher war das okay. Doch die Zeiten ändern sich. Das mächtigste Land der EU muss international Verantwortung übernehmen und seine führende Rolle in Europa akzeptieren – wenn es auch in Zukunft im globalen Wettbewerb bestehen will. Doch ist Deutschland dazu überhaupt in der Lage? Für die Deutschen ist das ein heikles Thema. Zum Glück bin ich Amerikaner.

Bastei Lübbe

True Crime vom bekanntesten Kriminalbiologen der Welt

Mark Benecke / Lydia Benecke
AUS DER DUNKELKAMMER DES BÖSEN
Neue Berichte vom bekanntesten Kriminalbiologen der Welt
432 Seiten
ISBN 978-3-404-60744-0

In der Dunkelkammer des Bösen rücken wir ganz nah heran an erstaunliche Verbrechen. Wir treffen auf Killer wie Dr. Holmes, den ersten bekannten Serienmörder der USA. 1893 baute dieser Gaskammer, Krematorium und Präparationstische, um Hunderte von Menschen zu foltern und zu töten.
Wir widmen uns Vergewaltigern, Nekrophilen, Sadisten, Sexualmördern und anderen Tätern. Wir schauen in ihr Innerstes und wir besuchen sie im Knast. Wir fragen uns: Wie entstehen „Monster«? Gibt es kaltblütige Killer wirklich, oder sind sie Opfer der Umstände? Müssen Täter pädophil sein, um sich an Kindern zu vergehen? Was steckt hinter den Fällen Fritzl und Kampusch, und waren das grausige Ausnahmen?

Bastei Lübbe